2018年6月1日在郑州市金水区黄河路第二小学做"教书 聆听花开声音 育人 提高人格境界"专题报告

2018年7月16日在北京师范大学406教室为全国幼儿园园长做培训

2018年7月16日在北京师范大学做"幼儿园等级评估策略研究"主题报告

2018年8月31日在郑州市金水区黄河路第二小学为一年级家长进行"做优秀家长 育快乐孩子"专题培训

白秀彩 著

知困悟理
——白秀彩从教三十年拾零

河南大学出版社
HENAN UNIVERSITY PRESS
·郑州·

图书在版编目(CIP)数据

知困悟理:白秀彩从教三十年拾零/白秀彩著.—郑州:河南大学出版社,2018.11
 ISBN 978-7-5649-3581-8

Ⅰ.①知… Ⅱ.①白… Ⅲ.①小学教育-文集 Ⅳ.①G62-53

中国版本图书馆 CIP 数据核字(2018)第 266346 号

责任编辑	林方丽
责任校对	阮林要
封面设计	高枫叶

出版发行	河南大学出版社
	地址:郑州市郑东新区商务外环中华大厦 2401 号
	邮编:450046
	电话:0371-86059712(高等教育与职业教育出版分社)
	0371-86059701(营销部)
	网址:www.hupress.com
排 版	河南宏运蓝图文化传媒有限公司
印 刷	郑州市毛庄印刷厂
版 次	2018 年 11 月第 1 版
印 次	2018 年 11 月第 1 次印刷
开 本	710mm×1000mm 1/16 印 张 19.25
字 数	233 千字 定 价 55.00 元

(本书如有印装质量问题,请与河南大学出版社营销部联系调换)

俯听花开,仰望星空(代序)

这是一个真实的故事:

有一位老师对其校长夸赞说:"你家属院的白老师可厉害了,已经准备出版第13本书了!"那位校长听后,深为疑惑地说:"她?她晚上经常跟我院里的那帮老头儿老太太打牌,还会写书?我没听说过!"

但,这是事实!现在展现在诸位面前的这本《知困悟理——白秀彩从教三十年拾零》的的确确就是她第13本书了!这本书不单单是她30年来的教学感悟,更是她几十年的人生体验。她就是这样一个人:低调做人,高调做事;工作时,执着专注;娱乐时,尽情放飞。这才是她真真正正、透透亮亮的生活。

这本书,说它是汇集多学科式的教科书并不为过,它包括"专题集美篇""成果荟萃篇(部分)""论文集锦篇(部分)"三部分。第一部分"专题集美篇"主要是她对几十年工作轨迹的梳理总结。她受邀到各地讲学近200场,深受听众欢迎。这里面既有关于家庭教育的幼小衔接专题,又有幼儿园等级评估的策略研究,还有去除教师职业倦怠,做一名习总书记要求的好老师的专题报告,更有做一名研究型教师的路径引领和中层领导制胜的法宝——执行与责任。第二部分"成果荟萃篇(部分)"是她做的省级科研课题成果荟萃节选。民俗文化是祖先留给我们的精神财富,在现代社会的冲击下,如何才能够传承和发扬?如何激发小学生写作的兴趣?如何提升教师的育人能力?这一部分给读者一一揭晓答案。第三部分"论文集锦篇(部分)"有班主任的治班法宝,有李镇西著作读后感,有"百

善孝为先"的孝道文化,我们可以从中领悟教育专家做人与做学问的魅力……

这本书既有对家庭教育的感悟,也有对学校教育的深思;既有治班之道,也有为人之礼。本书内容丰富,说理透彻,是一本多学科式的生活教科书。

这本书是一把开启心智的钥匙。每个人在生活、工作中或多或少都会遇到这样或那样的问题,有的人面对困惑无所适从,甚至纠结、苦恼……打开这本书,犹如找到了一把启智的钥匙。"做优秀家长 育快乐孩子"中涉及中国父母最担心孩子的6件事:人身安全问题,学习成绩不好,没养成好的行为习惯,心理健康问题,身体不好,沉迷网络。此外还有4个问题:幼儿园与小学的差异,孩子必备习惯的养成,家长为孩子做的准备,新时代如何做小学家长。在这里,对家长,尤其是孩子处于幼小衔接阶段的家长,都有详尽的解答,使人有柳暗花明的喜悦感。

幼儿园等级评估工作,可以全面督促指导幼儿园依法依规办园,并引导社会、家长用正确的标准评价幼儿园,关心和支持幼儿园工作。这也是幼儿园自身发展的需要、幼儿成长的需要,更是学前教育发展的需要,但是很多幼教工作者却不知道如何提升自己。"凝聚智慧 厘清思路 扎实创建 精细管理——以郑州市金水区幼儿园等级评估为例谈幼儿园等级评估策略"就是从幼儿园等级评估的主要内容、指标要求、档案整理、环境创设、教学活动、游戏活动、文本材料、理论测试、园长答辩、迎检细节等十个方面做了详细实用的答疑解惑。一卷在手,等级评估策略尽有。

新时代的教师,新时代的要求。当一些刚踏上三尺讲台的"新兵"不知如何提高自己的专业素养时,"教书 聆听花开声音 育人 提高人格境界"给他们开出了一剂良方。首先它从"师德"说起,概括地讲老师的能力、人格、价值观,三大维度构成一个综合体——和谐内涵式服务。其次谈"激情",一个有激情的老师一定会迫切需要"充电",或读书,或参加培训,或借助同伴和网络的力量……各位老师,您琢磨吧:苦是人生,痛是经历,累是工作,变是命运,忍是历练,容是智慧,静是修养,舍会得到,做才能拥有。做老师,当学生精神不振时,你如何启发他让他振作?当学生过度兴奋时,你能不能让他平静?当学生茫然无措时,你能否给他启迪?当学生没有信心时,你能否唤醒他的力量?老师要时时用爱心和激情去关注他们、激励他们。只有这样,学生才会永远充满朝气和活力,用阳光的心态对待一切艰难困苦。再次是"知识",一个好老师还必须符合以下几个要求:对学科知识的掌握有一定的深度和广度;既了解本学科的历史,又掌握该学科的新进展;研究和本学科相关的知识,把知识变成自己的学科造诣,并能清楚地表达出来。最后说"能力",本书从老师必须具备的交往能力、管理能力等方面进行阐述、剖析,为做一名好老师奠定坚实的基础。

中层干部是学校的核心人才,是承上启下的中坚力量,是提高学校管理水平和教学质量不可或缺的执行官和实践者。没有强大的执行中层,就没有学校的长远发展,也就没有真正的名校、名校长!"中层制胜,赢在执行和责任"一篇犹如引导航向的灯塔,为大家拨开迷雾,使大家扬帆远航。

人常说"择校不如择班",可见,孩子遇到一个好的班主任对其健康发展起到了至关重要的作用。怎么做才能算是一个优秀班主任呢?白老师通过她16年的班主任工作实践告诉我们,优秀的班主任应该具备童心、爱心、责任心。"童心"使我们能和孩子融为一体,"爱心"使我们能把整个心灵献给孩子,"责任心"能使我们站在人生和时代的高度,着眼于孩子的未来与社会的未来,培养出追求真理的

真人。同时,优秀的班主任还应该是"专家""思想家"和"心理学家"。

这本书就像是一个推心置腹的知己,毫无保留地将自己的教学体验和人生感悟娓娓道来,全盘托出,不夸夸其谈,不好高骛远。读这本书,如品一杯茶,清澈、透亮、酣畅、坦荡。

白老师是一个大度而热情的人。对人对事,她总是持一种阳光、烈火般的热情。我常说她就像一杯酒,有水的外形,也有火的性格。她刚工作那一年,有位同事看她是从农村来的"丑小鸭",班级管理工作却是周周第一名,很是嫉妒她,便时时处处想难为她。记得有一次,她走进办公室时,被眼前的景象惊呆了:办公桌不知被谁抬到了门外。她强忍泪水,一件件将物品收好归位,然后仍以饱满的热情,面带笑容走进教室。再后来,那位老师没人聘用,因白老师是组长,就找到她,她二话没说就答应了。后来,那位老师干得不错,而且逢人就说:"白老师真是好人,大度热情,我不如她!"她总会笑着说:"得饶人处且饶人,我这样做,都是为我的儿子和亲人纳福哩。"她就是这么大度!

她又是一个勤奋而执着的人。她之所以有今天的成绩,与其勤奋和执着是分不开的。她原来在小学一干就是16年,后来调到金水区人民政府教育督导室主抓幼儿园等级评估工作。她做了一番实地调研后,把发现的问题归纳起来并认真思考,从幼儿园档案建设入手,撰写等级评估培训讲义,参与制定评估细则及评估标准。她的勤奋刻苦,使金水区的幼儿园工作在市里,乃至省里都位居前列,得到普遍好评,为此她还参与撰写了《郑州市幼儿园等级评估手册》。很多幼儿园园长看到红红火火的事业,欢欣鼓舞,常说总算找到了"娘家"。今年七月中旬,北京师范大学马克思主义学院特别邀请她到北京给全国十余个省份的幼儿园园长做等级评估策略专题报告。近三万字的讲稿,她给自己定下死任务,必须要背得滚瓜烂熟。她给自己约法三章:每天必须大声朗读三遍。每遍下来都得三个多小时,这样下来,每天就得花费九个多小时。有时候她背得口干舌燥,头昏脑涨,仍然要实现自己的承诺。经过她的勤奋执着,在北京师范大学讲堂上,她洋洋洒洒、从容镇定、声情并茂、有理有据的报告,赢得了广大领导与专家、园长的一致好评。她就是这么刻苦!

她还是一个光明磊落的人。她是一个"事业狂人",从第一天上班到现在,天天坚持早上7点以前到校,晚上7点以后离校,常常为了学生而顾不上自己的孩子,她儿子三年幼儿园,她仅仅送了两三次,还是把儿子往幼儿园传达室一放就匆匆赶回学校,陪着学生晨读。有一次,一位家长被人蛊惑在家长会上与她大吵大闹,任凭她如何解释,那位家长还是不依不饶,使她无法正常开会。晚上她去这位学生家里进行家访,首先真诚道歉,承认自己在工作中考虑不周,才引起一些误会。经过解释,这位家长认识到了自己的粗鲁和蛮横。她一点也不计较,还是一如既往地关爱这位学生。有人说她爱憎不分,敌友不明,她总是微笑着说:"无论家长怎样,决不能迁怒于孩子。我们虽然方法不同,但家长想让孩子优秀,我也想让孩子优秀,我们的目标是一致的,这就足够了!"因为,她总觉得自己只要是真心为了孩子,误解不算个啥,只要自己身子正,就不会怕影子斜。时间就是一块试金石,这不,那个孩子早已工作了,她和那位家长还成了好朋友。因为坦荡无私和光明磊落,她赢得了许许多多家长的尊重! 她就是这么无私!

我有次问白老师最喜欢哪句话,她脱口而出:"静能生慧!"我就写了幅字送给她。在这戾气的社会里,她是那么宁静和执着,那么儒雅和智慧!

她常说:"一个人的价值是什么? 退休以后,回首教育之路,慢

慢品味'俯听花开,仰望星空'的境界,快乐工作,无悔人生,足矣!"

人生就是一本书,自己写来大家读,
有的章节很精彩,有的段落却模糊。
阴晴圆缺平常事,还有脸笑心在哭。
不说什么无怨无悔,不说什么十分满足,
只知道人生在世就一回,怎能做那多姿的盆景树,
回首漫漫来时路,脚印个个好清楚。

元净

戊戌荷月于琴翰斋

目 录

专题集美篇

做优秀家长　育快乐孩子 ······················· 2
　一、幼儿园与小学的差异 ······················· 2
　二、孩子必备习惯的养成 ······················· 11
　三、家长为孩子做的准备 ······················· 26
　四、新时代如何做小学家长 ····················· 38

凝聚智慧　厘清思路　扎实创建　精细管理
　　——以郑州市金水区幼儿园等级评估为例谈幼儿园等级评估策略
　··· 45
　引言 ·· 45
　第一部分　了解评估要求　制定创建方案 ········· 46
　一、了解等级评估的主要内容、指标要求与时间节点 ··· 46
　二、制定等级评估创建方案,定期召开培训会 ······· 47
　第二部分　凝聚智慧　扎实创建 ················· 48
　一、档案建设工作 ······························ 48
　二、环境创设工作 ······························ 53
　三、教学活动工作 ······························ 60
　四、游戏活动的有效开展 ······················· 81
　五、文本材料的准备 ··························· 87
　六、理论测试准备 ····························· 91
　七、园长答辩准备 ····························· 91
　八、其他评估事项 ····························· 92

教书 聆听花开声音 育人 提高人格境界 …… 96
    引言 …… 96
    一、师德 …… 97
    二、激情 …… 102
    三、知识 …… 112
    四、能力 …… 123
    结语 …… 135

真正走进常态的教育科研——教育科研培训 …… 136
    引言 …… 136
    一、新时代合格教师 …… 138
    二、教师开展教育科研的必要性 …… 139
    三、教师开展教育科研的有效途径——小课题研究 …… 143

中层制胜 赢在执行和责任 …… 168
    引言 …… 168
    一、如何认识中层地位 …… 169
    二、赢在执行力 …… 175
    三、中层干部的"三个必知" …… 182
    四、"创造性执行"是中层干部的基本工作内涵 …… 182
    五、胜在责任心 …… 184
    六、中层管理还需明确的几个问题 …… 191
    结语 …… 196

成果荟萃篇(部分)

中国民俗文化小学校园推广策略研究报告 …… 198
    一、课题的提出及其意义 …… 198
    二、课题研究的理论依据 …… 199
    三、课题研究目标及研究思路 …… 199

四、课题研究的主要内容及方法 …………………… 200
　　五、课题研究的步骤安排 …………………………… 201
　　六、课题研究的成果 ………………………………… 202

幼儿生活体验课程的开发与实施实践研究报告 ………… 214
　　一、课题的提出及其意义 …………………………… 214
　　二、课题研究的理论依据 …………………………… 216
　　三、课题研究目标及研究思路 ……………………… 217
　　四、课题研究的主要内容及方法 …………………… 217
　　五、课题研究的步骤安排 …………………………… 219
　　六、课题研究的成果 ………………………………… 220

"小学低年级语文习作教学艺术"研究报告 ……………… 239
　　一、课题的提出及其意义 …………………………… 239
　　二、课题研究的理论依据 …………………………… 240
　　三、课题研究目标及研究思路 ……………………… 241
　　四、课题研究的主要内容及方法 …………………… 241
　　五、课题研究的步骤安排 …………………………… 243
　　六、课题研究的成果 ………………………………… 244

小学教师育人能力诊断报告 ……………………………… 259
　　一、教师育人能力的现状 …………………………… 259
　　二、教师育人能力问题的原因分析 ………………… 264
　　三、教师育人能力提升策略 ………………………… 267

论文集锦篇(部分)

童心　爱心　责任心　班主任的治班法宝 ……………… 274
　　一、尊重国旗,热爱祖国 ……………………………… 274
　　二、真诚奉献,点滴做起 ……………………………… 275

- 三、认真敬业，以诚待人 …… 276
- 四、关爱学生，一丝不苟 …… 277
- 五、成长阶梯，鼓励第一 …… 279
- 六、量化管理，有规可行 …… 280
- 七、班级活动，丰富多彩 …… 280
- 八、治学法宝，家访为上 …… 281
- 结语 …… 283

教学相长　随物赋形
——读《听李镇西老师讲课》一书有感 …… 284
- 一、教学相长，共同提高 …… 284
- 二、随物赋形，法无定法 …… 286

孝敬父母，报效社会 …… 288
- 一、解读"孝"字 …… 288
- 二、孝的内涵 …… 288
- 三、孝在传统伦理道德体系中的地位 …… 290
- 四、儒家和孝道的关系 …… 290
- 五、现代社会如何行孝 …… 293

后记 …… 295

专题集美篇

做优秀家长 育快乐孩子

家长朋友们,大数据告诉我们,中国父母最担心孩子6件事,依次是:人身安全问题,学习成绩不好,没养成好的行为习惯,心理健康问题,身体不好,沉迷网络。家庭教育分工中母亲唱主角,父亲"缺位"近一半;目前父母过于关注孩子的学习,七成以上父母"陪孩子写作业";部分父母缺乏对孩子劳动、运动等能力的培养,认为孩子最差的是"家务劳动能力"。家长认真学过儿童法律相关知识的不足一成。多数父母存在不同程度的养育焦虑,比如:互联网发展对家庭教育的新挑战;对家庭教育指导服务需求强烈,不知道用什么方法教育孩子;辅导孩子学习力不从心;太忙,没有时间;不了解孩子的想法等。这些新时代的家园(家校)共育问题需要作为个体成人的我们一个一个去破解。

现如今,孩子入学前学汉语拼音没必要"抢跑",家长要求孩子"能写会算"的思维必须变了。适宜的幼小衔接教育,不是提前学习小学的课程,而是帮助儿童完成规则意识、行为规范、学习习惯、人际关系等一系列的转变,帮助儿童实现从幼儿园到小学两个不同教育阶段的平稳过渡。

基于此,我们来谈四个问题:幼儿园与小学的差异、孩子必备习惯的养成、家长为孩子做的准备、新时代如何做小学家长。

一、幼儿园与小学的差异

要帮助孩子顺利度过幼小衔接阶段,作为家长,必须要先认识幼儿园和小学存在的差异。幼儿园教、养并重，小学以教为主，它们在生活节奏、学习环境、学习内容、学习方式、师生关系、儿童心理等方面都存在很大的差异，形成了一定的"梯度"。

（一）生活节奏不同

孩子们在幼儿园三到四年，在老师们的关爱和呵护下，生活得很有规律，在作息时间上较小学也相对宽松和灵活。偶有起床晚了、吃饭慢了、迟到了，老师也不会批评，每天中午还有午休，下午也有加餐。

进入小学以后，孩子们的生活节奏明显加快，学习活动安排得也更紧凑了，每一个具体的时间节点都有具体的事情。一年级小学生早上第一节打预备铃的时间是8:00（个别学校7:50），不同地区、不同学校有不同的要求，大部分学校有早读活动。一般负责任的老师为了让孩子们养成不迟到、做好上课前的各项准备的好习惯，会要求孩子们7:40至7:50之间到教室。上午有的学校安排一年级学生上三节课，有的安排四节课。如果是三节课放学，时间是10:45，上四节课的学校放学时间大概是11:30。下午一般是两节课（一年级周一、周四是一节课），冬季作息时间14:30预备，16:10放学；夏季作息时间15:00预备，16:40放学。每节课中间休息十分钟，这十分钟，孩子们要收拾好上节课所用物品，按课表做好下节课的课前准备，要上厕所，要喝水，然后才能玩。放学后还要复习旧知识，学习新知识，要听、要想、要说、要读、要写、要算，还要背，每一个环节都要去参与，否则就会落后。如果家长没有详细地了解孩子入学后生活节奏上的变化，那么这些变化超出了大家的预料，可能不适应的不仅是孩子，还有家长。因为孩子上幼儿园的三年可以说是家长最舒服的三年，工作、生活、享受全不少，早上把孩子送到园里交给老师，这一天家长朋友都不用操孩子的心，吃、玩、睡、学，老师全包

了。而上小学后,家长就有一种紧迫感,孩子中午要回家了,我们和孩子一天的时间都变成上午、下午两部分了。有的家长因工作忙、路途远等多种原因喜欢把孩子寄托在学校附近的午托部,建议家长能陪伴孩子就多陪伴,孩子能否成人、成功、成才关键在于家长是否能提供有质量的陪伴。

下附作息时间表:

幼儿园作息时间

07:40—08:10 入园

08:10—08:40 餐前盥洗、早餐

08:40—09:20 第一节教育活动

09:30—10:00 第二节教育活动

10:10—11:10 早操、户外活动

11:20—11:50 餐前准备盥洗、午餐

12:00—14:30 午睡

14:30—15:00 起床、喝水、餐点

15:00—15:30 室内自由自选(区域)活动

15:30—16:30 户外活动

16:40—17:10 餐前准备、晚餐

17:20—18:00 离园

注:喝水、如厕根据幼儿需要随时进行。

小学作息时间

07:30—08:00 入校

08:00—08:10 预备活动

08:10—08:50 第一节课

09:00—09:40 第二节课

09:40—10:05 大课间

10:05—10:45 第三节课

10:55—11:35 第四节课,放学

14:00—14:30 入校、预备

14:40—15:20 第一节课

15:30—16:10 第二节课

16:20 放学

(二)学习环境的改变

首先,小学教室前后各有一块黑板,前面的黑板大多是"班班通"特制的,黑板上方一般装饰的或是学校的校训,或是社会主义核心价值观内容,或是班风等,后面的黑板各班会根据季节变化、节日内容、学校文化、学科教学等加以创设。教室还有稍显严肃的讲台、一排排整齐的课桌椅,这难免使孩子多了一些紧张。不像幼儿园,室外环境创设根据办园特色色彩缤纷,主题鲜明,室内环境创设根据孩子的年龄特点、心理需求,月月不同,期期有料,而且各种游戏、活动区角齐全有趣,能很好地吸引孩子的眼球和心灵。

其次,男女生如厕问题。一般的小学都在操场周围设男女生厕所,有的学校近年来改造后硬件条件稍好的,每层教学楼都设有卫生间,但是没有任何一所学校根据孩子的年龄层次分隔公共卫生间。在下课的十分钟里,卫生间里有像我们成人高低的六年级的大孩子,也有刚入学的小娃娃,所以可能会出现被踩住、乱尿、解不开裤子、尿到身上、没有位置等情况。幼儿园的如厕骑槽窄,到小学就变宽了,有的孩子还可能出现掉进槽里的现象,家长和老师要会预设问题,告诉孩子解决的办法,给孩子穿松紧带裤子较好,告诉孩子要远离看上去调皮的大孩子,上课时想上卫生间一定举手示意老师,不要憋着。

最后,喝水问题。小学校园里一般都有电热水设备,考虑到孩

子在校时间以上课时间居多、学生多、下课时间短、一年级孩子怕被热水烫等因素,建议家长最好还是给孩子带水,水杯盖儿要拧紧不漏水,否则把书本漏湿了,孩子会不知所措。教育孩子在学校尽量不接触热水管儿,实在忘记带水了,可以接温水管儿里的水来喝。

(三)学习内容的改变

幼儿教育是启蒙教育,是以智能开发为主的,开设的有语言、健康、体育、科学、艺术五大领域课程,注重孩子生理、心理及其他各方面能力的训练。由于没有硬性的要求和考核,老师比较宽容,孩子即使表现得弱一点、落后点也没关系。这个时期,孩子们的学习内容是丰富多彩的,趣味性极强,相对来说容易学,孩子也爱学。

到了小学,课程有语文、数学、外语、音乐、体育、美术、道德与法治、科学、计算机等,学习内容知识性变强、容量变大,孩子会不适应,尤其是对一年级刚入学的孩子来说,这种情况更加突出。

1. 语文课程能力分析

语文课程能力包括识字与写字、阅读、写作、口语交际、品德修养和审美情趣、良好的语感和整体把握的能力。听——态度和结果;说——形式和内容;识——辨识和记忆;写——书写和写作;读——阅读和朗读;拼——拼音和组词;译——古今对译和普通话与家乡话的对译。

2. 数学课程的四个学习领域

数学课程的四个学习领域分别为数与代数、空间与图形、统计与概率、实践与综合应用,强调学生的数学活动,发展学生的数感、符号感、空间观念、统计观念以及应用意识与推理能力。

3. 外语五大块

外语五大块分别为情感态度——动机兴趣、自信意志、合作精神、祖国意识、国际视野;学习策略——认知策略、调控策略、交际策略、资源策略;语言技能——听、说、读、写;语言知识——语音、词汇、语法、话题;文化意识——文化知识、文化理解、跨文化交际、意识和能力。

4.小学一年级体育达标

50米跑(腿肌肉奔跑),2×25米往返跑(腿肌肉奔跑+灵活性),立定跳远(腿肌肉爆发力),投沙包(胳膊肌肉力量),跳绳(大肌肉+协调技巧),踢毽子(大肌肉+协调技巧)。

小学课程学习内容难度加大。以语文为例,一年级上学期的主要教学任务是汉语拼音、生字的教学,下学期在巩固汉语拼音的基础上,以识字、写字为主。人教版教材、苏教版教材、北师大版教材、部编版教材……共性特点是识写量大,内容较难。每一课的生字都分为两类:一类字和二类字(绿色通道里的字)。一类字的要求是能认会写,二类字只认不写,这样编写的目的是扩大孩子的识字量,提高孩子的阅读能力。我们必须在三年之内往孩子脑子里"装"三千个生字,那么平均每天往孩子脑子里"塞"多少个生字呢?人教版平均每天8.4个,算上二类字。可我们小时候老师平均每天往我们脑子里"塞"多少个生字? 2.0个,2000年课改之后增加到了8.4个。小学一年级数学上学期主要是20以内的加减法,下学期学习100以内的加减法、退位减法和进位加法,内容在加大、加难,有相当一部分孩子不适应,学不牢固。

一年级安排的还有单元测试、期中评价、期末考试,可能还会有区里、市里的调研考试。有考试就有竞争,有竞争就有压力。由于遗传、早期教育以及孩子发展的差异性等因素,有一些孩子虽然没有生理上和智力上的缺陷,但是他们辨别视觉刺激和听觉刺激的能力稍差,或者精细动作的协调能力稍差,这些都会导致孩子听课、做作业等方面的困难,这些困难使孩子在新的群体中不被认可,在新

的环境中产生受挫心理,从而有可能导致对学校学习生活的不适应。

(四)学习方式的改变

首先,幼儿园的教育是渗透在生活和游戏中的。生活和游戏中充满了知识,学习这些知识都是发生在幼儿解决实际问题的情境中的。比如幼儿在建构游戏中搬运木砖,为了提高效率,想一次多运一些木砖,为此就会想各种办法。有个女孩说她一次能搬14块砖,她在第一层摆了4块,在第二层又摆4块,说两层是8块,第三层又摆4块,指着第三层接着8数了一下,9、10、11、12,马上说三个4就是12,再加2块,13、14,就是14块。而有个男孩在一块平板上放了9块木砖,占用了平板的一半面积,他数了一下,一个3,两个3就是6,再加上3就是9,接着说放满就有两个9,9加9就是18。可见,在直观的问题情境下,孩子通过简单的加法和接着数,算出了总数,尽管幼儿园没有要求乘法教学,但这里就有乘法的萌芽,对小学的数学学习极其有利。

游戏就好像是实验室,孩子们在解决实际问题的过程中会进行假设、比较、验证,然后体验成功解决问题的乐趣。比如有三个孩子在游戏中尝试玩"保龄球",他们搭了一个轨道,试图用一个圆木盘击倒更多的木桩。第一次,圆盘滚落的力不大,只击倒两个木桩,于是他们尝试将轨道的坡度变大。实际上在尝试的过程中,他们已经获得了"坡度越大速度越快,速度越快圆盘冲下来的力就越大"的经验。

在涂鸦游戏中,孩子还会把自己的游戏故事画下来。尽管他们还不会写字,但他们能用自己能看懂的符号把故事内容写下来。角色游戏就是孩子们用自己的行为在构思脚本、表现故事,这能极大地提高他们的叙事能力。

教师会观察每个孩子的游戏行为,发现一些孩子在游戏中的有意义的学习行为会向全班孩子进行分享,重现解决问题的情境,帮助他们梳理和提升经验。

除了游戏中幼儿自发生成的学习以外,教师还会将所要教给幼儿的知识预设并渗透在生活中。教师会根据不同的年龄班提出不同的自理行为要求,其中渗透知识的学习,比如吃点心时"按数取物"。再如从小班到大班教师会用不同的方式在教室里布置天气记录图表,让幼儿记录每天的天气,孩子们在长期的观察和记录中获得了一种统计学的思想和方法。

与小学教学不同的是,在游戏中获得的知识是以感性经验的形式存在的,是在真实的情境中解决真问题的实践运用中获得的,更容易理解,留给人的印象更深刻,它与后继学习的衔接是感性体验与理性思考的衔接、直观形象与符号表征的衔接,是解决问题的能力与学习能力之间的衔接。

孩子在游戏中不仅获得了经验、提高了解决问题的能力,更重要的是还培养了一种学习的品质。由于游戏是孩子自主的活动,所以他们兴趣浓厚,遇到问题时表现出强烈的好奇心,解决问题时特别专注,不轻易放弃,与同伴合作协商解决问题,这些都是以后的学习应当具备的基本品质。

总之,从发展的阶段性来看,幼小之间有不同的学习方式,而从发展的连续性来看,幼小之间有着自然衔接的内在机制,幼儿园是为小学的理性学习做感性经验的准备,感性经验越丰富,进入小学后学习理性知识时的接受能力就会越强。

小学的教学活动尽管也寓教于乐,但不再以游戏为主,而是以课堂学习、社团活动等为主,强调对学生进行系统的文化知识的教育和听、说、读、写、计算、应用等基本技能的训练,需要孩子具有一

定的刻苦精神。什么是刻苦精神？学习做事，不怕吃苦，不怕困难，肯下苦功夫攻克难关，像遇到难题不退缩、遇到问题想办法解决等都是刻苦精神的体现。要抓住机会鼓励孩子多做、多尝试，同时还要在学科教学中培养孩子做事必须认真的素养。

其次，进入小学以后，无论是生活还是学习都强调班集体的统一，特别是在纪律、卫生、大课间、教学要求、教学进度上更是强调这一点。因为一个年级平行班有四个、六个、八个，最多的达到二十个，周周有评比、期期有比赛，哪个班也不想落后，最重要的是孩子要承担一定的班级荣誉争优责任以及要完成各项丰富多彩的作业：写的、画的、社会实践的，等等。在完成学习任务的过程中，有的孩子可能会有点懒惰，有的孩子可能动作缓慢，有的孩子可能知识基础差，有的孩子可能自控能力比较弱。这时，如果老师和家长的教育方法不当，态度过于严厉，孩子就会孤立无助、害怕学习、对学习失去兴趣，乃至厌学。

（五）师生关系的改变

幼儿园每班人数在三十左右，班额不算大，老师对孩子的照顾是无微不至的，孩子的各种学习活动、吃喝拉撒等大小事都依赖老师，老师的角色更像妈妈。而小学现在虽然严格控制人数，但是由于种种客观因素，大班额现象非常普遍，每班基本上都在七十人左右。老师因为教学任务繁重，还要参加各种学校活动，并且要顾及自我成长的需要以及家庭生活的负担，对每个孩子的关注程度相对降低。课间孩子自己分配时间，自己参加活动，自己处理力所能及的问题。孩子可能会感觉到小学的老师没有幼儿园的老师好，没那么亲，也没那么喜欢自己，回家往往会抱怨"我的张老师没有幼儿园的刘老师好，她不对我笑""今天我问张老师好她都没有搭理我，她不喜欢我了吗，妈妈？""我请张老师帮我拿东西，张老师说她太忙，让我自己来做",等等,这些都将会使孩子产生不同程度的陌生感、紧张感,甚至焦虑感。

(六) 儿童心理的改变

儿童心理的变化一方面是由以上一系列差异导致的,另一方面说到底就是压力的变化造成的。我发现很多孩子对小学的学习既期盼又害怕。他们期盼的是进入小学以后可以认识更多的小朋友,了解更多新鲜的事物,学到更多的知识。他们害怕的是学校和老师的要求会不会很严格,新同学好不好相处,学习任务重不重,还有没有时间玩,等等。如果家长引导不当,孩子就会产生一定的心理压力。

我曾见过一位家长在带孩子报名的时候对孩子说:"上小学不同于上幼儿园了啊,每个学期都要考试。你可要收收心了,好好学习,争取每一门功课都考100分。"孩子听了非常惊讶,接着便大声嚷嚷"我不上学了,我不上学了",之前对学校美好的憧憬一扫而光。这位家长在孩子还没出发时就给孩子背上了沉重的精神包袱,使孩子产生了恐惧心理。

陌生的校园、陌生的教室、陌生的老师,还有陌生的同伴,在给孩子带来新奇感的同时,也给部分孩子造成情绪上的焦虑不安,特别是那些对家长的依赖性比较强、交往能力稍差、性格内向的孩子,更有可能出现这样的问题。

二、孩子必备习惯的养成

英国哲学家洛克曾经说过,儿童不是用规则教得好的,规则总会被他们忘掉的,习惯一旦养成以后,便用不着借助记忆,很容易地、自然地就能发生作用了。我国古代伟大的教育家孔子曾说过少成若天性,习惯成自然。这些告诉我们,一个人从小养成的习惯会

和他的天性一样自然,这个时期养成的习惯是坚不可摧的。小学阶段是培养习惯的重要阶段之一,在这一阶段无论是学习还是生活,无论是为人还是处事,都要受到习惯的影响,被习惯左右。在学习上要养成好习惯,这样学习起来才会有效率;生活上要养成好习惯,这样孩子才会让人放心、让人信赖。习惯决定性格,性格决定命运,帮助孩子养成好习惯,夯实人生成长底色,是家长、老师、社会义不容辞的责任。

对一年级的孩子来说,学习知识、开发智力是重要的,但最重要的还是行为习惯的养成教育。尤其是在一二年级,习惯的培养是教学工作的重中之重。一年级出现"优生"和"差生",究其根本是态度、习惯问题所致。请各位家长朋友记住,好习惯使人受益终生。

(一)良好的倾听习惯

社会的飞速发展需要我们开启谦卑的大倾听时代。在十几年的一线教学工作中,我发现学习有困难的、各方面表现较弱的孩子有一个明显的特点——不会听课,具体的表现就是:上课注意力不集中、爱说话、爱做小动作。这说明孩子没有养成倾听的好习惯。倾听是一种最自然的接受方式。不会倾听,孩子吸收不了课堂上的知识;不会倾听,孩子掌握不了正确的学习方法;不会倾听,孩子了解不了学习任务;不会倾听,孩子不会关注教师教授知识的方法,不知道课堂的重点与难点。渐渐地,孩子可能会失去学习的能力,所以良好的倾听习惯是孩子接受各方面信息的前提。

如何养成倾听习惯呢?我们可以通过有意识的训练来达到。首先您要让孩子了解,当别人说话时要安静,眼睛看着对方,因为对方在说话时有表情,通过眼神也可以看到对方情感的流露,这也是对说话者的尊重。其次,身教胜于言教。当孩子给我们讲话时,我们要放下手中的事务,认真去听孩子的表达,为孩子做出榜样。

具体措施有以下几个方面。一是大人说话时放慢速度,使孩子听清每个字的正确发音,特别是针对孩子难以发出的音或发不准确的音,在说话时口型稍微夸张些。二是孩子都喜欢听故事,可以让孩子多看一些色彩鲜艳、图文并茂的图画故事书,还可让孩子听一些喜闻乐见的童话故事、儿歌等,当有声有色的话语伴随着美妙动听的音乐将孩子带到幻想中的动物世界时,他们会完全忘却自己,一遍一遍地去聆听。三是多多称赞和表扬孩子,鼓励是肯定自我的良好品行的动力,是对自己的才智充满自信心的动力,适时、巧妙地说出称赞的话,是对具有良好倾听习惯的孩子的肯定,并可使其坚持不懈。所以只要孩子能认真听对方讲话,理解了别人讲话的内容,不打断他人的谈话,不急于表达自己的想法,耐心地听完、听懂对方的话,就要给予表扬鼓励。四是利用"按指令行事法"发展孩子的倾听能力。好动是孩子的天性之一,也是身心发展的一个特征。家长可以用"按指令行事"的方法来发展孩子的倾听能力,如:要求孩子听指令做相应动作;在日常生活中交给孩子一些任务,让其完成,以锻炼孩子对语言的理解能力;让孩子根据某种音乐或节奏,一边看着大人的手势,一边完成某些动作或相应的行为等。五是利用"听辨错误法"来发展孩子的倾听能力。生活中,有的孩子听一件事时,只听到其中的一点就听不下去了,这就说明孩子倾听的质量不高,听得不仔细、不专注。因此,家长应有目的地让孩子在日常生活中去判断语言的对错,吸引孩子注意倾听,并将错误之处加以改正。六是创设良好的家庭教育环境,善于倾听孩子的心声。家长千差万别,职业不同、文化层次不同,家庭教育环境的创设也不同。幼儿期是一个好模仿的时期,环境的创设在孩子的成长中有着不可替代的作用,良好的环境对其倾听习惯的养成有着举足轻重的意义。

在现实生活中,许多父母都没有认真倾听孩子心声的习惯,这

也是孩子无法养成倾听他人习惯的原因。经常有父母这样感叹："孩子有什么话总不肯跟我说，我说什么孩子也不愿意听，真是拿他没有办法。"事实上，父母不善于倾听孩子，孩子说的话就得不到父母的重视，孩子便会把自己的想法藏起来，而且，孩子还会感觉到父母是不尊重自己的，从此更加减少与父母之间的沟通，这种后果将是非常严重的。

心理学家提醒父母：如果父母从不听孩子说话，那么孩子长大后往往要经过许多年才能恢复自尊。事实上，孩子虽然还小，但是他们也有独立的人格尊严，他们也需要表达自己的想法和感受，父母是没有权利剥夺孩子的这些权利的。

倾听孩子的心声不仅是了解孩子心灵的有效途径，也是培养孩子养成倾听他人习惯的重要方法。父母必须定期抽出专门的时间来做这件事，让孩子感受到你对他的重视和赏识。倾听孩子说话时，父母一定要端正态度，千万不要摆出一副表面上倾听、实际上千方百计想出一些理由来反驳他的样子，完全不顾及孩子的感受，总是否定孩子的思想，这样孩子便不会再主动与父母交流了。举个例子，对于明显不会听讲的孩子，家长每天和孩子谈话五分钟。一个好习惯的养成需要的最短时间为21天。遵循这一规律，第一步，家长说，孩子听。说的内容可以是故事类、新闻类、天文地理类、历史类、美食类等，内容把握正能量。家长说时一定不要啰唆和多次重复，要相信孩子的记忆力，啰唆对于孩子养成良好的倾听习惯很不利，孩子很难抓住要点，很难直接辨别哪些是要听的，哪些是不要听的，结果很可能导致孩子没兴趣听，不认真听。谈话时间可以逐渐延长，孩子专心倾听的时间也会相应地慢慢延长。如果孩子插话，动作示意他先听完再说，也可以语言告诉他会说的孩子想着说，听完了再说，不会说的孩子才抢着说，这样说不好，也没礼貌。说完后,家长尝试让孩子复述刚才说的内容,只要能说出关键的时间、地点、主要人物、发生的事就要点赞表扬,可以和孩子事先约定表扬的方式,这一过程大约需要15天。第二步,孩子说,家长听。孩子说的内容不限,只要有话说就行,家长注意认真听内容,听说话的完整性、规范性、连贯性,最好不加口头语:就是、然后、那么、可是、哼……耐心等孩子说完再评价引导,适时给予鼓励,这一时段也需要15天左右。这样,就在不经意间逐步培养了孩子听的习惯、说的欲望。

(二)规律的作息习惯

我们看一个人成功与否,首先考量的是他是否守时。一个不会遵守时间约定、没有规律作息的人很难取得较大的成功。培养孩子规律的作息习惯从制定家庭作息制度开始。入学前一两个月就要开始进行训练。建议家长为孩子准备一个小闹钟,并教会孩子读整时整分,比如6:00、6:30、7:20……然后和孩子一起规划好时间,早晨何时起床,用多少时间穿衣、洗漱、吃早饭,何时出门,晚上何时上床睡觉。在这里要注意告诉孩子一分钟、五分钟、十分钟、半小时时长是多少,通过做具体事来体会,不能盲目要求。一般早晨6:40起床,穿衣洗漱十分钟左右,吃饭整理书包二十分钟左右,最晚7:20出发上学,家远的可能会更早,保证孩子上学不迟到、参加晨读活动。

训练必须根据孩子的实际情况分成两三个阶段循序渐进地进行,可以从相对宽松到严格要求,也可以一项一项进行,不要让孩子感到有压力,要将各种强化手段灵活运用起来,让孩子感受到进步的乐趣。要学会鼓励和表扬,哪怕孩子比昨天起早了一分钟。要知道,我们大人也需要别人的认可、鼓励,那将是一件美好的事,何况是孩子!

（三）认真的作业习惯

作业是检查学生上课是否听懂、是否记牢的手段，更是对所学内容的巩固环节。对认真听的孩子来说，作业非常容易，一会儿就完成了。而有一部分学生作业拖拉，第二天到了学校，又有新作业，而他还在补前一天的作业，时间长了，就成了恶性循环，丧失了学习的兴趣。所以，当您的孩子上了一年级后，一定记得天天督促其养成及时完成家庭作业的习惯。

写作业时要求孩子专注，要有时间限制，不能磨蹭太长时间。很多家长对孩子写作业慢束手无策，其实我们要先找出写得慢的原因：上课学习内容没听懂？家长无故加作业？老师布置的任务没记清？注意力不集中？天生就慢？懒惰？学会对症下药。方法一是和孩子约定每天完成作业的时间，画表格天天评价，坚持好了给奖励，包括语言表扬、物质奖励，充分尊重他的个性及想法，要清楚认同的力量有多大。作业独立完成，要求干净、整洁、书写规范。写完后要独立检查，家长确认后签字。告知孩子，自己检查出的错误改一遍就行，家长检查出的错误，最少改五遍，执行的时候不走偏、不心软。二是建议采用"作业计时"的方法，可以起到明显的效果。和孩子说清楚规则：从今天起我们要开始实行写作业计时制度了——妈妈要把你写作业的起始时间写在你的作业本上，让老师了解你在家的学习效果……老师对家长如此认真的做法一定会给予肯定，也会对孩子或在孩子的作业上有所反馈。这样一来，孩子学习的专注度就会大大提高。要知道"以成功育成功"对孩子而言更有效。三是家长不要无故布置额外作业加重孩子负担，造成孩子故意拖延时间，以期达到家长无法添加作业的目的。别忘了作业不仅有书面的，还有读书或者预习方面的。最后，提醒孩子完成作业后，记得抚平作业及书本的角。

孩子不能认真写作业,我想是令很多家长比较头疼的事。有意思的是,我儿子从小学到大学,几乎不上补习班,他的法宝就是认真完成老师指定的各科作业。这里给大家讲一件小事。他上三年级的一天下午放学回家,一进门就抱怨:"我们的班主任是什么人哪,让我们一天背默53首古诗,妈妈,你说公平不公平?"我一听,明白这里有问题,就不动声色地说:"既然老师布置了,你就做嘛,老师这样做肯定有她的道理,你做不完,明天老师批评你,我也没办法。"他看没有缓和的余地,就乖乖地到书房背默起来。这时,我悄悄给老师打电话问清情况:老师是一个多月前布置的一项额外作业,学生每天可背默一首古诗,隔一段时间检查,看哪位学生做好了,受表扬,做不好当然会受到批评。当时我心里那个火啊!小小年纪居然不完成作业,而且积累了这么多,虽说是额外作业也要写,别人能完成自己为什么不完成,何况一天一首并不多。那天,我硬是看着他一夜不睡,完成了53首古诗的背默作业。第二天又惩罚他不准去学校上课,他爸爸骑自行车上班,他必须在车后跟着跑,让他彻底感受不按时完成作业的严重性。从此,他再也没有此现象,就算作业再多,包括九年级与高三,他也能按时完成作业。老师常常惊叹:"别的学生几乎完不成大量的试卷作业,你儿子怎么能完成?"他常挂在嘴边的一句话是"把书本知识学会,作业写完就行了,不需要上什么课外班,如果课外班真能让每个学生学好,那就没有'差学生'了"。

(四)正确的读写姿势习惯

现在的"90后"及年龄更小的人群,读写姿势正确的不多,造成近视、斜视、脊椎弯曲等多种疾病的发生。目前有的幼儿园为了迎合家长的要求,提前学习小学内容,加重了孩子的负担,小手的肌肉控制协调能力较差,使得很多孩子在入学前就形成了错误的握笔写字姿势,对孩子今后的学习反而起到坏作用。正确的姿势要领(正

确的握笔姿势)是:

①大拇指、食指、中指自然弯曲,分别从三个方向捏笔,无名指和小拇指自然弯曲,依次靠在中指下方;

②大拇指在笔杆儿左下侧,食指在笔杆儿右上侧,中指在笔杆儿下方;

③食指稍前,大拇指稍后;

④大拇指和食指用第一指节前端捏笔,中指用第一指节侧上部顶住笔;

⑤笔杆儿上端斜靠在食指的最高关节处,笔杆儿和纸面成50度左右的角,朝右后方斜;

⑥捏笔处离笔尖一寸(大约3厘米)左右;

⑦执笔要做到"指实掌虚",就是手指握笔要实,掌心要空,小指不能碰手心;

⑧手腕伸直,不能向内侧勾或者向外翻。

读写姿势必须强调三个"一":眼离书本一尺远,胸离书桌一拳远,手离笔尖一寸远。读书时把书捧起与书桌成45度角左右即可,从小练、天天练、学校家里一起练才能养成正确的读写姿势习惯。

(五)严格的整理习惯

"一屋不扫,何以扫天下?"只有把自己的小屋打理好了,才能成就大事。作为学生,首先要学会整理自己的房间,整理自己的书包,进而才能整理教室、整理校园、关爱社会,做个有责任心的小学生。

每天孩子的作业完成后,都要他对照课程表整理好第二天要带的课本、作业及文具盒、水杯和美术工具等,以免丢三落四,影响第二天上课。有的孩子经常忘带作业,老师只好让他在学校补写,家长还会埋怨老师无故耽搁孩子的其他功课,这是谁之过?一年级的小朋友每天上学带3支铅笔即可,不要多带,多了就是负担;也不可只带一支,丢了或笔尖断了怎么办?美术工具别忘记带了,否则上美术课,别的孩子画画、填涂颜色,你的孩子只能看着别人创作,成了课堂的"陪客"。

(六)细心的保管习惯

上学后孩子们第一次全方位地保管自己的东西,可能会经常丢东西,比如:班里经常丢失且无人认领的铅笔、橡皮、水杯、衣服。可以在孩子的物品上写上名字或者做上记号,帮助孩子树立责任心。提醒孩子上体育课时别乱丢衣服,谨防忘记。东西不小心在学校丢了,可以到大队部、门卫室、班主任处询问结果。尽量不带零钱,避免不必要的麻烦。

(七)积极的交往习惯

谈到交往,就不得不提情商。我们通常理解的情商是什么?通俗地说,说的话入耳,做的事让人舒服。我们说智商显示一个人做事的本领,情商反映一个人做人的表现。现在的社会要求我们不但要会做事,而且要会做人。

调查发现,很多孩子不能融入集体,被同学排斥,没有朋友或朋友很少;不主动与朋友讲话或邀请朋友玩;不能连续说话;好争强斗胜;不加思考,简单地按别人说的去做;不关心集体;记不住同班同学的名字……

一个人长大后是否能成功、幸福,很多时候跟社会人际关系情况成正比,而一个人的交往能力如何很大程度上取决于童年时期是否得到了良好的培养和锻炼。心理学家普遍认为,人际关系代表着人的适应水平,是心理健康的一个重要标志。因此,从小培养孩子良好的人际关系,对促进孩子个人心理健康发展和预防各种心理疾病有着重要的、积极的意义。

那么,怎么培养孩子良好的人际关系呢?培养孩子与人交往的能力,让孩子懂得与身边的伙伴和成人交往,有正确的沟通方式,形成良好的人际关系;培养孩子的社会适应能力,让孩子能够适应集体生活,成为集体的一员,更快地融入社会生活中;培养孩子自我调节的能力,当不良情绪产生的时候,能够调节自己的情绪,管理好自己的心情;培养孩子处理问题的能力,发生问题时不依赖,不慌张,能够找出问题的根源,能有自己的处理方式。

具体可以从以下几方面实施。

1. 尊重孩子的需求,给予正面、积极的信息

作为父母,应该关注和尊重孩子的需求,用心聆听孩子的想法和需要。孩子的人际交往都是从需求开始的。刚出生的孩子会用眼神与人交流,当他用眼睛看着你,你总是回应欣喜的笑,你会发现你的孩子比其他孩子更活跃,他能通过你的笑容来感受到你对他的回应。再大点儿的孩子,他们会问各种问题,大脑中有着十万个为什么。作为家长,一定不要出现不耐烦的情绪,更不要打击孩子的积极性。不会的问题或暂时不能满足的需求也要给予回复,而不是置之不理,或糊弄他"说了你也不懂,一边玩去"。孩子其实是最敏感的,他们更多的是希望在与父母的互动中得到爱的满足。好奇是孩子的天性,他们问什么都没有错,关键是大人的态度,如果长期置之不理,孩子也会变得越来越不爱问问题,也不爱和你互动,长大一些他也可能会慢慢变得和你一样,对于不想回答的问题置之不理,回避问题。

平常应该多给孩子讲述一些关于平等、宽容、诚信、互动等好品质的故事,让孩子明白一些做人的道理,如果发现孩子在人际交往时表现出不好的习惯,如撒谎、不理人等,要及时予以指正和引导。

2. 注重与孩子交流，给予鼓励和肯定

孩子早期在和其他小朋友交朋友、玩耍时，会出现想主动但是又害怕、害羞，不知道怎么开口加入的情况，有的会拉着妈妈的手露出渴望的眼神……这时候作为家长，应该鼓励孩子学会开口去跟小朋友交流，第一次父母应该做出简单的示范，让孩子看看自己是怎么做的，教会他怎么开口，并带领他去小伙伴旁边，鼓励他学自己刚才那样，开口表达。孩子试着开口就已经成功了一大步，不管讲得好与坏，都要给予肯定和鼓励，告诉他们这样很棒以及下次再做哪些会更好，教他们一些沟通的小技巧，如说"谢谢""不客气""对不起""没关系""请坐""您好""可以吗？""我们一起玩，好不好？""玩具借给你玩，我一会儿再玩"等这些语言，使孩子在交往中待人热情、主动，逐步学会与人交往，学会交朋友。还可以教他们用适当的方式结合身体姿态进行沟通，让他们觉得与人交往没那么难，体验到沟通交流的喜悦。当然，也要鼓励孩子独立去面对和解决自己遇到的人际矛盾；当面对困难和挫折时，引导幼儿以健康的心态对待，锻炼乐观、开朗、坚强的品质。

日常生活中可通过与孩子的沟通训练孩子的语言表达能力，培养孩子与人沟通的自信；还可以多带孩子去人多的地方，比如去公园、参加聚会等，给孩子创造与他人交流的机会。出去和朋友聚会时，让孩子在旁边看着你是如何和朋友交流的，给他树立榜样，当然聚会时也不要忽略孩子，要抽出时间和孩子交流、互动。

3. 树立榜样，协助孩子与同伴交流，让孩子学会分享与合作

父母是孩子的启蒙老师，孩子与家庭成员之间的健康友好相处，是孩子与他人友好相处的前提。儿童心理学研究告诉我们：具有安全感的孩子长大后，会将这种安全感带到他的社会关系中，更容易认同同伴或他人。家长为了孩子的未来，应创造一种民主平

等、亲切和谐、积极健康的交往氛围,让孩子感受到家的和谐、温暖。孩子在生活中易模仿父母的一些语言、行为,模仿家长待人接物的态度与方式,最后将其变成自己的习惯。因此,作为家长,我们要给孩子树立榜样,注意自身的言行举止。

在社会交往能力发展方面,父母对儿童有直接和间接的影响。父母的社会交往能力较强,亲子关系较好,也潜移默化地影响着儿童社会交往能力的发展;反之,有些父母自身性格比较内向,不太乐于与人交往,这些性格特点也会影响到孩子,孩子长大了也不乐于与人交往。父母们,为了孩子的未来,我们还是需要采用积极的方式来引导孩子,给孩子做一个好榜样。

培养孩子的人际交往能力,父母其实是孩子的"第一任老师"。在家里,家长总要把好吃的东西全部留给孩子,其实这在无意中抹杀了孩子的分享能力。如果小朋友在家里懂得与父母和祖辈分享最爱吃的食物,那么在学校他也会乐意与同伴分享。再比如,道歉不仅仅是一种礼节,更能让孩子站在他人的立场来认识自己的行为。家长们,在违背和孩子的约定时,你是否能放下父母权威,对孩子真诚地说一声"对不起"?当孩子安心做事,你在一旁大声喧哗打扰孩子时,是否也能说一声"对不起"?

有的孩子在人际交往中总是容易与同伴发生冲突,其实很多是受家长影响,家长应该注意管理自己的情绪。在家时,当孩子在客厅打球、不肯放下 iPad,甚至做出超乎想象的破坏行为时,一些家长往往情绪失控,怒吼或者暴揍孩子一顿。其实这样的权威只能维持"一分钟",当下可以震慑孩子,可最终对于解决问题无济于事。建议和孩子发生冲突时,家长可以更多地通过表达来告诉孩子自己的感受,平静并且明确地指出孩子的行为可能带来的后果,并且给孩子选择的机会,或者转移他们的注意力。比如,你要在客厅打球,不如先过来帮妈妈摘豆角。切记,无论是分享、道歉、关爱、交流,还是处理冲突、应对挫折等,这些与社会性有关的能力都是日常生活中潜移默化培养出来的,靠上辅导班是突击培养不来的。

所以,养成积极的交往习惯也是孩子快乐地开始小学生活的重要因素之一。

如果孩子在学校受欺负了,正确的做法是先与老师沟通,弄清事情的真相,请老师协助解决问题,而不是家长参与谩骂,甚至大打出手,攻击学校、老师、其他家长,搞得不可收场,伤了别人,又误了孩子的前程。

我想告诉家长朋友,你的哪些行为将使孩子成为"奴才":责备与问罪、谩骂、威胁、命令、说教、警告、控诉、比较、讽刺挖苦。因此,希望大家努力做一流父母——注重自己心灵成长和心智模式的提高,陪孩子一同成长;最起码要做二流父母——到处寻找教子方法和孩子的学习方法;尽量不做三流父母——拼了老命让孩子学知识。

(八) 持之以恒的阅读习惯

一个会阅读的民族,必定是昌盛的民族。阅读可以使人增见识长学问,拓展思路,改变思维习惯;阅读可以促人进步,消除寂寞,净化心灵,修身养性,休闲娱乐;阅读可以让我们增加自然生命的长度、社会生命的宽度、精神生命的高度。

全国教育改革最新动向告诉我们,现在你的孩子不阅读,根本应付不了考试!原来可能所有的考题题面只有2000多字,以后的题面阅读量也许会有5000多字甚至是9000多字。阅读水平欠佳,理解水平、做题速度等都会受到很大影响,有的考生甚至连题都没时间做完。对于阅读少、不读书、不思考、写字慢、语言基本功不扎实的孩子而言,此次教改已经不是噩梦,而是审判。

阅读是学好一切学科的最重要基础,如果你依然说自己的孩子没时间读书,等同于说要自己的孩子放弃所有学科。高考全面改革的大幕已经开启,说实话,高中生已经有些来不及;初中生,还有救;小学生或者是更小的孩子,正当时!所以,让孩子从小就要坚持大量阅读。你要明白给孩子最好的礼物,就是他的书房,让孩子读足够的书,不仅能让你省下万金,更能给孩子一个通往"罗马"的人生。很多其孩子还没上小学的家长,觉得教改这种事离自己还很远:"孩子还小,现在不急""我又看不太懂政策""到时候再说""不行到时候再找人问"……殊不知,家长的某一个犯懒、不负责任的想法,很可能就会耽误孩子一辈子。所以,随着教育部考试政策的一次次改革,家长真的要警醒了,不让孩子从小进行大量的阅读,你的孩子就会被这个时代狠狠地抛弃。

从小培养孩子养成良好的阅读习惯具有重要的意义,但是不少家长反映自己的孩子宁愿花大量时间看电视、玩电脑游戏,也不愿意花时间去阅读,而家长又往往把孩子的这种现象归结于缺乏上进心,不听话。其实孩子是否有一个好的阅读习惯与家长是否掌握恰当的培养方法有很大的关系,那么哪些方法可以帮助孩子养成好的阅读习惯呢?

1. 从婴幼儿时期就带孩子上图书馆

孩子的阅读习惯应该从小培养,在孩子很小的时候就经常带他逛逛图书馆,对激发他的阅读兴趣很有益处;不妨在有空的时候和孩子一起去图书馆,精心为孩子借阅两本好书。

2. 为喜欢的作者过生日

孩子的很多习惯都来源于父母,所以父母的言行举止、文化素质都影响着孩子,家长爱书、爱读书,孩子在耳濡目染下必定也会对书产生浓厚的兴趣。为喜欢的作者过生日,在生日晚会上向孩子讲述他的博学多才,他成才的坎坷经历,让知识在孩子幼小的心灵中生根发芽。

3. 在固定的时间送书给孩子

孩子生日、过新年、有所进步的时候,不要只送一些玩具之类的物品,送孩子一本好书既可以让孩子学到知识,又可以培养阅读习惯,值得朋友们借鉴一下。

4. 将阅读化为表演

这点比较适合于幼儿园的教学,一些童话故事可通过表演的形式提高幼儿的阅读兴趣。可以采用整体表演形式,即完整连贯的表演,角色可以一对一,教师帮助幼儿分析形象再表演;还可以采用分段表演形式,即群体角色,教师先讲故事,幼儿一起讨论角色,全体一起表演,道具应该准备得简单一些;最后一种是角色活动形式,这时故事中的人物、动作可以让幼儿自由发挥,激发他们的想象力。这三种方法在表演时可以自由结合,也可以分别使用,无论怎样运用,相信幼儿的阅读兴趣一定会大大提高。

5. 把喜欢的材料编成一本书

如果孩子喜欢童话或诗歌,那么你在阅读报纸或杂志的时候应该留心一下,遇到精彩的材料可以让孩子将它剪切下来,粘贴在笔记本上,每天傍晚,将笔记本打开,品尝里面的丰富果实,孩子最喜欢自己动手获得的知识。

6. 扩大阅读内容

孩子如果有了一定的阅读基础,应当扩大他的阅读内容和阅读范围,这时眼光不要局限于童话故事、卡通漫画,可以看一些报纸和名著,让孩子了解国家大事,丰富课余知识,提前培养孩子的阅读能力。

7. 背诵儿歌

儿歌语言通络凝练,形象性强,具有鲜明的节奏韵律,可以熏陶儿童的情感,使儿童形成良好的生活习惯,对于帮助儿童认识社会和自然,开启儿童心智、发展儿童语言,都有极大的作用。

8. 成立读书会

教师可以在班级中成立一个读书会,让阅读能力比较强的幼儿担任会长,定期协助会长组织一些读书活动,既可以增强幼儿的阅读能力,也可以培养幼儿的阅读兴趣。

9. 特殊节日多读相关的书籍

儿童节、教师节、国庆节……这些节日来临的时候,细心的教师该为孩子准备好书了,这些节日的来历、名称、时间、意义都是幼儿感兴趣的话题,借此机会,让他们多读读、多想想,一定可以增加知识。

10. 与书一起生活

良好的习惯应该时刻都在身边,把书作为生活的一部分更是必不可少的。在家中,可以将书作为"装饰材料",到处都飘溢着淡淡的书香气息;出门购物时,记得让书橱也丰满一下,让书时刻在您的生活中出现,增添知识的乐趣。

案例: 我家的孩子从两岁半开始进图书馆看书,早上去晚上回,每周都坚持一天,别的孩子忙着上课外班,儿子连个玩伴儿都找不到,与书为伴,他其乐无穷。

三、家长为孩子做的准备

(一)生理的准备

1. 形成良好的生活规律

保证充足的睡眠:小学与幼儿园差别很大,进入小学,孩子要从游乐转向学习,每天至少五节课,每节不少于40分钟,肯定有段适应期,因此要注意保证充足的睡眠。中午休息的时间很少,要保证孩子每天十个小时的睡眠时间,一般晚上8点30分就要提醒孩子该睡觉了,9点争取睡着,第二天6点40分起床,比较合适。有了充足的睡眠孩子学习才有精神,不至于上课打瞌睡,早上也有时间吃早点。由于上学时间的限制,早餐的时间较幼儿园提前,一定要让孩子在家吃好早餐。有的家长疼爱孩子,给孩子偷偷带零食,这些都是不允许的。孩子带零食进入课堂,不仅会分散自己的注意力,也会影响其他小朋友的学习。

2. 加强孩子手部肌肉的协调性

《3—6岁儿童学习与发展指南》中把手的动作灵活协调作为一个独立的目标,放在动作发展的框架之内,可见手的动作灵活协调对儿童全面发展有多么重要。那么,我们家长应该如何锻炼幼儿手部肌肉的协调性呢?

①用筷子夹豆子。用筷子夹豆子,可以锻炼孩子的手眼协调能力,眼睛看到的东西,用手来完成,因为豆子比较小,夹起来很困难,所以,必须是非常专注、动手能力强的孩子才能夹起来。

②教孩子拍皮球。拍皮球时,球会上下运动,必须要拍到一定的位置,并且要在适当的时机采用固定的频率,才能把皮球拍好。这种运动不仅能培养孩子的手部控制力,还能培养孩子的专注力。

③让孩子弹钢琴。弹钢琴不但需要两只手配合好才能完成一首乐曲,而且对两只手的要求都很高,因此,让孩子弹钢琴会提高孩子两手的协调性。

④打篮球及传球。打篮球是非常好的运动,投篮可以锻炼孩子的手眼协调能力,同时,还可以让孩子自抛自接篮球,或者家长与孩子互相抛球接球,锻炼孩子的运动能力,提高神经系统功能。

⑤教会孩子跳绳。跳绳需要手和脚来配合,手的频率和脚跳起的频率必须是一致的,这就需要大脑有很强的协调性才能完成。注意对年龄较小的孩子,跳绳是不适合的,容易被绳子绊倒受伤。

⑥让孩子多踢足球。双脚相互协调的能力是身体协调能力里最难训练的,而踢足球的带球动作是需要双脚去配合的,只有双脚配合好了,才能把足球踢好。还有一种桌上足球的游戏,就是用双手踢足球,这个游戏也是非常锻炼孩子的动作协调性的,通过手柄控制运动员,完成踢球、射门的动作,而且要快速做出反应。

⑦学舞蹈、健美操。舞蹈和健美操等,需要孩子跟着大人的动作模仿出一模一样的动作,而且很多舞蹈动作,包括步伐、身段都比较难,这就对孩子的协调性提出了更高的要求。

⑧培养孩子打架子鼓。打架子鼓需要双手、双脚都运动,而且要协调运动,很难有一项运动对四肢要求这么高,因此,对于协调性不好的孩子,练习架子鼓无疑是很好的锻炼和运动的方式。

⑨让孩子洗手绢、袜子等小物件,可以促进幼儿机能的协调发展,锻炼手部肌肉,为他们一生的发展奠定良好的身体素质基础。

3.加强体育锻炼,给孩子一个强健的体魄

有的孩子开学后可能因为学习任务繁重,身体吃不消,经常生病,因此平时要多进行户外活动。体育锻炼,除了是身体生长的必需外,还可为中考高考做准备。现在河南省中考体育分已经提高到70分。男生项目:1000米,满分30分,最低起评分为10分;篮球、足球运球项目二者选一,满分20分,最低起评分为7分;跳绳、立定跳远项目二者选一,满分10分;掷实心球、引体向上项目二者选一,满分10分。女生项目:800米,满分30分,最低起评分为10分;篮球、足球运球项目二者选一,满分20分,最低起评分为7分;跳绳、立定跳远项目二者选一,满分10分;掷实心球、一分钟仰卧起坐项目二者选一,满分 10 分。

家长和孩子制订运动计划,每周跑步、跳绳、打球、立定跳远等,一个都不能少。

(二)心理的准备

1. 消除孩子的入学恐惧

在进入小学前,常常听到家长对孩子说"现在开始要吃苦头了",还有一些家长平时不自觉地用老师来吓唬孩子,这些做法会增加孩子的学前恐惧感,并且给以后孩子和老师的正常交流造成障碍。幼小衔接阶段的孩子对小学生活处于一种朦胧的状态,他们对小学的了解都是通过成人的介绍和他们的一些参观活动得来的,而家长对孩子这样说,会引起孩子对小学的恐惧,觉得读书是一件可怕受罪的事,一旦读书受到挫折,就会产生自卑心理,更不能适应小学生活了。

2. 帮助孩子适应新环境

我们要尽量从正面入手给孩子讲讲学校吸引人的地方、学习的乐趣,帮助孩子提前建立对新学校、新老师、新同学的熟悉感。做好心理疏导,不给孩子施加任何压力,保护好孩子的兴趣和信心。可以经常带孩子到校园附近转一转,到校园里走一走,看看小学的大门、教室、操场、操场上的玩具,欣赏一下宣传栏里小学生的绘画、书法作品等,让孩子对学校产生向往之情。您可以找一个同在这所学校读书的孩子,让您的孩子和他成为好朋友,解除孩子的不安情绪。您还可以在带孩子报名时多和老师交流,给孩子一个感觉,原来妈妈和老师很熟悉,这样,孩子就会产生一定的安全感。当然,除了这些还不够,现在的孩子都很娇惯,都以自我为中心,您还必须教孩子学会宽容和谦让,学会正确处理同学之间的关系。如果他能够成为一个深受别人欢迎的人,他就能够很快融入新的集体。

3. 帮助孩子顺利度过"三期"

一是延长兴奋期,在前一个月的时间里,孩子们会对校园生活感到好奇、兴奋,乐于谈论学校见闻,这时您一定要及时给予孩子热情的鼓励,并适时、适度地提出新的要求;二是缩短厌倦不适应期,开学一个月后,新鲜感逐渐消失,来自纪律的约束、学习的压力以及人际交往的不适应,会使一些孩子对学校生活产生厌倦,这就需要我们多关心、观察孩子,及时发现问题,找出原因所在,进行个性化的心理疏导,也可以与学校老师交流,使孩子顺利度过厌倦期;三是自然进入适应期,这时孩子的情绪逐渐稳定下来,逐渐喜欢上学校生活,但在学习习惯上大都缺乏自觉性,所以此时,我们要注意培养孩子良好的生活习惯、学习习惯,注意情商的教育,让孩子学会勇敢地做自己,为实现真正的教育——自我教育打下基础。

(三)智力方面的准备

1. 了解智力与非智力的关系

我们把智力因素比作种子,非智力因素比作土壤,优良的种子只有播在肥沃的土壤里才能茁壮成长。

智力主要由六种因素构成:观察力、记忆力、注意力、想象力、思维力、创造力。抽象思维能力是智力的核心,创造力是智力的最高表现。非智力因素主要包括:自我意识、适应社会、情绪的控制、意志、自我激励、人际关系等方面的能力。

智力因素,就一定程度而言,属于先天因素;非智力因素则侧重于后天的养成。非智力因素的高低是学生成绩优与差的重要因素之一,也是能否获取成功的重要条件之一。

智力是一种能力,而情绪、情感、性格、气质、动机、兴趣、意志、需要、目标、抱负、信念、世界观等非能力的特征则属于非智力因素。智力是影响学习的重要因素,尽管智力的定义目前尚无定论,但它与学习的密切关系则是公认的。国内外学者的多项研究结果表明,智力与学生的学业成绩存在着高度相关性。智力不仅影响着学生的学业成就,更重要的是影响着学生掌握知识与技能的速度、深度和灵活性,并且在很大程度上决定着学生的准备状态,决定着学生的可教育程度。由于各人的先天素质存在着差异,特别是后天条件的不同,诸如社会、环境、家庭、学校、所从事的实践活动以及主观努力程度的不同等因素,人们的智力出现了差异。智力的个别差异可以分为量的和质的两个方面。所谓量的差异,一是智力的水平差异,二是智力表现早晚的差异。所谓质的差异,一是智力的类型差异,二是智力的性别差异。从某种程度上说,智力差异对人们学业成就和未来事业的影响是很大的。

非智力因素,是指除智力因素之外,影响智力活动和智力发展的那些具有动力作用的个性心理因素,指与认识没有直接关系的情感、意志、兴趣、性格、需要、动机、目标、抱负、信念、世界观等。在个性心理结构中,诸多非智力因素组成了彼此联系、相互制约与相互作用的动力系统,是人的个性中最活跃、最积极的因素,它决定着人进行活动的积极程度。人们在学习过程中,其学习动机、情绪情感及个性特质都会对学习成果有很大影响。这些非智力因素在人的成长过程中有着不可忽视的作用。一个智力水平较高的人,如果他的非智力因素没有得到很好的发展,那么往往不会取得太大的成就。相反,一个智力水平一般的人,如果他的非智力因素得到很好的发展,也可能取得事业上的成功,为社会做出较大的贡献。我国著名数学家张广厚在小学、中学读书时智力水平并不出众,他的成功与良好的非智力因素有关。他曾说:"搞数学不需太聪明,中等天分就可以,主要是毅力和钻劲。"达尔文也曾说过:"我之所以能在科学上成功,最重要的就是我对科学的热爱,对长期探索的坚韧,对观

察的搜索,加上对事业的勤奋。"从心理学上讲,感情、意志、兴趣、性格、需要、目标、抱负、世界观等,是智力发展的内在因素。外因通过内因起作用。一个人的非智力因素得到良好的发展不但有助于智力因素的充分发展,还可弥补其他方面的不足。反之,如果人缺乏意志,贪图安逸,势必影响其智力的发展。

2. 了解儿童各种学习能力发展的关键期

6个月是婴儿学习咀嚼和喂干食的关键期;9个月—1岁是分辨大、小、多、少的开始时间;2—3岁是计算发展的关键期,也是学习口头语的第一个关键时期;2.5—3岁是教孩子学会讲规矩的关键期;3—5岁是儿童发展音乐才能的关键期;4岁以后是形象视觉发展的关键期;4—5岁是学习书面语言的关键期;5岁左右是儿童学习口头语言的第二个关键期和掌握数字概念的关键期;5—6岁是掌握汉语词汇能力的关键期。

3. 多种途径为孩子智力方面做准备

可用多种途径为孩子智力方面做准备,如:提高孩子对语言的理解能力,培养孩子的阅读兴趣,培养孩子的数理逻辑智能,强化孩子的记忆力,等等。

(四)学习用具方面的准备

舒适的学习用品能促使孩子愉快地学习。在选择学习用品时要坚持功能单一、使用方便、绿色环保、质量上乘的原则。

①双肩书包一个。现在小学课桌放书包的空间不太大,买的书包不要太大。肩带要柔软舒适、质地轻盈。要在外层写上孩子的班级、姓名。不适用拉杆书包,因为拉杆书包没办法放在课桌斗里,放在地上,大家不小心会踢着、磕着、碰着,带来意想不到的麻烦;书包也不宜过大,有的都快到孩子的脚脖处了,致使孩子没法好好走路。

②布质铅笔袋一个。铅笔袋的规格不要大于8厘米×20厘米,

要选择功能单一的布质文具袋。现在部分家长为了迎合孩子,给孩子买奇形怪状的文具盒,这种文具盒上课时不仅会吸引孩子们的注意力,还有一定的不稳定性,一旦掉地上就会发出不必要的噪声,不仅影响全班同学,孩子自己还难受。

③铅笔几支。在家削好铅笔,到校保护好,别丢,别掉地上。如果在学校削铅笔,笔屑末别乱丢弃,以免破坏班级卫生。

④一块长方形高级绘图橡皮,最好不要有香味的。

⑤一把15—20厘米的塑料直尺。

⑥拼音和书写本若干。

⑦包书皮。家长和孩子一起包书皮,用牛皮纸、各种稍微薄一些的铜版纯色纸,包完后四个角用透明胶带粘一下,以免开角。尽量不买大街上卖的塑料书皮,不耐用,半学期没学完,书的后几页就找不到了。

⑧在家要给孩子提供一个固定的学习地点。有独立的小书房,书房里贴上:今日事今日毕,营造做事、学习不拖拉的好氛围。

在做这些准备时,可以让孩子积极参与体验即将作为小学生的兴奋与快乐。从现在开始,他就是小学生了,相信孩子有能力管好自己的事情。

(五)生活方面的准备

1. 认识上下学路线

开学第一天老师会统计路队情况,具体做法:要让孩子提前了解上下学的路线,自己放学出校门往哪边走,以便于老师排放学路队,也避免您在接孩子时出现不必要的麻烦。

2. 做好家庭准备

父母为孩子营造书香门第、诗书世家的爱学习、求上进的气氛,注意在家里养成用完东西就放回原处的习惯。

根据孩子的上下学时间,尽量提早定下接送孩子人选的大事。一年级接两到三个月就引导孩子自己回家。

(六)其他几点建议

1. 关于汉语拼音

拼音字母是一种比较抽象的符号,虽然老师在教学中会辅以图片等形象化的教学手段,但仍然需要机械识记才能掌握。从六岁左右的孩子的认知特点和接受水平来看,学习拼音无论是在字形的记忆、书写上,还是在发音技巧的掌握上还是有一定难度的。所以现在有些幼儿园提前开始学习汉语拼音,受到一些家长的青睐。幼儿阶段学还是不学拼音,我的意见是各有利弊,具体分析如下。

学还是不学,我觉得解决这个问题在于各位家长,因为各位家长最了解自己的孩子属于哪一类型的孩子。即使学,也不是非常精细地学习,提前按照小学教师的教法教给孩子们,而是让孩子有一个整体的认知概念,大概知道声母、韵母、会读就可以了,不需要精细学习。随着幼儿园大班孩子毕业,不少家长准备暑假送他们去学拼音,以便"幼小衔接"。调研报告显示,学前阶段是否早学拼音、课外是否补习拼音,对孩子小学语文学习没有显著影响。专家劝告,汉语拼音没必要抢先学。

上海市教委委托华东师范大学开展"小学低年级汉语拼音学习效果"专题调研显示,上海现行的"拼音与汉字、阅读相融合"模式教学为学生带来了愉悦的学习体验,95.84%的受访学生表示喜欢上语文课。调研组发现,入学前是否学过拼音、课外是否参加拼音补习,在入学初期对测试成绩稍有影响,这种影响到二年级末逐渐趋于消失。"过早学习拼音可能事倍功半。"闸北实验小学副校长、语文教师钱玉华认为,"抢跑"学习拼音不利于养成良好的学习习惯,也不利于积淀积极的情感体验。学生进入小学,从"不能"到"能"的学习过程会让他们内心升腾起成就感和自豪感，而上过辅导班的孩子会想"今天学的我早就会了"，降低了对新知识的期待感。

华东师范大学心理与认知科学学院副院长庞维国教授认为，幼儿阶段不宜进行系统的拼音教学，小学生学习拼音不能脱离具体语境，否则容易陷入机械学习。"拼音教学如果与具体的汉字和课文内容学习相结合，可以增加学生关于拼音的记忆线索，提升拼读规则学习的效果。"专家指出，拼音无须早学，刻意"拔高"会透支孩子进入一年级后的学习新鲜感；"幼小衔接"更应重视培养孩子兴趣、养成良好习惯，帮助他们学会穿衣、吃饭、上卫生间、系鞋带、整理书包等基本生活技能。

2. 关于午托班

好的教育是给孩子陪伴。有父母陪伴的童年不孤独，有父母陪伴的童年不寂寞，父母的陪伴对孩子的成长来说是一个极其重要的环节。父母在孩子身边，要充分关注孩子，耐心听孩子诉说，走进孩子的内心，给孩子一个正确的引领，陪伴孩子，更重要的是能让孩子耳濡目染你优秀的习惯，形成自己的性格。如果你简单粗暴，你的孩子也一样蛮横无理；如果你平易近人，你的孩子就会宽容大度。孩子的眼睛是"录像机"，孩子的耳朵是"录音机"，孩子的嘴巴是"复读机"，你的一言一行、一举一动都会给孩子留下深刻的印象，所以抽出时间，好好地陪伴孩子，莫要等着孩子长大了，你再也无法去找到那一刻的温馨与幸福。

孩子的成长需要爱的陪伴。男孩子三岁父亲就要介入，女孩最迟四岁半时父亲就要介入，否则会影响孩子性格的发展。一般来说女孩都有恋父情结，男孩都有恋母情结。父亲要在女儿12岁时把她还给母亲，母亲要在儿子12岁时把他还给父亲，否则将来会影响孩子的婚姻。

如果必须上午托班,学校有午托班就上学校的,方便,学校没有的,就在学校附近选个近点的、伙食好的、老师负责的,管好孩子吃饭、中午睡觉、安全就行,不要非逼着午托班老师辅导作业,这里面的大部分老师不专业,辅导不好,家长千万别图省事,误了孩子一生。

3. 关于学前班

超前教育违背孩子的身心发展规律。每年在孩子升幼儿园大班之际,家长就开始为孩子入小学择校和入小学起始的学习适应问题而焦虑了,一方面强烈要求幼儿园大班加强识字、拼音、计算的教学,另一方面买来各类幼小衔接课本在家教孩子,并带孩子去辅导班学识字、拼音、英语、数学,"恶补"小学一年级的知识。尽管再三被告知小学是零起点教学,但许多家长仍然认为提前学过的和没学过的、学得多的和学得少的还是不一样的,于是提前学习的现象一年更甚一年。殊不知,让年幼的孩子接受超越其年龄的教育,对他们来说是一种非常残酷的现实,这是违背他们身心发展规律的。

不同年龄有不同的心理特征,不同的心理特征适合不同的学习方式。仅以孩子的思维发展来看,其规律是从直观动作思维到形象表征思维,再到符号抽象思维,而幼儿正处于直观思维与形象思维的阶段,其学习是基于直观感知、动手操作、亲身体验的。也就是说,他们的知识是基于直接经验的,是借助实物操作或头脑中的表象来解决问题的,到了学前晚期才有可能出现一些简单的符号表征,但遇到复杂问题时仍然要借助形象表征,甚至回到实物操作。以小学的方式教小学才开始学习的书面符号知识,即脱离生活实际教幼儿去解题,对幼儿来说是很难理解的,孩子在理解不了的情况下,就只能借助机械记忆来学习,囫囵吞枣式地死记硬背了很多知识。

从表面上看,这些孩子在学前做了大量知识上的准备,在入学初似乎有一个好的开始,起点就比别人高,处在一个优势地位上,但实际上恐怕很多家长都没有想到,孩子获得的这种抢跑式的领先是以什么为代价。我们认为,急功近利地提前灌输知识和训练技能,至少危害有四:一是有些知识和技能在孩子成熟到一定程度时再学是轻而易举的事,而刻意超前和加速的发展,孩子被迫付出的努力太大,会使孩子牺牲掉个性多方面发展的机会,比如社会交往能力、运动能力、动手操作能力等;二是孩子常常由于做不出超越其年龄的题目而产生一种自己很笨的感觉,且不理解地死记硬背,智慧被扼杀的同时兴趣也被扼杀了,孩子会觉得学习一点也不好玩,太没有意思了,厌学情绪滋长起来;三是教育者急于求成的浮躁心态和所运用的强制性方法对孩子的影响极其恶劣,孩子被压抑的兴趣和紧张焦虑的心情久而久之将不利于孩子的心理健康;四是超前学习只能产生即时效应,这种效应难以长久,因为许多知识只有经过一定的重复才能稳定在心理结构中,刻意地加速发展,跳跃式地学习,势必导致基础不稳固,这一脆弱的基础对以后长远的发展没有足够的支持力,这种发展是没有后劲的,许多后来者居上的事实已经证明。

所以,当那些让孩子提前小学化学习的家长,在为这般教育的成果而欣喜和得意时,是否想到:提前学习的孩子,入学之初确实感到轻松,于是上课不专心听讲,做作业不认真,形成了不良的学习态度;以后,随着学习难度的增加,"储备"用完,其优势逐渐消失,劣势日益突出,致使学习成绩落后于他人。因此,提前学习是一种短视性行为,孩子眼前的学业成绩是以牺牲情感、社会性、智慧的发展为代价的,孩子的眼前发展是以长远发展的牺牲为代价的。

四、新时代如何做小学家长

（一）观念决定行动

1. 孩子是什么

孩子是爱情的结晶——夫妻共有;孩子是家庭的纽带。孩子是生命的延续——传承种族;孩子是父母的影子。孩子是快乐与幸福——重在过程;孩子是家庭的核心。孩子是希望与未来——承载晚年;孩子是对未来的投资。

孩子是人,不是物。

因此,别把孩子当玩具——爱理不理,随意摆弄,高兴时逗一逗,不合心意吵一顿;别把孩子当容器——硬灌知识,要注重差异教育,因材施教;别把孩子当机器——机械指令,缺乏互动和良性沟通;别把孩子当面子——过早过度教育,害怕输在起跑线上,是自身焦虑和不安全感的体现;别把孩子当出气筒——谩骂讽刺,殴打体罚,将对对方的不满撒在孩子身上。

2. 什么影响了孩子的发展

先天因素,如遗传素质、孕期情况、产程差异等;智力因素,科学研究表明,男孩子遗传妈妈智力多一些;环境因素,包括家庭环境、人际环境、自然环境、社会环境等;教育因素,孩子早期教育状况,关键期教育情况,接受教育水平、教育内容、教学方法等;个人的主观能动性。前面的四个因素已具备,但个人的主动性不够,上进心缺乏,没有成就感、荣誉感,做任何事不能持之以恒,也直接影响孩子的发展。

（二）角色决定命运

1. 关注其健康

睡眠时间够吗？睡眠质量好吗？营养合理吗？饮食健康吗？

和孩子一起参加体育锻炼了吗？要知道,运动使人聪明。

2. 关注其安全

孩子的体力不足以抵御外来侵犯,智力不足以预见危险,经验不足以认清环境,能力不足以承受心理伤害,活泼好奇爱模仿常制造意外,是非辨别能力尚不完善……

随着社会现代化程度的不断提高,威胁人类健康的隐患越来越多:交通事故(校车安全等)、高空抛物、食物与药物中毒、"电老虎""气老虎"、水火无情烧灼烫淹、玩具隐患、辐射与噪声、各类传播媒体及网络的影响……对家长来说每个孩子都是百分之百,哪里也马虎不得!

3. 关注其精神

必要的教育投入:为孩子的教育做力所能及的投入,保证孩子受到较好的教育。亲子交流:伺机通过言语、表情、动作、身体接触等各种途径向孩子传达"我很在乎你""我爱你""你对我来说很重要"等信息。全面关心:让孩子体会到你在关心他的生活健康、思想品德、兴趣爱好、情绪行为等各个方面。合理期望:让孩子体验到你对他恰当、热切、真诚的期望。不失时机地鼓励孩子"你能行!""加油!""别灰心!""再试一试!"。孩子一旦有好的表现就鼓励他"你真棒!""你怎么这么能干?!""你真了不起!""我真为你感到骄傲与自豪!"等;孩子一旦遇到挫折就及时安慰,帮助他分析原因,鼓励他继续努力,相信他能成功……

4. 价值引导,心中有爱

孩子良好的行为期待着您的奖励,不良的言行需要您的矫正与约束,错误的行为表现需要您给予必要的惩罚,身边的各种现象需要您给他评判——孩子正确的人生观、世界观、价值观需要家长在孩子幼小的心灵里培植。教育我们的孩子爱家人、爱亲邻、爱老师、爱社区、爱家乡、爱国家、爱人类、爱地球。

(三)父母的态度决定孩子的性格

父母的态度决定孩子的性格,生活在不同情境中的孩子发展也会不一样:

生活在批评中,孩子学会的是指责;

生活在敌意中,孩子学会的是打架;

生活在嘲笑中,孩子学会的是难为情;

生活在羞辱中,孩子学会的是内疚;

生活在宽容中,孩子学会的是大度;

生活在公平中,孩子学会的是正义;

生活在安全中,孩子学会的是信任他人;

生活在赞许中,孩子学会的是自爱;

生活在互相承认和友好中,孩子学会的是寻找爱。

1.专制型父母

专制型父母容易使子女形成自卑、懦弱、冷漠、消极的情绪,产生恐惧或焦虑、敌意或残忍的心理,容易发生不能克制的逆反、攻击和冲动行为。另一种专制——过度保护:孩子易产生分离焦虑,拒绝入园,拒绝上学,拒绝与同学交流,拒绝老师的教育帮助,形成退缩行为,以自我为中心,自私自利,很难适应集体生活,易造成挫折感,产生对立、自卑、仇视、嫉恨情绪,乃至采取攻击报复行为,人际关系紧张,造成情绪问题。

2.放任型父母

放任型父母对孩子的行为不感兴趣,也不关心,很少去管孩子。"小时候交给保姆或祖辈,上学了交给老师,长大了交给社会。""甩手"父母如是说。最终结果是:小时候父母不管,长大了警察管。

放任和溺爱的孩子自控力差,以自我为中心,道德观念薄弱,缺乏行为准则和规范,对自己的社会责任模糊不清,放纵骄横,自私自利,与人交往易产生对立、仇视情绪和侵犯行为,不能学会在欲望不能满足时应该忍耐,不合理的需求、欲望不断增加。

3.民主型父母

民主型父母不随意打骂孩子,对孩子的行为更多的是加以分析与引导;对于孩子在成长或学习过程中发生的问题更多的是采取帮助与鼓励的方法;合理地应用奖励与处罚的手段,使孩子从父母的行为与教育中获得知识,明白事理。

民主教养不等于事事都协商,有民主还要有集中。孩子由于知识经验、社会经验等方面的局限性,看问题不深刻、不全面;对有些重大问题要由家庭全体成员来讨论,父母可以事先统一口径,要求少数服从多数,保证孩子沿着正确的社会规范发展!

家长应根据孩子的不同年龄采取相应的对策。

2—3岁第一反抗期:自主意识——放任顺应。

7—8岁第二反抗期:挑战权威——坚决镇压。

青春期第三反抗期:自立自理——交流疏通。

6岁之前不要玩iPad,否则初二网瘾可能会高发,导致孩子智商降低、视力减弱、情商下降。

家长对学校、对教师积极的态度很重要,好孩子是夸出来的,好老师也是夸出来的。

培养孩子从小习得25个好习惯:

爱国守法,升国旗、奏国歌时自觉肃立;

关心时事,每天读报、看新闻;

爱护文物,旅游观光不"留名";

遵纪守法,走路靠右,自觉排队;

依法行事,用法律保护自己;

明礼诚信,礼貌待人,与人见面问声好;

称赞他人,加油鼓励;

实事求是,说到做到;

珍爱生命,保护动植物;

遵守规则,公共场合不吸烟、手机处于震动状态;

团结友善,善于合作,在互惠中求双赢;

学会商量,有话好好说;

尊重他人,耐心听人说完话,不动别人东西;

待人谦和,公共场合低声说话;

利人利己,用过东西归原处;

勤俭自强,合理消费,每一分钱不乱花;

惜时如金,每天时间有安排;

注重健康,天天锻炼身体;

乐观豁达,遇到事情积极选择;

讲究清洁,干干净净每一天;

责任为重,敢于负责敢承担;

敬业奉献,毅力顽强,每件事情有始终;

热心公益,志愿活动常常做;

追求效益,凡事计算成本;

终身学习,学用结合长本领。

(四)给年轻父母的若干建议

任何时候都对孩子满怀希望;

经常了解孩子喜欢什么,让孩子感到在家里很快乐;

经常鼓励孩子,当孩子遇到失败的时候,不要泼冷水;

要求孩子做到的,父母首先做到;

父母不在孩子面前争吵;

不对孩子说祖父母或外祖父母的坏话；

能向孩子承认自己的错误；

不在别人面前数落孩子；

当别人指出孩子的缺点时,不护短；

正确面对孩子的"为什么",知之为知之,不知为不知；

经常带孩子到大自然中去玩；

每天都给孩子自由活动的时间和空间；

每天带孩子到户外活动；

鼓励孩子主动做事,即使失败了,也认为是值得的；

经常和孩子讨论各种问题,加强沟通和交流；

孩子有话对你说时,不管你多忙也要耐心倾听；

批评孩子时,允许孩子辩解和反驳；

不对孩子说"就你笨,什么都不会做"之类的话；

一般不强迫孩子,给孩子自己选择和判断的机会；

对孩子许诺的事,说到做到；

欢迎孩子的小伙伴来家里玩；

注意孩子的情绪变化,了解其心理需求；

在家里,给孩子一块属于自己的天地；

给孩子买玩具不宜过多和过于高档；

不要动不动就恐吓孩子；

经常与老师保持联系；

家里有大事,尽量征求孩子的意见；

孩子犯错误时,不要与孩子算陈年老账；

不要纵容孩子的攀比心理；

不要对孩子不闻不问或放任自流；

给孩子最好的宠爱,就是教他学会做人,陪伴先行,播种习惯,

健康快乐,榜样标杆。

请各位家长:

无限相信孩子的潜力;

永远不要对孩子失望;

决不要吝啬表扬和鼓励;

教给孩子一生受用的东西。

(五)附:幼小衔接常见问题及对策

①十六字方针"尽早开始,常抓不懈,适时要求,家园配合"。

②家庭教育,父母做到了吗?

父母是孩子最好的榜样,要做到言传身教。

③爱吃零食不吃饭,瘦得皮包骨头怎么办?

要定时、定点、定量、定座位,在执行的过程中坚持原则,不要看孩子可怜又让吃零食。

④关于吃饭时看电视的问题怎么办?

约定好,吃饭不看电视,看电视不吃饭,过了饭点,饿了也不能吃,孩子下次就吃了。

⑤小习惯成就大未来。

卫生习惯,在幼儿园执行得好,在家里就不行了;孩子做得好,大人就不行了。家园要求不一、大人孩子做法不一都不行。比如关于饭前便后要洗手,孩子不洗,枯燥说教不行,等他闹肚子时,告诉他为什么会闹肚子就好了;不吃青菜,等他便秘时告诉他就行了。

⑥独生子女养得"不独"。

让孩子不霸道,会谦让,多给孩子空间,宽容交流。

⑦家长包办代替的多,娇生惯养。

勤大人养得懒孩子。孩子所有的问题都是家长开始不重视,认为无所谓,一天天逐渐形成的。

凝聚智慧　厘清思路
扎实创建　精细管理

——以郑州市金水区幼儿园等级评估为例谈幼儿园等级评估策略

引　言

各地市为什么要搞幼儿园等级评估呢？从大的方面说是为了全面贯彻落实《国务院关于当前发展学前教育的若干意见》(国发〔2010〕41号)和《教育督导条例》精神，进一步规范幼儿园办园行为，以评估促发展，以评估促公平，加强幼儿园科学管理，提高幼儿园教育质量和办园水平，办人民满意的幼儿园。从小的方面谈，幼儿园办园行为的规范和教育质量的提高不是一蹴而就的，等级评估工作给不同规模、不同资质的幼儿园搭建起一个从准办园→市合格园→市二级园→市一级园→市示范园→省示范园的梯度发展平台，使它们从小到大，沿着规范的轨迹循序渐进，一步一个脚印，踏实走稳发展的每一步，扎实提高办园水平。幼儿园等级评估工作在不同程度上满足了家长的选择权和对优质教育的需求，同时评估工作也充分调动和释放了幼儿园的办学积极性，为学前教育的发展营造了比、赶、超、帮的氛围。幼儿园为了提高自己的社会声誉，往往也会通过评估主动对比细则，找出自己的差距，及时查漏补缺，加大办园投入，完善软硬件设施，不断提升办园实力，进而提高育人质量。

幼儿园等级评估工作可以全面督促指导幼儿园依法依规办园，

并引导社会、家长用正确的标准评价幼儿园,关心和支持幼儿园工作。这是幼儿园自身发展的需要、幼儿成长的需要,更是学前教育发展的需要。

我们如何进行科学有效的创建工作来迎接督导评估,以达到"以评估促发展"这一目的呢?

第一部分 了解评估要求 制定创建方案

一、了解等级评估的主要内容、指标要求与时间节点

(以河南省郑州市金水区为例)

主要内容和指标要求:

市示范、市一级、市二级、市合格园主要内容是:办园条件、领导与管理、师资队伍、卫生保健、教育教学、幼儿发展、办园特色七项,包含7个A级指标、32个B级指标、95个C级指标。

省级示范幼儿园的主要内容是:园舍设备、园务管理、队伍建设、保育保健、教育教学、幼儿发展六项,包含6个A级指标、29个B级指标、67个C级指标。这些指标指导性、可操作性很强。

时间节点:

①幼儿园等级评估工作一般在上半年(6月)完成,像省级示范园、市示范园、市一级园、市二级园、市合格园均是如此。

②幼儿园复评工作一般在下半年(11月)进行。河南省对有等级幼儿园采用动态管理,满五年复验一次,通过验收,保留原称号,否则,撤销省级示范园称号;郑州市满三年复验一次。

③郑州市对市一级园、市二级园、市合格园还要抽验,一般在下半年开展。

二、制定等级评估创建方案,定期召开培训会

一所幼儿园的发展离不开三年发展规划(五年发展规划),它是幼儿园的行动指南。规划中只要确立了发展目标(目标与任务的区别:目标是由内向外发力,个人和单位都一样,彰显的是内驱力;任务是由外向内施加,可能存在主动性不强的情况),即何年何月上什么级别的等级,就要依据规划目标,依据省、市、区下发的等级评估实施方案,及时出台幼儿园等级评估创建工作方案,根据教育局整体要求,对创建工作进一步细化,形成本园的时间节点,创建工作不得少于一年(注册过的幼儿园必须两年以后才能上等级,市一级园与市示范园、市示范园与省示范园也必须间隔两年)。根据方案内容,召开第一次全员培训会,明确分工,厘清任务,营造创建氛围,让大家明白,创建不是哪位领导、哪个人的事情,是大家共同要做的事,包括领导、教师、幼儿、后勤人员、门卫、家长、社区等。这次培训会解决做什么、谁来做的问题。

幼儿园要把握好以下四个阶段。

(一)报名备案阶段

①每年年末上级相关部门会在网上下发通知,传达本年度幼儿园等级评估事宜。

②有评估意向的幼儿园(包括复评和上等级)到教育行政部门(教育科、督导室、学前教育办公室)交相关资料报名备案。

不要错过时间,错过时间还得等一年,而且完不成规划中的既定发展目标也会影响其他目标的完成。

(二)自查整改阶段

1. 幼儿园自查,摸清家底(1—3月)

幼儿园要对照评估细则,认真进行自查打分,并针对存在的问

题制定整改方案加以落实。自查时可以请协作组姊妹园或专家帮忙"问诊把脉",这样可以客观地打出自评分,对本园问题看得更清楚一些。

2.督查整改(3月上旬)

上级相关部门提前来到幼儿园实地查看,发现问题和幼儿园共同交流,制定出解决问题的措施。幼儿园要成立自己的创建督评小组,可以由园领导、骨干教师、外聘专家组成,做到边创建、边督促、边整改,达到科学创建、整体提高的目的。

(三)等级评估培训会(3月中旬)

自查初评之后,召开第二次培训会,主要内容是对教育活动、环境创设、档案建设、文本材料、卫生保健、家园共育等工作中出现的问题进行指导,这次培训会解决怎么做的问题。

(四)迎接省、市、区验收(上等级6月、复评11月)

这既是对一年创建工作的总结,也大大鼓舞了全园士气,是发展路上的一剂强心针。部分幼儿园可能存在不通过的现象,此时要放平心态,认真查找问题,找到问题的突破口,再接再厉,不要牢骚满腹,影响幼儿园发展。

第二部分 凝聚智慧 扎实创建

下面从档案建设、环境创设、教学活动、游戏活动、文本材料、理论测试、园长答辩、其他事项八方面依次和大家交流创建的全过程。

一、档案建设工作

档案,特别是评估档案,简直就是幼儿园评估的信息库。它有助于规范幼儿园的管理,是幼儿园发展的一面镜子,可以清晰地显示一个单位的发展轨迹,便于总结经验、吸取教训、扬长补短、自我发展,对幼儿园的前进与发展起着不可替代的作用。

(一)幼儿园等级评估档案建设整体要求

1. 总体要求

分年立卷、连年续建、内容翔实、书写工整、凭证齐全、上下衔接、左右对照、统一装订、分类归档。

2. 档案分类

市级档案共分7项A级指标,分别为:A1办园条件、A2领导与管理、A3师资队伍、A4卫生保健、A5教育教学、A6幼儿发展、A7办园特色。

省级示范园分6项A级指标,分别为:A1园舍设备、A2园务管理、A3队伍建设、A4保育保健、A5教育教学、A6幼儿发展。

3. 档案内容

①幼儿园统一标准,不能是一个A级指标一个标准。各类档案要求有封皮、目录,内容与目录对照(电子档案也要按照这一要求打包分类)。

②有关文件、制度建设一览表、统计表、档案表、相关账册、检查记录等要能反映实际工作,不弄虚作假。

③评估指标中的每个细化指标最好在档案中体现出来。举例:实地查看的内容,最好拍照呈现出来,每张图片下面配文字说明,达到实物与档案内容一致,一目了然。

4. 其他要求

①时间要求,经费方面、安全工作要建自然年的档案,例如2016年、2017年、2018年;其他要建学年档案,例如2015—2016学年、2016—2017学年、2017—2018学年等(查三年档案资料)。

②数据要真实、准确,严禁随意更改、虚报瞒报。

③各种表、卡、册、簿,一律使用原始材料,平时注意收集、留存资料。

④填表注意数据准确,表间关系清晰明确。

5.建档单位、档案盒封面要求、分类及时间要求

(1)建档单位及档案盒封面标题要求

①幼儿园等级评估档案由本单位建立。

②档案盒封面为"×××幼儿园等级评估档案",下面要标清 A 级指标、B 级指标、C 级指标具体内容,最下方为本级指标的总盒数和本盒的序号(如:3-2,即本级指标共有 3 盒,本盒为第 2 盒)。盒脊上应有建档单位、本盒所保存的指标内容及建档时间。建档工作要先根据内容统计册数、盒数,再整体设计。

(2)档案封皮、目录格式、字号要求

①封皮:

第一栏:×××单位(字体、字号为黑体 48 号,如果单位名称长的话可自行调整字号)。

第二栏:综合或专项评估名称,如义务教育均衡发展档案(字体、字号为楷体小一)。

第三栏:A、B、C 级指标内容向下依次错行排列。

呈现 C 级指标主要内容,可以用数字序号"1.""2."……排列。

②目录按以下内容设计:顺序号、文号、责任者、题名、日期、页号、备注,前后依次排列。

例:

卷内文件目录

保管期限:长期　　　　　　　　　　　　　　　　卷:A8

顺序号	文号	责任者	题名	日期	页号	备注

目录中的责任者填写处室名称,一般不出现个人名字,如园长办、保教处;题名要完整、不宽泛;日期填写到月,如 2018.7;页号填写起始页,如 1、7、12,不标区间页,如 1—6。

(3)分类

①幼儿园的档案先以 A 级指标为主分类收集资料,如一盒装不下可继续向后排列,在档案盒封面下面的数字中显示出来。一般情况下 A 级指标成盒、B 级指标成册、C 级指标可以在目录中体现出来。

②幼儿园在形成档案过程中收集、整理的资料,不需装入档案盒的内容应统一装订,妥善保存,规范管理,作为辅助档案备查。

③按三级指标有序排列材料。

(4)时间要求

要建立近三年的档案。

(二)档案资料整理具体建议

1. 档案资料在评估检查中的作用

①评估检查的基础;

②评估检查的依据;

③促进幼儿园发展和教师专业发展的桥梁。

2. 档案整理前期全园要成立资料组,分工负责,召开档案小组长会

①统一思想,让大家正确认识档案建设不是浪费人力、物力、财力,瞎耽误工夫的事,是梳理幼儿园工作、还原过往做法的有效途径。做好一套档案,等于重新梳理一遍工作,起到指导工作、完善工作的作用,从思想上不反感、不抱怨、愿意做、力求好。

②吃透细则,围绕 C 级指标逐条理解,标清每条指标所需的佐证材料,可分三步进行。第一步:每个 A 级指标的负责人先分解 C

级指标所需的佐证目录,分解完毕后汇总,大概需要两周时间。第二步:几个A级指标负责人共同讨论C级指标中不太明确的指标内容,进一步完善佐证目录。第三步:把所有档案建设中遇到的问题归纳梳理,求助专家解决。

③召开佐证材料收集专题会,将任务分解。

④指导教师准备应上交的资料,资料包括:自评报告、园长汇报材料、佐证材料(计划、方案、制度、总结、园报、讲稿、评价、反思、名册、报表、统计、记录、证书、照片、图片简报、视频演示、媒体报道、作品等)……

3. 资料准备的相关内容

①按细则要求写出自评报告和园长汇报材料。

②按评估细则顺序列出佐证材料目录。

③收集各部门需要提交的资料原件及复印件。

④对收集完整的佐证材料科学归档、规范装订、按序入盒,建议档案盒面、档案册、档案目录全园要有模板,规范统一。

4. 资料准备的注意事项

①资料要求。

真实性:真实、可信、翔实、精练,突出特点和优势。

针对性:依据指标,紧扣重点考查内容,有说服力。

规范性:规范统一、数据唯一、文档格式统一。

层次性:思路清晰、重点明确、条块明晰、有层次、有条理。

有序性:分类准确、编目清楚、排列有序、调用方便。

如:上级下发文件→幼儿园工作计划→各项工作方案→过程性资料→工作总结→工作反思(调查报告、分析报告、测量报告等)。

②注意"五一致":数据要一致、佐证材料与评估细则目录要一致、档案盒排序与评估细则目录要一致、证书复印件与花名册排序

要一致、花名册之间的排序要一致。

③关注细节。

数据表格:设计样表,用表单说明问题。

除原始材料外,其他材料要双面打印。

5.举例

C37查阅内容:政治业务学习计划和记录、心理健康教育资料。

档案显示:政治业务学习计划、学习内容、学习体会、学习实效记录等;心理健康教育计划、报告、讲座、图片、案例分析等。

C47查阅内容:教师个人专业成长档案、评价资料。

档案显示:一人一册或一人一盒档案、评价方案、评价资料。

附录为教师专业发展档案:

①基本信息;

②个人专业发展规划;

③师德修养资料(心得体会);

④教育教学资料(读书笔记、读后感、发表的文章等);

⑤教研、科研资料(课题、培训心得);

⑥各类证书复印件。

证书(复印件):

①学历证书;

②幼儿教师资格证书;

③继续教育合格证书;

④计算机等级证书或参加现代技术培训证明;

⑤普通话二级乙等及以上等级证书;

⑥省、市、区/县级骨干教师证书。

二、环境创设工作

单位的所有来访、来查者都会对环境产生第一眼效应,很重要。

尤其是幼儿园环境创设,直接体现幼儿园办园理念与办园特色。陈鹤琴先生曾指出幼儿园环境是"儿童所接触,能给他以刺激的一切物质"。环境是重要的教育资源,应通过创设并有效地利用环境促进幼儿的发展。

《幼儿园教育指导纲要(试行)》(以下简称"《纲要》")指出"儿童是在适宜的环境中,以主动、积极、内涵丰富的活动为基础,获得全面、和谐、充分的发展的"。创设与教育相适应的良好环境,可以改变幼儿的学习状态,让幼儿能够体会到教育的魅力。《纲要》中也提到"幼儿园应为幼儿提供健康、丰富的生活和活动环境,满足他们多方面发展的需要,使他们在快乐的童年生活中获得有益于身心发展的经验"。同时,遵循《3—6岁儿童与发展指南》说明部分提出的"创设丰富的教育环境"这一原则,面对空空如也的教室,我们思考最多的应该是:该给孩子什么样的班级环境?什么样的班级环境能促进幼儿的发展?所以,我们应该更加注重班级环境创设,利用这些环境来展现教育,为幼儿提供学习知识、增长见闻的平台,更好地促进幼儿的身心发展、社会化发展以及个性发展。

环境可以影响人、教育人、成就人,下面从以下几方面具体谈谈主要的研究做法。

(一)克服环境创设误区

环境不是装饰品,不是硬件设备的堆砌,是和教育相互依赖、相互包容、相互影响的,环境和教育是一个不可分割的共同体。在创设幼儿园环境时经常有以下几点误区。

①装饰欣赏型,主要表现为:创设方法停留在幼儿园环境整洁、有序、美观上,为了装饰而布置,追求外在,忽略环境的教育性。

②多多益善型,主要表现为:只注重物质条件的提供,内容繁多、简单、零散,缺乏整体布局和技术含量;环境创设不跟随教育过

程进行,内容不平衡、不系统,不利于幼儿的全面发展。

③高高在上型,主要表现为:环境的布置高高在上,只重视墙面等环境空间的布置,忽略了其他空间的有效利用。

④自编、自导、自赏型,主要表现为:追求布置的完美性,往往由成人"自编、自导、自赏",很少让幼儿参与,只是让幼儿充当教师布置环境的观赏者,机械地接受成人的安排,只注重成人的作用,忽略幼儿的介入。

(二)遵循环境创设原则

1. 安全、卫生原则

要使幼儿在适合他们健康成长的环境中生活,安全、卫生是重要的条件,幼儿园环境创设必须达到安全和卫生的要求,以保证幼儿身心健康发展。

2. 以幼儿为本原则

幼儿是环境的主人,我们所创设的环境是为幼儿服务的,因此,我们应以幼儿发展的需要为目的,紧紧围绕教育目标和教学内容,发挥孩子的主体作用,充分调动幼儿参与的积极性,共同创设幼儿所喜爱的并能与之产生互动的环境,使环境对幼儿的全面发展起到促进作用。

3. 实用性、操作性、互动性原则

实用就是有用,即在对幼儿进行教育时环境真正发挥了作用,幼儿在他所处的环境中能操作、能探索、能互动,在操作互动中,幼儿的各种能力得到了提升,环境真正发挥了自己的作用。

4. 教育性原则

充分利用环境设备发挥教育效应。任何环境的创设都必须服从于内容和需要,不能为创设而创设,要充分发挥环境的综合功能和内在潜能。

(三)找寻环境创设方法

1. 合理规划,科学利用,明确标识

(1)合理规划

环境的创设在班级空间上要合理规划,让班级里的每个角落、每块墙面"动起来",能够与幼儿产生互动交流。各区域环境的规划要因地制宜、动静相宜。在空间上我们把班级分为三大块:主题墙面、区角、走廊。为了避免各不同区域之间的相互干扰,在区域空间规划上,有的区域需要一个相对安静的环境,如美工区、阅读区、科学区,要把它们设立在教室内;有的区域则需要孩子之间交流互动,如娃娃家、表演区等一般设立在阁楼下,益智区、建构区一般设立在走廊,这样从空间布局上将更加合理协调。在区域命名上要讲究一致性,"区"和"吧"分开。

(2)科学利用

科学地利用班级设施,可以为幼儿提供适宜的自由活动空间,包括幼儿玩具柜、各种操作台、区域地毯、隔断等,从尊重幼儿喜好到考虑幼儿年龄特点,让硬件设施能更好地为活动室区域环境服务。例如:有些教师在创设环境上布置了神秘的"城堡屏风",而有些教师会用"魔毯"划分各区域之间的界限,这样既保证了区域活动的有效开展,又最大限度地为幼儿提供了自由空间。

(3)明确标识

生活中标识无处不在,不仅起到提示规则的作用,还能规范人们的行为。标识一般包含图像标识、角色标识、实物标识等,例如马路上的红绿灯、斑马线标识,不大声喧哗、轻拿轻放的标识,它们在人们的生活中扮演着重要的角色,能看懂和会使用标识是生活中所必需的。教育家陈鹤琴先生曾经说过:儿童是易受暗示的,儿童受外界刺激愈容易,他的受暗示性愈大。我们巧妙地将区域规则蕴含在各个区域环境中,充分发挥标识的教育作用,在潜移默化中帮助幼儿建立区域活动的常规,培养幼儿的规则意识和自我管理能力。在班级区域标识制定过程中,要尊重幼儿,从幼儿的角度出发,尽量将标识放低,便于幼儿学习。

2. 色彩创设、材料提供与幼儿的兴趣、需要和教育目标相匹配

(1)色彩创设充分体现班级环境的主题

色彩具有先声夺人的力量,最能快速传达信息和表达情意。以某幼儿园为例,教师在班级环境创设初期结合了幼儿园外部走廊主色调(蓝色),其中一个班级的教师经前期研讨将环境主题定位为"海洋主题",班级各区域环境创设都以"蓝色海洋"着手,主题墙上的波浪纸盘、美人鱼、椰子树,种植区的小吊瓶装饰,窗台上的纸盘手工等,都体现了环境创设的主题性。

(2)色彩创设与幼儿对色彩的认知有机结合

进行环境创设时,色彩搭配要协调,色调要统一,不是五颜六色就好,颜色繁杂容易造成色彩污染。不同年龄段的幼儿对色彩的认知是有差异的,尤其体现在认知与审美特征方面的不同。小班幼儿对色彩的认知源于直观具体的事物。他们辨别基本颜色红、黄、蓝、绿,这也是他们喜欢的颜色。他们一般都喜欢高纯度、高明度、对比较强的颜色。

(3)色彩创设与教育目标有机结合

仍以刚才提到的幼儿园"海洋主题"风格为例,学期初幼儿园教师在主题墙上布置了幼儿和爸爸妈妈一起与大海亲密接触的照片,再加上入口处渔网、贝壳及休息室海浪、石子的搭配等一切拥有美好回忆、像家一样温馨的班级环境,不仅消除了幼儿来园的恐惧感,还体现了一种归属感。

(4)以符合班级主题的材料为媒介促进幼儿与环境间的相互

作用

幼儿的天性体现在更乐于去摆弄和操作物件,选择适合幼儿年龄与身心发展特点的材料更能够引起幼儿的主动探究欲望。皮亚杰指出儿童的智慧源于材料,材料是幼儿活动的对象,因此材料的投放更能体现教育的价值。教师要根据不同年龄段幼儿的特征投放适合的材料,要根据幼儿的需要将教育目标及内容蕴含在环境中,从而使幼儿通过对材料的操作及与环境的相互作用获得教育活动所期待的效果。

3.主题式教学活动生成幼儿园环境创设

在创设班级环境时,教师应以主题教学活动为线索,为幼儿创设不同的、适宜的区域环境,充分利用教室内及走廊的空间,合理布局,最大化地为幼儿的发展需要提供更多的学习机会,提高幼儿的无意识学习能力。

4.环境创设应尊重幼儿园办园特色

无论是室内环境创设,还是室外环境创设,都应尊重幼儿园办园特色。以金水区某幼儿园为例:此幼儿园以环保为教学特色,走廊和公共环境围绕环保教育来创设。第一,材料的选择生态、自然、环保,以麻绳、草坪、树枝、废旧物为主(瓶盖、木棍、纸箱等)。第二是以幼儿为主体,体现幼儿的学习过程和结果。二楼走廊的环境是环保主题"爱鸟日",通过水墨画小鸟、泥工小鸟、纸板画小鸟、折纸小鸟以及"我给小鸟建个家"的亲子制作,培养幼儿爱鸟、护鸟、热爱小动物的情感,从而增强环保意识。第三是依据课程内容,如主题活动"水"来创设,通过生活中的水、动物离不开水、好玩的水,让幼儿感知水的有用、有趣、好玩,了解水的用处,培养幼儿爱水、护水、节约用水的意识和习惯。小班为了充分发展幼儿感官,在走廊前设置"好玩的水",让孩子们通过按压感知水的流动、听一听水位的变化和音色的不同、闻一闻不同颜色水的味道等。

5.家园共育在幼儿园环境创设中的作用

幼儿园是幼儿成长中的一个极其重要的环境,幼儿园的班级环境是隐性的课程,是重要的教育资源。与此同时,家庭对幼儿成长的影响也至关重要。家园共育能够实现园所和家庭之间的良好互动,对促进幼儿全面发展起着至关重要的教育作用。

首先,耐心沟通、增强交流。在幼儿园班级环境创设活动前,教师应主动向家长介绍本班环境创设的目的、对幼儿的成长与发展有利的影响,让家长理解、支持环境创设并参与进来。如:可以利用家长会、微信群等多种方式,让家长了解环境作为幼儿在园的一种重要教育资源是可以有效促进幼儿发展的;鼓励家长利用各种形状、材质的材料参与班级环境创设,这样创设出的环境可以多方面地丰富幼儿的想象力、观察力。此外也可以充分利用家长资源,邀请家长参与到幼儿园的活动中来,增进家园互动等。

其次,精心策划、合理安排。我们在开展主题式班级环境创设活动时,可以邀请家长和幼儿共同进行相关材料的收集与制作。这对于幼儿,可以增进与家长之间的亲子关系,开阔视野,丰富生活经验;对于家长,是和幼儿共同学习与体验的好时机。幼儿是活动的策划者、参与者,在教师和家长的帮助下,更能体现幼儿的主人翁意识。

社会的进步与发展对于学前教育这一领域也提出了更高的要求。幼儿园环境创设不仅需要教师进行悉心策划,还要依据办园特色,结合幼儿的年龄与身心发展特点,以及不同的主题教育内容,合理地、充分地利用周围生活环境的有利条件,积极调动幼儿的各种感官,加强幼儿园与家庭、社会之间的良好互动,协同创设出适宜的环境,以促进幼儿身心全面、和谐地发展。

给幼儿园环境创设的建议：

给幼儿一点空间，让他们自己去想象；

给幼儿一点时间，让他们自己去安排；

给幼儿一个问题，让他们自己去讨论；

给幼儿一个条件，让他们自己去锻炼；

给幼儿一个权利，让他们自己去选择；

给幼儿一些材料，让他们自己去动手。

三、教学活动工作

前面与大家交流了环境创设，它是幼儿园留给人们的第一印象，是幼儿园的外观体现。那么最能体现幼儿园内涵品质的是什么？课程和游戏！在等级评估中听课、观课尤为重要，直接体现幼儿园办园水平、师资专业度、幼儿发展等诸多指标，功夫必须下在平时。

我们常说上好课是老师最基本的能力，是基本功展示，但备好课才是上好课的基础。

（一）有效提升集体教学备课能力（备课）

1. 什么是备课

幼儿园备课是教师根据《幼儿园教育指导纲要（试行）》《3—6岁儿童学习与发展指南》（以下简称《指南》）的精神和学科领域的特点，结合幼儿的实际情况，选择最合适的表达方法和顺序，以保证幼儿有效地学习。看来，备课前必须认真学习《纲要》《指南》的精神内容。

2. 学习《纲要》和《指南》，使教育活动内容选择有文件可依

（1）《纲要》指导思想

《纲要》指导思想集中反映在总则里，从以下三个方面理解。

①终身教育理念。

过去，我们对"终身教育"的理解是，一个人从上学到退休，要一

直接受教育;现在,这一概念应当重新定义,终身教育,从摇篮到坟墓,应贯穿人的一生。终身教育的思想渗透于《纲要》的全文,是《纲要》的一个基本指导思想。终身教育、终身学习富有远见卓识的观点从根本上影响了全世界的教育价值取向,大大深化了我们对幼儿教育的认识。终身教育观念使我们获得了审视幼儿教育的新的更广阔的视野,获得了思考幼儿教育的更加全面、整体的深远的、人本的方式。作为基础教育的幼儿园教育,其使命究竟应当是什么?幼儿发展的真正含义究竟是什么?什么样的幼儿教育才是真正高质量的幼儿教育?新的基础教育定位将答案概括为四句话:学会做人、学会做事、学会学习、学会与他人共同生活。为每个幼儿奠定生存的基础、做人的基础、做事的基础、终身学习的基础,就是为幼儿奠定一生可持续发展的基础。

②以人为本的教育理念。

以人为本的思想成为《纲要》的突出特征,它将"促进每个幼儿在不同水平上的发展"的思想进一步扩展和深化,倡导"尊重幼儿、保障幼儿权利、促进幼儿全面和谐发展"的儿童观,突出幼儿的主体性,围绕"以幼儿发展为本",明确"为幼儿一生打好基础",共同为幼儿发展创造良好条件,满足幼儿多方面的发展需要,使其在快乐的童年生活中获得有益于身心发展的经验,促进每个幼儿富有个性地发展。

③面向世界的、科学的育儿教育。

在"互联网+"教育的时代,我们都是地球村的一员,要有胸怀世界的前瞻性,从幼儿园起就培养适合世界需要的中国人才。单纯地参观、考察、研学无法与世界接轨。幼儿园要重视生活体验式课程,促使幼儿身心、知识、能力等多方位发展。

我们要立足《纲要》,立足我国幼教基础,吸收现代教育科学研究成果,倡导对幼儿身心发展规律的尊重、对教育规律的尊重,体现

世界教育发展趋势。如：教育目标方面重视幼儿兴趣、情感、态度，并在实施中重视幼儿为主体的探索性学习，关注幼儿的参与度。《纲要》中把情感作为幼儿认知发展的推动力，倡导以幼儿的认知学习去发展他们的积极情感，即认知的情感化和情感的认知化。《纲要》在内容方面强调了知识的建构性、过程性，视知识为动态变化，知识的学习是幼儿主动建构的过程。在实施原则中强调教育的生活性，回归自然，进行生态教育，关注儿童的生命意识和生命进行状态，强调儿童是在生活中学习、在学习中生活，将教师角色定位为幼儿学习活动的支持者、合作者、引导者，倡导形成合作式、探究式的师生互动关系。《纲要》体现出世界基础教育的共同特征和学科融合的方向，各领域内容有机联系、相互渗透，注重综合性、趣味性、互动性，寓教育于生活游戏之中。新的发展分段研究表明，低幼阶段的儿童应当学习体验性知识、生活性知识，教育应当密切贴近生活，综合化、多样化、具体化。

（2）目标部分

目标部分主要表明该领域重点追求什么以及主要价值取向。各领域目标较集中地体现了该领域特有的价值，共同体现着《纲要》的基本精神，在目标上较多地使用了"体验""感受""乐意"等词汇，突出了情感、态度、兴趣、个性等方面的价值取向，着眼于终身学习的基础动力。如：健康领域目标将幼儿身体健康放在首位的同时，也强调了"情绪安定、愉快"，将喜欢参加体育活动放在了动作要求之前，把对体育活动的兴趣作为体育领域的重要目标，这不仅是因为想让幼儿喜欢体育运动，更是因为兴趣和愉快的体验将推动他们积极参与体育活动，体现了终身教育的理念。

（3）内容与要求

教育内容与要求中将幼儿学习范畴按学习领域相对划分为健

康、语言、社会、科学和艺术,强调内容相互渗透,从不同角度促进幼儿情感、态度、能力、知识技能等方面的发展。要求部分则说明了在实现教育目标的同时,将该领域教育的内容自然地负载其中,强调幼儿的主动学习。改革教学方式,希望教师不要把关注点过分集中在具体知识或技能教学上,不要以固定的知识点为目标设计教学活动,而要着力于创设适宜的教育环境,从生活实际出发,通过作用于幼儿的活动来对幼儿发生实质性的影响,使幼儿获得生动的体验。例如语言的内容与要求:创设一个自由、宽松的语言交往环境,鼓励幼儿大胆清楚地表达自己的想法和感受。

(4)指导要点

指导要点功能有二。一是点明该领域教和学的特点。各领域知识性质不同,幼儿的学习方式也随之改变,必须根据这些特点来设计教学活动,以提高教与学的效果。如:社会领域的学习具有潜移默化的特点,在此提醒教师不是靠一两次活动就可以学好该领域的知识,而是要高度重视人际环境的创设,重视自己的言行举止,重视日常生活的点点滴滴;而科学领域的知识大多属于程序性知识,这类知识不能靠直接获得,而要靠儿童与外部环境相互作用来建构。二是点明该领域特别应注意的普遍问题,如健康领域就不能滥用比赛、艺术领域不能强调技能训练、忽视情感体验遏制了幼儿的创造性,又如语言领域过去过分使用传授与训练方式来教给幼儿词汇或话语,忽视了语言获得是需要在实际运用中通过积极的自我建构来获得的。为此,《纲要》在语言的指导要点中特别强调要创设一个能让幼儿想说、敢说、喜欢说、有机会说并能得到积极应答的环境。要提供促进幼儿语言发展的条件,让幼儿在实际运用中去习得、发展语言。

(5)组织实施部分

组织实施条目中贯穿着"尊重幼儿权利,尊重教师的创造,尊重幼儿在学习特点、发展水平、个性特征等方面的差异,尊重幼儿身心发展的客观规律,尊重教育、教学的客观规律"等理念与观点,突出了幼儿园教育组织实施中的教育性、互动性、开放性、针对性、灵活性等原则。

(6)教育评价

教育评价提出了评价的发展性、合作性、标准的多元化以及多角度、多主体、多方法、重视过程、重视差异、重视质性研究等原则,明确规定了评价的目的是促进幼儿的发展、教师的反思性成长和提高教育质量。评价要评出力量,评出方向,评出温度。

总之,对于幼儿园领导以及幼儿园的老师来说,对《纲要》的学习、理解、把握是第一步,将其转为教育行为的路途是漫长的。

3. 学习《3—6岁儿童学习与发展指南》

(1)背景与意义

幼儿期是人生发展的关键时期,是一个蕴藏着极大发展潜力和可塑性的生命阶段,也是一个非常脆弱、容易被错误定向的时期。幼儿期的良好发展是幼儿后继学习与终身发展的坚实基础。幼儿教育作为基础教育的开端,关系着基础教育的整体水平和国民素质的提高。创造科学优质的幼儿教育就是创造幼儿个人与社会的美好未来。为深入贯彻《中华人民共和国教育法》《儿童权利公约》《中国未成年人保护法》《幼儿园工作规程》和《幼儿园教育指导纲要(试行)》,切实保障幼儿获得良好的生存和发展的权利,纠正和避免早期教育中存在的违背儿童身心发展客观规律与特点的超前学习、机械训练的误区,指导家庭和幼儿教育机构实施科学优质的保育和教育,特制定本《指南》。《指南》基于3—6岁儿童身心发展规律与学习特点和对我国幼儿学习与发展状况的调查研究,以一整套比较明确具体的标准、指标与支持性策略活动来反映国家对3—6岁儿童学习与发展方向及应达水平的合理期望,并体现国家对幼儿教育的方向与质量的基本要求。《指南》的标准、指标体系可作为我国幼儿教育机构质量监控的重要依据。

(2)基本理念

①学习与发展是每一个幼儿的权利。

每一个幼儿都有权利接受教育,发展自己的潜能,获得良好的人生开端。教育要面向每一个幼儿,促进每一个幼儿获得全面的、基本的发展,无论他们生活在城市还是农村,无论他们的性别、语言、社会出身和经济状况如何,无论他们的民族和宗教信仰是什么。

②幼儿学习与发展的客观规律是教育的前提。

儿童早期的学习与发展有着不以人的意志为转移的规律与特点,家庭、幼儿园乃至全社会都要认识、理解和尊重幼儿学习与发展的客观规律。幼教机构和家庭教育都要尊重幼儿学习与发展的客观规律,保护幼儿与生俱来的好奇心和渴望学习的宝贵天性,珍惜幼儿生活的独特重要价值,使幼儿拥有快乐的童年。幼儿在发展水平、能力、经验、学习方式等方面存在着个体差异,需要成人接纳和尊重。

③幼儿是在生活和游戏中学习的。

生活是幼儿学习与发展的源泉,幼儿园和家庭教育要充分挖掘和利用幼儿一日生活中的宝贵资源和教育契机,寓教育于生活之中。爱游戏是幼儿的天性,游戏是幼儿的基本活动,幼儿正是通过各种游戏进行学习和获得发展的。成人要为幼儿创造游戏的物质环境和条件,支持幼儿与伙伴的共同游戏,亲身参与幼儿的游戏,引导幼儿在游戏中学习。

④幼儿是在与环境和人的积极互动中获得发展的。

适宜的环境对幼儿的学习与发展至关重要,成人要为儿童创设积极的、富有支持性的环境,让幼儿在与环境的积极互动、在主动探索中获得有益的经验。幼儿需要良好的精神氛围和人际关系,需要成人的关怀、接纳、尊重、激励。幼儿需要在与成人的交往中感受到安全、温暖与支持。幼儿喜欢模仿,成人的言行举止是幼儿学习的良好榜样。

(3)内容框架

《指南》的内容主要由两部分组成。一是《指南》的主体部分,包含幼儿个体发展的最重要、最基本的六个领域,即健康与身体动作、语言与交流、认知、社会性与情感、美感与表现、学习品质等。《指南》各领域的标准和指标相互联系、相互补充,从不同角度反映幼儿的学习和发展状况。二是与每个领域配套的支持性策略与活动。每一个领域中含2—4个子领域,每个子领域含若干条标准,每条标准含若干指标和支持性策略与活动。《指南》指标的对象是实足4周岁、5周岁、6周岁的幼儿。

(4)实施建议

①理解和认同《指南》的理念是正确使用《指南》的前提。

理念对幼儿教育有重大影响。对待幼儿学习和发展的理念不同,对幼儿学习和发展的理解、态度就会不同,指导方法和教育方式也会不同,给幼儿的学习和发展带来的后果也截然不同。因此,使用《指南》必须首先理解和认同《指南》的理念,正确地把握《指南》的标准与指标的内涵。

②《纲要》与《指南》功能互补,共同推进"教"与"学"质量提高。

《纲要》在我国幼儿教育的基本指导思想、教育目标、内容、实施与评价原则等方面比较宏观地指导和规范着幼教机构的保育和教育工作。《纲要》从提高幼儿园教育质量的角度指出了应该教什么、各领域中教的重点是什么,教师应该做什么、怎样做等。《指南》则在了解幼儿、把握幼儿的学习与发展水平上,比较微观地指导教师和家长的教育实践。《指南》从幼儿学习与发展的角度,明确地反映了幼儿应当知道什么、能够做什么、各领域中学的重点是什么、需达到什么基本水平、成人应当给予怎样的支持和帮助等。

《纲要》与《指南》在实施中功能互补,组合成我国幼儿园"教"与"学"质量提高的推进器。《指南》较强的操作性为《纲要》理念向实践的转化拓开了瓶颈,《纲要》的精神是《指南》得以正确实施的根本保证。

③《指南》各部分是一个有机整体,相互渗透才能产生良好的教育效果。

为了清楚地表述各领域幼儿应该学习与发展的核心指标,《指南》将六个领域和标准分别列出,但这绝不意味着各领域是彼此分割的。幼儿任何一个领域的发展都在其他领域相应发展的基础上,并对其他领域的发展产生影响。应把《指南》所有的领域、标准、指标作为一个整体来理解和使用,把幼儿各领域的学习自然地结合在一起。如果忽视各领域之间、各标准与指标之间的联系,就会导致教育的低效、无效,甚至给幼儿的发展带来损害。

④《指南》是幼儿发展的"路标",而不是简单评价幼儿的"标尺"。

幼儿的发展具有累积效应,幼儿达到《指南》某标准或指标的过程是一个逐步累积、不断提高的过程,行为习惯的形成尤其如此。因此,不应当用突击训练的方法强迫幼儿去达到《指南》的某标准或指标。幼儿的发展具有非匀速的特点,会出现某段时间发展较快,而某段时间发展缓慢的现象,因此,在实施《指南》时,不宜简单化地

评价幼儿的发展和教育活动的效果。鉴于各地经济、文化、教育发展的不平衡与幼儿发展的个体差异,不可能也不应当要求所有3—6岁的幼儿按照统一的时间达到同样的目标。即使同一个幼儿,其各领域的发展也不一定同步。因此,应根据不同地区、不同幼儿的具体发展状况给予适宜的指导,关注每个幼儿,使幼儿朝着标准和指标的方向发展和进步,尊重每一个幼儿的发展速度和进程,帮助每一个幼儿按照自己的速度在其原有水平上得到应有的发展,避免以盲目的攀比或不恰当的评价伤害幼儿。

4. 备课——备什么

备课主要包括:内容选择、教学目标设计、重难点、教学准备、教学活动的方法与组织形式、教案编写、说课教研等。

幼儿园教育教学是一项创造性很强的工作,存在一定的技术含量,我们掌握备课技术会给一线的幼儿教师,尤其是年轻教师的教育教学实践提供行之有效的指导和操作上的帮助,下面就介绍一下幼儿园实用教学技术——备课技能。

◆——幼儿园教学活动的内容选择

(1)选择教育内容的基本要求

①与幼儿的生活经验相联系(陶行知:生活即教育)。

案例:某幼儿园的科学园本课程中有一节"洗洗鹌鹑蛋"的科学活动,鹌鹑蛋用醋洗能洗掉上面的花斑,鹌鹑蛋和醋是孩子们生活中都见过吃过的东西,孩子有这样的生活经验,把它拿到教育活动中,孩子们兴趣很高。

②幼儿感兴趣。

案例:小班的几个孩子过完年入园以后和自己的小伙伴讲述自己吃的糖人是什么造型、什么颜色、什么味道的,大家都特别感兴趣,因此教师设计了一节泥工课——捏糖人。小班孩子利用自己的技能捏出了不同造型的糖人,并非常乐意跟自己的小伙伴讲自己的设计意图。

③对幼儿基本素质发展有较大价值。

如课上讲苹果的颜色、味道、大小等,价值不是很大,可以选认识磁铁、认识空气等。

④教育内容必须能转化为幼儿自身的活动,并且有一定难度。这里谈的是孩子们可操作的内容,像数学领域、科学领域的内容。

(2)教育内容量的把握

对量的把握不能求大求全、面面俱到,要学会取舍。如数学中的知识点:基数、序数、排列,在一节课中要重点处理哪一个知识点,教师要清楚,不能几个知识点一起灌,因为孩子们很有可能学不会。

◆——幼儿园教学目标的设计

案例:大班音乐《小苹果》。

①能够借助图谱理解记忆歌词,较好地掌握说唱部分的节奏,并能完整地演唱歌曲。

②通过运用乐器演奏和游戏表演的形式,培养幼儿的节奏感及表现力。

③在活动中保持愉快情绪,体验参与音乐游戏的快乐。

从这个例子可以看出:目标制定不明确、不具体,表述笼统,方式不一,缺乏针对性,可操作性不强。

目标的设计要达到的要求如下。

(1)目标制定的三个维度

结合领域目标,细化活动目标,准确、具体、操作性强。一是体现知识、技能,即让孩子获得什么;二是体现学习的方法与过程,即如何获得;三是落实情感、态度、价值观等方面的教育目标,即获得后的效果,且此目标只有通过前两个目标的实现才能体现出来。

(2)目标制定的五个要素

目标制定的五个要素分别为学习的主体、学习的内容、行为动词、行为条件、行为程度。

如:看图学唱歌曲《圈圈》,能随歌曲有节奏地表演。

学习的主体是幼儿;学习的内容是歌曲《圈圈》;行为动词是学唱,它可测量、可评价,有具体而明确的指向;行为条件是看图,它是获得知识的过程与方法,能影响幼儿产生特定的学习结果,为评价提供参考依据;行为程度是跟随歌曲有节奏地表演,指幼儿学习之后预期达到的最低表现水准,用以评量幼儿学习结果、学习表现所达到的程度。

(3)目标的表达要准确具体

目标不能太多、太宽泛、太笼统,找不到落脚点,以2—3条为宜。目标要清晰体现出幼儿学什么、怎么学、学习后的效果。

(4)目标的制定要体现学科特点

要紧扣学科特点制定教学目标。

如大班语言:儿歌《动物好朋友》。

小山羊去种树,路上碰到小白兔,

小白兔去种花,路上遇到小青蛙。

小青蛙跳下河,遇到一只大白鹅,

大白鹅游呀游,遇到一只老水牛。

老水牛当领队,招呼大家来排队,

一二三向前走,大家都是好朋友。

	知识	技能（能力）	情感、态度、价值观
第一次	理解并掌握儿歌内容，能够有节奏、有感情地朗读。	鼓励幼儿大胆、有节奏地朗诵，发展幼儿的语言表现能力。	通过儿歌的学习，使幼儿懂得同伴之间要友好相处。
第二次	通过儿歌欣赏，引导幼儿理解并掌握儿歌，初步了解顶真的修辞手法。	鼓励幼儿大胆、有节奏、有感情地朗诵儿歌，感知儿歌的韵律美，发展幼儿的语言表现力。	通过儿歌欣赏，体验到好朋友在一起的快乐。
第三次	通过儿歌欣赏，能够理解并掌握儿歌，初步了解顶真的修辞手法。	能够有节奏、有感情地朗诵儿歌，感知儿歌的韵律美，会用"首尾接龙"的形式创编儿歌。	通过讨论、创编、交流活动，能够乐意和朋友一起参与语言活动，感受到在活动中获得成功的快乐。

（5）从不同角度表述目标

①为什么要从幼儿的角度表述目标？

多数人主张从幼儿的角度表述目标，以促使教师的注意力向幼儿转移，克服以往教育中教师过多注意自己"教"的行为，而忽视幼儿的"学"和"学的效果"，这一点应从观念上转变。

②从幼儿角度表述目标的词语：

了解、学习、掌握、发现、探索、乐意、体验、感受、喜欢、能、会、懂得、愿意、尝试、享受等。

③从教师角度表述目标的词语：

激发、鼓励、引导、发展、培养、使、让、教会、锻炼等。

表述角度要一致,遵循以学定教的原则。

◆——教学活动的重难点

（1）什么是重点、难点

重点部分是面向全体幼儿确定的,期望幼儿获得的经验;难点部分体现知识的深化或扩展,对幼儿有一定的挑战性,"跳一跳"才能达到。

如大班语言:儿歌《动物好朋友》。

重点——这节课重要的知识技能是什么? 能够理解并掌握儿歌,初步了解顶真的修辞手法。

难点——幼儿难以把握的是什么? 会用"首尾接龙"的形式创编儿歌。

（2）教育活动中解决重点、突破难点的方法

①解决重点:依据正确的教育理念、恰当的教育方法。

②突破难点:速度上放慢、方法上递进。

◆——教学准备

（1）备孩子(学习者特征分析技能)

(了解学习者学习准备情况及特点)

①起点水平:教学设计必须了解学习者原来的知识、技能、态度,我们称之为起点水平或起点能力。

②个体差异:个性特征、学习品质、智力差异等。

③学习者年龄特点的分析。

④可能遇到的困难。

（2）经验准备和物质准备

①知识经验准备:内容、实现的方法、使用的时间。

②物质材料准备:教具、学具、道具、媒体、操作材料等。

③活动空间准备:座位的形式(圆形、半圆形、秧田形、马蹄形、

散点式……)、场地的布置或清理。

④人员配置准备:活动需要谁配合,何时、何地、何事、何物。

⑤时间安排准备:每个环节的时间安排、比例。

◆——幼儿园教学活动的方法与组织形式

要依据目标选择合适的方法和形式,而不是为了形式而形式。

(1)幼儿园常用的教学活动方法技能

①教法。

a.运用语言的方法。

案例:语言课上,教师运用生动的语言引导孩子讲述故事内容。

b.运用感知的方法。

案例:科学课上请孩子把手放入百宝箱中摸一摸,用手感知物体的形状、大小、质地等。

c.变换角色的方法。

案例:在讲述《没有牙齿的大老虎》时,老师和孩子变换不同的角色,首先老师来当狐狸和狮子,孩子来当大老虎,之后变换角色进行表演。

d.引导探索的方法。

案例:在一节小班科学《有趣的溶解》的教育活动中,引导孩子发现、观察溶解这种现象,孩子再去尝试探索哪些材料会发生溶解现象,也可以结合幼儿生活让其说一说见过的溶解现象。

e.暗示教学法。

案例:小班诗歌《小雨点》,通过观看图片、教师朗诵,孩子们已经熟悉儿歌内容,在进行集体朗诵时,孩子们看到花儿的图片,能说出花儿,但是很可能会忘记花儿在干什么,这时老师做出一个微笑着张开嘴巴的动作,孩子们马上想起来"乐得花儿张开嘴巴"。教学中要巧妙运用语言或者动作来暗示孩子。

f. 观察指导法。

案例: 大班手工折纸课《漂亮的花》。这个年龄的孩子已经学会看折纸示意图了,引导孩子仔细观察每一步折纸示意图的箭头指向,孩子在操作过程中老师要仔细观察孩子的成果表现,根据孩子的问题有针对性地进行指导。

②学法。

a. 游戏法。

案例: 小班健康课《认识五官》,让孩子们玩"鼻子鼻子眼睛,鼻子鼻子耳朵……"指五官的游戏,游戏生动有趣,有利于孩子认识五官。

b. 观察法、比较法、记录法。

案例: 中班科学课《哪种纸吸水快》,老师提供各种材质的纸,请孩子们把材料同时放进水中并仔细观察,比较哪种材质的纸吸水最快并记录。

c. 讨论法。

案例: 大班孩子上一节有关视觉暂留现象的科学课《神奇的扇子》,反复转动扇子仔细观察这个现象,并自己动手制作扇子。扇子正面有鱼,背面有鱼缸,利用视觉暂留现象让小鱼钻到鱼缸里。孩子们用自己的方法第一次尝试,有的成功,有的没有成功,第二次尝试之前采用集体讨论的学习方式,集思广益,再动手把讨论的方法都一一实验,最后找到让小鱼准确进入鱼缸的办法。

d. 探索发现法。

案例: 中班科学课《小汽车动起来》,开始部分老师提供了各种各样的小汽车,有的汽车装了电池,有的汽车没有装,请小朋友进行第一次探索,选择自己喜欢的小汽车进行游戏。小朋友在探索过程中发现了有的汽车能动,有的汽车不能动,于是猜测不能动的汽车是因为没有电池或者没有打开开关,最后发现没有电池,老师提供电池,孩子们尝试装电池,最后发现有的装上电池了还不动。孩子们带着问题再次探索,发现电池凸和凹的部位对应的位置是有一定要求的,最后找到办法使每一辆小汽车都动了起来。

e. 感知体验法(多通道参与法)。

案例:小班主题活动"闻一闻尝一尝",老师提供各种颜色的液体请幼儿按颜色进行区分。有橙汁、苹果汁、西瓜汁、酱油、可乐……幼儿通过视觉、嗅觉、味觉来辨别各液体。这些杯子里装的液体很相像,要鼓励幼儿利用自己的各种感官来辨别。怎么判定出哪个杯子里是什么呢?辨别好后请幼儿贴标签,鼓励幼儿用语言表达自己的发现和感觉。

f. 谈话法。

案例:假期后开学第一天以"假期中,你做的最开心的事情是什么?"为主题进行一对一的交流谈话或者集体进行交流谈话。

g. 体验交流法。

案例:小班社会"亲亲热热抱一抱"这节教育活动中有一个部分是让孩子听着音乐找自己不同的好朋友抱一抱,找老师抱一抱,抱完以后请孩子们集体交流一下自己刚才抱一抱的体验感受。

h. 操作练习法。

案例:小班体育活动"小兔子跳跳跳",在学会双脚并拢跳的方法以后,运用跳过小河摘果子、跳荷叶等各种形式反复操作练习这项能力。

(2)幼儿园各学科教学活动方法举例

教学有法,但无定法,贵在得法。

教学主要方法如下。

科学:观察、比较、操作、探究、实验。

社会:谈话法、讨论法、演示法、行为练习法、行为评价法、环境

陶冶法、移情训练法、角色扮演法。

……　……

幼儿园要根据学科特点教研教学方法。

◆——教案编写

(1)设计思路

①体现《纲要》《指南》的思想理念,紧紧结合领域目标和内容要求。

②突出学科特点,分析、挖掘教材教育内涵,注重学科间的渗透和有机联系。

③幼儿现状简要分析(幼儿年龄特点、身心发展现状、对原有知识技能的掌握情况等因素)。

(2)主要内容

①教材分析(学情分析)。

②活动目标。

③活动重难点。

④活动准备。

⑤活动过程(活动延伸)。

围绕目标创设环境,选择教法学法,突破重难点,由简单到复杂、由具体到抽象、由已知到未知逐步展开,结合学科特点、规律与幼儿的特点,选取有趣、直观、幼儿能动手操作的材料及游戏,流畅地完成。

⑥活动反思。

活动反思也叫活动小结,是教师执行活动设计后,对目标完成、重难点突破、幼儿反馈诸方面的及时总结。活动反思是教师的一种自我意识、思维习惯、批评精神,是教师提高自身教学技能、实现自我专业成长的重要途径,也是教师必须树立的教学理念和应该具备的教学能力,可以包括教案的执行情况、教学目标是否达到、教法的选择和应用效果、学生的反应、疑难问题、典型错误、经验体会、存在的问题、今后的教学建议、资料索引等。反思后要注重更新观念,以行动进行落实!

◆——课前园本说课教研活动

在理解和把握《纲要》思想理念的基础上,落实《纲要》精神更为重要。立足本园实际及教育教学存在的问题,开展一系列的课题研究,也就是科研活动内容。省级示范园一定要有省级课题支撑,市级示范园要有市级课题支撑,幼儿园必须有课题意识,倡导老师做一名研究型老师,学会在教学的细节处带题研究,如对"幼儿社会化教育""环境保护""有效环境创设研讨""课堂观察""说课研讨活动""区角游戏活动"等课题的研究。通过对社会化教育的研究,教师对社会教育有了全面、深刻的认识,认识到社会与智慧和谐发展的重要性,结合社会实践,丰富了教学内容,拓展了教学渠道。通过对环保课题的研究,我们带幼儿走进大自然、走进社会、认识环境、参与环境保护系列活动,使幼儿增长了知识,锻炼了能力,并成为环境保护的小主人。课题小组编写了园本教材,绘制了大、中、小班关于环境保护的挂图,为环境教育提供了丰富的内容和材料。园本教研促进了幼儿园的教育教学,提升了教师的教研能力,完善了教学基本功,使《纲要》精神得以有效落实。

举例说明说课教研活动情况。

幼儿园成立园本教研核心小组,编写"说课教研"课题计划,有组织、有计划地开展说课活动。

(1)第一阶段:学习阶段

①学习《幼儿园教育指导纲要(试行)》及《纲要》解读,明确各领域教育的内容要求和指导要点。

②学习说课的要求,明确说课遵循的原则。

③由教研组长组织学习各领域教学法。

组织全体教师认真学习说课教研计划,统一思想和认识,教学园长引领解读《纲要》,根据说课的原则、要求为全体教师辅导怎样说课。业务主任与教研组长分工对五大领域学科的教学方法、教学原则先行学习并整理材料,对全体教师进行宣讲,大家共同学习,也可自上而下层层学习。

(2)第二阶段:说课阶段

教师结合说课要求及评价量表,明确说课程序(领域的课题名称、指导思想、目标、重难点、活动准备、教法学法、活动过程、活动延伸),针对五大领域尝试编写各领域说课稿,在编写的过程中相互学习、研讨。分年龄组进行研究性说课活动,程序为抽签确定所说学科→写说课提纲(准备15分钟)→说课(10分钟)。

例:每周平行组长带领平行班教师研讨说课的内容、形式、教学方法、目标的确立等,每人5分钟时间轮流进行说课,其他教师做好记录,说课结束后围成小组进行研讨分享,先自评,说说自己的不足以及优点,再他评,给予合理的建议,把大家讨论的结果汇总运用,这种同伴互助的形式能使教师进步飞快。

(3)第三阶段:反思研讨阶段

①被推荐的教师在全组进行说课。

②研讨反思,写出总结。

③全体教师说课成绩上报园领导。

在说课研讨的基础上推荐出说课优秀的教师向全体教师展示示范性说课。针对说课进行集体反思,研究小组依据说课评价量表为每位老师打分,个人反思与集体反思相结合,反思后个人写出活动反思,班级写出总结。

(4)第四阶段:梳理研究收获

①园本教研工作的实施,促使教师深入学习《纲要》及《纲要》解读,学习心理学、教育学等专业理论,学习相关的学科知识,形成浓厚的学习氛围,提升了教师的专业理论素养,使教师得以自我提高、自我完善。

②"教师说课评价量表"的制定,梳理规范了说课的程序,明确了说课的方法要求,操作性较强,并对教师说课具有很强的指导性,解除了"怎样说课、如何说好课"这一困惑教师已久的问题。

③端正了教研态度。随着教研一步步深入推进,教师的教研态度由最初的退缩、被动转变为后来的积极主动参与。教师在活动的设计和选材上不仅能用专业理论和《纲要》《指南》做引领,突出学科特点,挖掘学科潜在的教育价值,同时还能关注幼儿生活、需要、兴趣、年龄特点、身心发展规律、原有的知识经验、学习方式等;在目标的制定上能从知识、能力、情感、态度多维度全方位考虑,能较准确地提炼、把握活动的重难点,注重为幼儿创设适宜的、丰富的、支持性的环境;在教法、学法的选择上能遵循"因人施教""因材施教"的原则;活动的组织能紧扣主题,围绕目标,层层递进。教研使不同层次的教师都得到了锻炼与成长:青年教师积极热情参与教研,虚心好学,刻苦钻研,展示了自己的实力和潜力;有经验的"老"教师勤于思考,并有创新。教研活动不仅体现出正确的教育观、儿童观,还体现出教育的艺术性与科学性,同时还散发出教育的魅力,传播着教育的智慧。

④教研追求实效性。教研中不仅说课,还要上课,关键是要落实在孩子的发展上。理论与实践相结合,理论在指导实践的同时接受实践的检验。一方面要通过说课提高备课质量,指导、规范上课行为,另一方面要用上课来验证说课的科学性、有效性,在实践中发

现问题、寻求对策,在实践中不断反思、调整、完善。

⑤孩子受益。通过研讨,教师不仅知其然,而且知其所以然,活动的设计组织更加合理有效。孩子在活动中主动参与、自主学习、师生互动,获得了有益于身心发展的经验。

(二)教学活动实施注意事项(上课)

一节课需要上几次、磨几次。评估前每位老师都要会上一节拿手好课,保教主任必须节节都听,这是硬功夫,马虎不得。

1. 幼儿园教学活动的调控技能

(1)非言语调控:眼神、手势、动作调控

案例:某一个孩子在活动中注意力不集中,老师用手摸摸他的头,用眼神看他并做摇头的动作,他马上知道什么意思并坐好认真听。

(2)言语调控:音量、音调(抑扬顿挫)、音速调控

案例:在绘本故事中,老师用不同的音色模仿小动物,在模仿老虎的时候音量很大、音调很低、音速很慢,在模仿狐狸的时候音量很小、音调很高、音速很快,孩子们兴趣高,课堂氛围浓。

2. 幼儿园教学活动的提问技能(提问要有效)

(1)多提开放性的问题

例:小兔子受伤了,你会怎么帮助它呢?

(2)提问要求:五先五后

先提问,后指名;先思考,后回答;先讨论,后结论;先幼儿,后教师;先激励,后更正。

3. 幼儿园教学活动的评价

幼儿园教学活动的评价要"以学评教"。

基于标准的课堂教学目标达成度有多高,数字可以印证。

叶澜教授说过,评课没有标准,但有要求:

①有意义——扎实的课。

②有效率——充实的课。

③生成性——丰实的课。

④常态性——平实的课。

⑤有待完善——真实的课。

高效课堂绝不高在形式上,要保证孩子们体验到的是效率高、品质高、兴趣高、参与度高的课堂经历,教师提供的信息量、思维量、训练量要高于普通的课堂。我们看孩子要有三动:他的身得动(乐参与),他的心得动(会思考),他的神得动(领悟到)。

四、游戏活动的有效开展

游戏活动是幼儿一日活动流程中的重要组成部分,它包含创造性游戏和规则性游戏,其中创造性游戏又包含了角色游戏、结构游戏、表演游戏等,规则性游戏包含音乐游戏、体育游戏。

(一)以《纲要》《指南》为引领

《幼儿园教育指导纲要(试行)》中提到寓教育于游戏、生活之中,以游戏为基本活动,保教并重。

《3—6岁儿童学习与发展指南》中也明确指出,幼儿的学习是以直接经验为基础,在游戏和日常生活中进行的。要珍视游戏和生活的独特价值,引导幼儿在生活与游戏中快乐地动手动脑、感知体验、交往合作、探索创造。

《指南》作为我国目前最具科学性、先进性、实效性、操作性的幼教指导纲领,如何开展有效的一日活动,提高教育者理解、执行的能力,并将《指南》精神贯彻落实到幼儿的游戏活动中,是值得每一个幼教工作者思考和探讨的问题。

依据《幼儿园教育指导纲要(试行)》与《3—6岁儿童学习与发展指南》精神,在开展游戏活动之前,教师应基于本班幼儿的兴趣、

需要和发展目标等方面认真思考,从而有针对性地选择游戏活动的类型。

(二)游戏活动遵循的原则

教师在设计游戏活动时,应以幼儿为主体,遵循以下几个原则。

1. 兴趣性原则

兴趣是幼儿活动的原动力,对于游戏活动而言,活动主题与内容要引起幼儿的兴趣,幼儿有兴趣,游戏就成功了一半。

如何才能引起幼儿对游戏活动的兴趣呢?可从游戏形式、材料提供等方面着手。比如说音乐游戏,教师经常会让幼儿反复去听音乐、感受音乐,但在这个过程中,我想大多数教师都会受"幼儿不专注的表现"困扰,作为教师我们就应该思考,幼儿为什么不专注?第一是由于幼儿的年龄特点,第二就是反复听使幼儿产生了不新鲜感。那如何解决?变换形式。同样的音乐,用传递游戏来介入,让幼儿既感受了音乐又"动起来"。用好游戏中的材料同样能起到很好的作用,比如区域游戏中,针对幼儿年龄特点提供低结构或者高结构材料,而不仅仅是丢给幼儿一些工具(纸、笔等),教师应从材料中抓住幼儿的特点,从而激发幼儿的兴趣,达到幼儿积极参与活动的目的。

2. 生活性原则

生活是艺术的源泉,也是幼儿教育的源泉。生活是幼儿所熟悉并能亲身感受到的。因此,教师在设计游戏活动时,要与生活经验相衔接,这样幼儿会从自身的经验中找到认同感,从而产生主动参与游戏的兴趣。

角色游戏是大多数幼儿喜欢的,这就是遵循了"生活性原则",套用一句话:游戏来源于生活。娃娃家、小医院、小餐馆、跳蚤市场等,这些游戏都是幼儿百玩不厌的,教师给幼儿提供了游戏的条件和场景,游戏过程由他们主宰。

3. 整合性原则

杜威曾说幼儿世界里所出现的各种事物不是按学科的分门别类呈现的。幼儿的认知是具有整体性的,幼儿的发展也是认知的、情感的、道德的、个性的全面发展。幼儿园教育活动的目标和内容的选定也应考虑幼儿发展的全面性。一个系统的、全面的、多层次的活动才能促进幼儿更好地发展。幼儿园课程也是一个整合的系统。所以,作为课程中的一部分——游戏,我们在设计时也需坚持整合性原则。

同一年龄段的幼儿的发展也有一定的差异,因此,教师要考虑班级幼儿的年龄特点,设计游戏活动要与所要达到的教育目标紧密联系,为实现教育目标服务,使每个幼儿都能在适宜的游戏活动中获得发展。

年龄、性格特点的差异是常见的一种情况,有些幼儿在游戏中表现出领导型的性格特点,而有些幼儿则是服从型,针对这种差异大的情况,建议让年龄大、性格外向的幼儿带领年龄小、性格内向的幼儿,这样带动全体幼儿参与到游戏中,使不同程度的幼儿都能从游戏中体验到成功感,从而实现游戏的价值。

(三)游戏中教师介入指导的有效性

教师除了为幼儿创设良好的游戏情境之外,在游戏过程中的介入指导对幼儿发展的影响也很大。如何在游戏中更好地发挥"介入"的作用,真正做到有效介入呢?

1. 在游戏中教师介入存在的误区

(1)过于强调规范性,扰乱幼儿活动秩序

幼儿在活动中会有自己的想法,这些想法有的可能不符合教师的设想。教师如果把自己的意见强加给幼儿,将幼儿带入自己设好

的活动程序中,按照既定的模式进行活动,就限制了幼儿主观能动性的发挥,游戏带给幼儿的教育意义和乐趣也就无从谈起。

幼儿在活动中难免会产生停顿或者矛盾,很多时候教师会带着"控制局面"的状态去观察。幼儿在进行游戏时往往会因为投入而将想象与现实混为一体,教师担心他们在游戏过程中的安全性(接触安全、材料安全等)及是否达到预期效果,从而刻意地去介入,比如体育游戏中小朋友之间的肢体接触、结构游戏中的操作材料等。教师不相信幼儿的能力,大多数教师都会过早地干预,剥夺了幼儿独立思考和解决问题的能力,以及同伴间的相互作用。其实幼儿通过冲突的解决可提高社会交往能力,因此,正确对待幼儿游戏中的冲突行为及不安全因素,首先要学会分析判断。教师可适当介入,用正面的、积极的方式引导幼儿化解矛盾与冲突,实现同伴交往的正向价值,而不是盲目地"控制局面"。教师更应从是否讲清楚了规则以及班级常规的培养上着手,适时地放手,让幼儿自己解决问题,在游戏评价中针对这种情况及时给予恰当的评价就行。

(2)做安静的观赏者,对幼儿游戏自由放任

一方面,许多教师认为自己备课、上课很辛苦,误把幼儿游戏时间当作自己的放松时间,做个安静的观赏者;另一方面,教师秉着"幼儿主体性"理念,不指导、不干预,对幼儿采取放任态度,这些都不利于游戏的有效开展。

2. 有计划地观察是判断介入有效性的前提

教师通过观察可以了解幼儿在不同游戏中的各种表现和需求,可以借助观察到的各种情况分析、判断幼儿行为的实际意义,从而确定介入指导的必要性,以便更及时、有效地指导和完善幼儿的游戏。

举个常见的例子:角色游戏时,教师通过观察发现"小超市"里

两个小朋友因没有顾客而着急,这时候老师以"顾客"的身份介入,不仅巧妙地解决了幼儿游戏遇到的困难,并且可以游戏参与者身份有效地观察幼儿游戏时的表现,这更有利于游戏后对幼儿的表现进行评价。

3. 掌握时机是保证介入有效性的关键

幼儿的发展是一个长期的经验积累的过程,教师掌握好介入的时机,将有利于幼儿在游戏活动中的经验积累,可以将逐渐降低的游戏活动兴趣点再度点燃,可使活动延续,也可丰富活动内容。因此,选择介入指导的时机是很重要的。

(1)游戏中出现兴趣"停顿点"的时候

随着游戏活动的推进,幼儿难免会因对活动内容越来越熟悉而出现兴趣转淡的现象,即遇到"停顿点"。这些"点"的解决可能意味着知识结构的重新调整或创造性智慧的产生。教师要注意这些"点",并适时介入幼儿的活动,使这些"点"能真正促进幼儿游戏的发展(也可以说是游戏中问题的生成解决)。

(2)游戏中幼儿遇到困难的时候

当幼儿在活动中遇到无法解决的困难时,活动将会停滞,如果经过判断,教师的介入能够让活动出现新的生机并继续进行下去,那这样的介入便是有效的。

4. 运用良好的方法是保证介入有效性的基础

在确定介入的必要性及把握好干预时机后,教师要考虑应采用何种干预方式和方法。

(1)启发性的语言引导

当幼儿在游戏活动中遇到问题,游戏无法顺利进行,确定了介入的时机后,教师可尝试用一些启发式的、开放性的问题鼓励幼儿积极大胆地表达自己的想法,以帮助幼儿分析现状、厘清思路并用

不同的方法找到解决问题的办法。

表演游戏,幼儿根据一定的情境进入角色,带动表演。幼儿的表现力不同于成人,有些过于机械化,这时候教师的启发能带动幼儿进入角色。比如情景游戏"小蝌蚪找妈妈",幼儿在表演过程中对于小蝌蚪没有找到妈妈时的着急没有表现出来,此时教师的介入可从分析角色开始:"你找不到妈妈的时候,心里会怎么样?"让幼儿自己说一说。有了这样的启发,幼儿在表演时就会加入自己的情感,从而达到表演的效果。

(2)暗示性的动作引导

暗示性的动作引导即利用教师的动作、表情、眼神等对幼儿的游戏进行提示,这样既避免了语言表达可能产生的副作用,又体现出教师对幼儿的行为表现持肯定或否定的态度,产生"此时无声胜有声"的效果。

(3)游戏材料的隐性介入

丰富的操作材料是幼儿进行游戏的物质基础,对幼儿游戏中出现的创造性萌芽,教师应及时捕捉,并提供适宜的玩具材料进行隐性指导,让幼儿在游戏活动中大胆、充分地发挥创造才能。在表演"拔萝卜"游戏时,随着活动的开展,更多的幼儿想加入进来,但是头饰数量有限,这时教师及时增添了小兔子、大老虎、小猴子和大公鸡等头饰,这样不仅让更多的幼儿参与到游戏中,而且丰富了游戏中幼儿的动作、表情和语言,创编了新的游戏情节。

在游戏活动中,教师必须明确自己为什么要介入游戏、什么时候介入游戏及以怎样的方式介入游戏。教师要具有较强的随机应变的决策力,把握好介入的"时"和"度",使教师的介入指导既能体现对幼儿游戏兴趣和需要的尊重,又能扩展和丰富幼儿的游戏内容,同时还要保障游戏活动的顺利进行,使幼儿在游戏中得到良性发展。

针对游戏活动的探索和研究,不仅可以帮助教师在教育实践中具体落实以幼儿为本的理念,更能实现"促进每个幼儿富有个性地发展"的人文教育目标。

例如,角色游戏有很多项目,各班要根据幼儿情况,第一步选项目,写游戏计划;第二步合理分组,提出游戏要求;第三步关注游戏过程,老师与幼儿商量,玩过的项目让其他孩子也来玩一玩;第四步让孩子以角色身份来玩,也就是带着原来玩的过程中遇到的问题来玩,教师帮助解决问题;第五步评价游戏,采用目标评价、生成评价、问题评价,为创造新的游戏做铺垫;第六步游戏材料全部归位。注意:玩的时间不宜太长,大班不超过 40 分钟,中小班根据情况而定。每种游戏多玩儿几次,孩子才会,不至于评委观看时孩子不会玩,老师无所适从,不知从何下手。

五、文本材料的准备

在等级评估创建活动中,要撰写很多不同类型的文本材料,下面介绍主要的几种。

(一)自评报告汇报材料要求

1. 结构

第一大块:基本情况,主要写清楚争创过程、幼儿园建园时间、师幼人数、职称比例、历史沿革、周边环境等。

第二大块:各项指标完成情况。

第三大块:办园特色。

第四大块:基本做法、成绩与经验。写成绩不是单纯罗列获得了什么称号,而是近几年幼儿园在办园方面的亮点工作所采取的措施,分条写清楚。

第五大块:存在的问题及整改措施,以及未来的发展方向(思考与展望)。

2. 写作注意事项

①在材料中一般不写"为什么",不解释,不说明,只说怎么做就行。

②文中不需要用大量的散文化的语言。

③文中不要用虚的、论文化的语言。

④写作格式上,要紧扣七大标准(省示范的六大标准)来写,同时,每一大块的各个要素可以不分条、不分顺序,把亮点写在前,相对弱的写在后,可以打乱顺序写。

3. 建议

①制作图文并茂的汇报材料。

②制作反映幼儿园成长的幻灯片和宣传片。幻灯片是用来汇报的,宣传片可以放在汇报会之前播放,起到让评委直观了解幼儿园的作用。

③汇报材料分口头汇报材料和文本汇报材料两种。

口头汇报材料:精炼,提纲挈领,脱稿或半脱稿。如果规定时间为 20 分钟,准备的材料不要超过 2800 字,一分钟语速平均 140 字左右。

(二)整改方案具体写法

有检查就有整改,有整改必须依据方案才更可行。

整改方案由题目、正文、落款三部分构成。

1. 题目

题目常见的写法有:《×××幼儿园等级评估综合督导整改方案》或《×××幼儿园等级评估专项督导整改方案》。

2. 正文

正文部分是整改方案的核心内容,主要应由以下几个部分构成。

(1)基本情况

基本情况包括对整改提高工作的认识、思想态度、指导思想。本部分内容要求简明扼要。

(2)存在的主要问题

此部分归纳梳理出存在的突出问题。写作时应注意:幼儿园要归纳梳理各位专家、评委的反馈建议,深入综合分析,把当前能够办好的事情作为整改的重点整理出来,明确整改目标。

(3)整改措施

此部分有针对性地提出今后改进的意见和措施,要求具体详细。

梳理出来的一些问题,有很多是长期想解决而未能解决的,有些问题解决起来有一定的难度,不可能轻而易举、一蹴而就地加以解决。这就要处理好临时整改与长期整改的关系,现在通过努力能改的(如图书数量、种类)必须坚决改、立即改;不能及时整改的,要制定出方案,提出解决步骤,分期分批解决落实,并制定整改时间表,落实整改责任到人,确保取得实效;有些难度大的工作,必须经过长期的、艰苦的努力才能够彻底解决,但目前要写清楚。

3. 落款

在文章末尾写上单位、日期。署名也可以放在标题之下。

4. 注意问题

①思想重视。制定方案之前要经过反复、认真的分析研究。

②突出重点。整改措施和整改方案要解决存在的突出问题,特别是要重点解决反映强烈的问题(小学化倾向、乱收费、师德问题等)。

③求真务实。制定的整改方案和措施要切实可行,实事求是,措施到位,注重效果。按照近期、中期、长期三个阶段安排,明确各个时期的整改任务、措施,明确解决问题的途径和方法,具有可操作性。

④"五个清楚"。做到整改内容、整改方法、整改完成时限、整改目标、整改责任人"五个清楚"。

(三)年报表的填写说明

①自评打分表。对照评估细则,园领导班子一起客观打自评分,不要有虚分,也不要过于谦虚,自评分太低,对于努力整改后能达到的指标要把分打上去,最后请打出合计得分。如果幼儿园打分过低,评委无法打更高的分,这样就会造成打分不客观,影响督评得分。

②幼儿园基本情况统计表。幼儿园全称要与公章一致;主办单位是私人办园就写个人,企事业办园就写单位名称;建筑面积写清楚,设施达标情况不要填写"基本达标",就填"达标"或"不达标"。

③教职工和领导班子情况。教职工总数只填教职工的人数,不含领导班子数,教职工总数是后面各项数之和。

④幼儿园简史和特色写一下,自评报告不再填写。

⑤封面时间填写为当年9月至次年6月,呈报时间为当年9月。

⑥注意事项:所有需填写的材料不要用手写,直接打上去,但园长签字这一栏请园长手写签字,单位名称上要加盖公章。

(四)关于文本材料的几个问题

1. 题目要求

①题目一定要对仗,结构要一致,要是动宾结构都是动宾结构……

②列出一级、二级提纲,三级标题也要对仗。

技巧:凑不够字时,加个常用词,如好、加强、确保……

2.段落要求

①层次清晰。

"一、(一级标题)""(一)(二级标题)""1.(三级标题)""(1)(四级标题)"。

②内容清楚。

说清事,不啰唆,不抒情。

③格式规范(文件使用居多)。

a.页边距:上下3.5厘米,左右2.6(2.7)厘米,行距固定值30磅(28磅)(不用单倍行距或其他格式)。

b.题目:二号宋体加黑(题目中不带引号)。

c.一级标题:三号黑体,后边不加标点。

d.二级标题:三号楷体加黑,后边不加标点。

e.三级标题:三号楷体不加黑,后边不加标点。

f.四级标题:与正文一样,三号仿宋,后边不加标点。

3.经验材料撰写

图文并茂的经验材料具有较强的说服力。

六、理论测试准备

①引导教师学习《纲要》《指南》……给点任务、压点担子。

②组织教师一月进行一次理论测试,达到读懂理论,内化于心,外化于行。基本理论都不懂的教师,不可能很好地用理论指导工作实践,甚至工作中犯了专业错误都不知晓。

七、园长答辩准备

答辩准备的注意事项如下。

①准备上等级的幼儿园园长,首先必须思想上高度重视,园长

答辩是考察您的领导力、专业度、表达力的最好途径。

②认真重温《纲要》《指南》等新出台的学前教育文件等理论文本，通读几遍，吃透其精神实质。

③熟悉评估内容，观点正确，理论素养高，反应敏锐，语言简洁，对所阐述的内容有自己独到的见解。

④答题时，有的题目要联系本单位实际，要把亮点说出来，还要说清措施和成效。

⑤属于理念上的题目，如"什么是以人为本的幼儿教育"，理解其实质，最好再举个实例印证。

⑥属于实际工作中操作的题目，如"如何提高教师的教学研究能力，在培养教师方面，你单位有何举措"就必须掌握各要点，结合本单位实际说。

⑦听上过等级幼儿园的园长进行经验介绍。

⑧在姊妹园园长面前模拟答辩。当评委说题目时，认真听，准备时写下关键词提示，不可准备太长时间，一分钟即可，也不可刚听完题就说，不思考，说得文不对题，无条理，无高度。

总体要求：先有一两句理论支撑，再说本园具体措施、做法，最后一定要说个人观点或努力方向。

八、其他评估事项

（一）了解评估方法

幼儿园等级评估将采用定性、定量相结合的方法，通过看（园容园貌、设施设备、教育活动、资料）、听（汇报、听课、座谈）、问（问卷调查、个别访问）、评（评分、评级）、理论测试等形式，对每所幼儿园用一至两天时间对照细则进行综合评估。

(二)熟悉评估程序

①听取园长汇报(主要依据评估内容的要求,围绕幼儿园等级达标进行);

②举行园长答辩会(交流会);

③评估人员深入课堂听课(随机抽取,一人一节课);

④评估组成员察看园容园貌、安全设施、教学设备、图书、阅览室、科学发现室等各种功能室,下午第一节看游戏活动;

⑤评估小组分头评估,查阅有关档案资料;

⑥根据评估要求,对领导、教师、幼儿进行个别访问,并召开教师座谈会;

⑦对教职工进行问卷调查、理论测试,现在一般采用网上问卷调查;

⑧评估小组汇总评估结果,评议打分,拟出督导评估意见,并就有关问题和幼儿园交换意见;

⑨正式向幼儿园反馈。

(三)重视迎检工作

1. 幼儿园要有装订成册的迎检工作手册(15册左右)

迎检工作手册主要内容如下:

①迎检方案(迎检工作指南);

②自评报告;

③园长自评汇报简稿;

④自评打分表;

⑤单位宣传页;

⑥迎检路线解说词(含各功能室说明),解说员可以是领导,可以是教师,也可以是幼儿;

⑦课程表、一日活动安排;

⑧教师教育活动设计、游戏活动设计(五大领域各放一份);

⑨幼儿园平面图;

⑩幼儿园教师花名册。

2. 关注迎检细节问题

①幼儿园为每一个评委准备资料袋,里面装:迎检手册、一个本子、10页左右的稿纸、一支水笔、一支铅笔、一块橡皮、湿巾和一小包餐巾纸。

②卫生间文化。卫生间无蚊蝇、无异味,有抽纸、有绿植,甚至可以有一套洗漱用品。

③一对一陪同检查,多听、多记、多反思、少解释,谦虚谨慎方可得到"真经"!

④幼儿园准备好汇报会及反馈会会场(挂会标或电子屏)。

⑤安排2名社区代表和2名家长代表(汇报会和反馈会时坐在幼儿园领导方两侧,反馈会时社区代表和家长代表各1人要发言)(写清楚代表的单位、职务、姓名)。

⑥准备幼儿园光盘(播放的光盘评估组要带走1张存档)。

⑦准备一个计算器、一个订书机、一个档案袋。

⑧准备问卷调查、座谈会、理论测试会场。参加理论测试人数是教师人数的一半。安排带队教师,引导评委到会场,会场有标示,比如:教职工理论测试(理论测试半小时)。

⑨幼儿园准备十支左右钢笔或铅笔供家长填写调查问卷使用。

⑩每班准备教案各三份。

⑪每个园要有评委座签,家长及社区代表也要有座签,市、区陪同人员及幼儿园领导也要有座签。

⑫准备开水、茶叶、咖啡等。

⑬档案摆放每个指标有三年的资料,分开摆。

⑭各园要准备照相,有条件的话也可录像。

上面以河南省郑州市金水区幼儿园等级评估工作为例和大家交流了我们的做法,我想说:

再美的风景,匆匆而过,美丽也是浮光掠影的。只有停下来,慢慢地品味,细细地欣赏,才能让我们内心的那双眼睛看见风景。更好的教育,或者说一所好的幼儿园的标志是让来到这里的每一个人都有所成长,不仅指本园的一切人,更指所有来访者。

教书 聆听花开声音
育人 提高人格境界

引　言

教育，是一项全接纳、慢引导的工作；教育，也是一场修行，先立己，方能达人。教师对学生最长情的告白，不是单纯的陪伴，而是人格的引领。所以，我们今天交流的题目是"教书 聆听花开声音　育人 提高人格境界"。

时至今日，教师们必须意识到以下几点。第一，时代变了。从农业文明到工业文明，再到今天的信息文明，我们迎来了由知识本位创新驱动的一个新时代。第二，学生变了。我们面对的学生是伴随着互联网成长的一代：互联网思维、互联网交友、互联网购物、互联网语言，还有日益形成的互联网价值观。如果教师想用自己成长的经历来理解、比照、揣摩新生代，想用我们的传统习惯去改变他们，肯定是无功而返。第三，家长变了。我国现在已全面普及义务教育，高中普及率近90%，高等教育普及率也达到50%，也就是说，我们面对的家长将有一半都是大学毕业生，家长对孩子的期望发生了重要变化，家长对教育的关注更多，教育期望更高，维权意识也更强，我们已然进入了一个"人人自媒体"的新闻时代。如果我们还意识不到这一点，学校、教师、家长、社会就会处于冲突之中。面对这新的变化，教师也得变。

习近平总书记给教师的定位是"引路人",在这样的高度上,我们意识到,教师应该做学生锤炼品格的引路人,做学生学习知识的引路人,做学生创新思维的引路人,做学生奉献祖国的引路人。同时,教师也应具备"四有":有理想信念、有道德情操、有扎实学识、有仁爱之心。

我国的教育从应试教育发展到素质教育,今天又提出了中国学生发展核心素养培养,教育方式和内容都在发生变革,这是社会发展的需要,但根本任务不会变:立德树人。今天大家都在认真学习中国学生发展核心素养的基本要点,这很重要。老百姓说:干活不拧东,拧东劳无功。什么意思?你干活不能拧着主人的意愿来,拧着他来,你干了半天,一点功劳都没有。今天我们培养学生的核心素养的基本要点是他的文化基础,他的自主发展,他的社会参与,我们要明白核心素养是落实"立德树人"、发展素质教育的根本抓手。顾明远教授明确地告诉咱们基础教育阶段要打好三方面的基础:首先是儿童健康成长的基础;其次是进一步学习的基础,教师的任务就是要培养学生终身学习的意识和终身学习的能力;最后是学生走向社会的基础,因为不管将来他干什么,总是要走向社会。今天如何打好这些基础,对于教师来讲,责无旁贷、任务艰巨。

一、师德

我们来探讨一下一名好教师的素养是什么。首先是师德。做事先做人,做人德为先。我听过白岩松的一个讲话,他说社会上两种职业特别讲究"德",一个是教师讲究师德,另一个是医生讲究医德,教师教书还得育人,医生治病还得医心。

教师的师德很重要。但丁说,一个知识不全的人可以用道德去弥补,一个道德不全的人却难以用知识去弥补。老百姓说流氓不可

怕,就怕流氓有文化。人们也常说大德办大事,小德办小事,无德办坏事。今天教育领域也存在一些问题,咱们来反思一下。居高临下,我们叫权威型教育:教师往讲台上一站,天老大我老二,门一关,这屋里我说了算。体罚型教育:学生犯错了,我们简单粗暴——写200遍!听过这事吗,说一个教师,早上家里有点事,眼看要迟到,骑着自行车赶紧往学校赶,闯红灯被警察逮住了,警察说:"回来,别闯红灯!"教师说:"警察同志,请你理解我,我是一名教师,教室里那么多学生等着我,你说我能迟到吗?"警察说:"你教师啊,我等你这么多年了。站一边,把'不许闯红灯'写200遍。"这很可能就是一种调侃,但它是体罚型教育造成的后果。随心所欲型教育,我们也叫主观型教育,这个非常严重。这节课教师来到教室里就是他说了算,今天高兴,就这么讲,明天不高兴,就那么讲,完全由着自己的主观意识来。还有形式主义教育,即任务型教育,完成任务就行。123456,讲完一走人,千篇一律,这叫切菜型教育。放任自流,我们叫作牧羊式教育,很多学校的体育课爱采用这种方式,"一把哨子两个球,教师学生都自由"。这些教育不力带来的影响极大:影响学生做人,对人不感激,对物不爱惜,对己不克制;影响学生学习,厌学,缺乏学习动力,低效;影响学生发展,对事不努力,价值观混乱,理想缺失。这其实也影响了教师的人生幸福和价值追求。

说到师德,它的基本内涵我们要知道。概括地讲,师德就是教师的能力、人格、价值观,三大维度构成一个综合体——和谐内涵式服务。它表现的是以人为本、时代精神、平等合作、为人师表这四个关键性的词语。它的核心是服务。教师是干什么的?为学生服务的,包括强化学生的主体意识、做学生成长的引路人、为学生的发展创造一个良好的人文环境等。

教师们特别爱说一句话"我真是替他想的",您是替他想的,学生认可吗？一个小学一年级教师带着学生面批作业，一个小男孩改两遍都没改对，教师急了，一脚踹在孩子肚子上了。孩子回到座位上大汗珠子滴答滴答，教师没管。放学以后家长带着孩子去医院一查脾脏破裂，而且超过了保守治疗的期限，七岁的小男孩儿脾脏摘除了，教师承担的是过失伤人罪。几年前南方一所学校初中三年级星期天补课，任课教师有几十年的教学经验，发现一个女生来晚了，真替她着急，说："你怎么又来晚了？你看你学习不行，长得也不行，将来连坐胎的资格都没有。"学生低着头走进教室，正上着课，突然跑出去了，窜上了学校八层楼的楼顶，"嘣"一下跳下去了。教师承担的是污蔑罪，律师鼎力给以辩护，但是法院维持原判。后来得到消息说这个教师选择在孩子跳楼的忌日，在那个学校同一个楼顶一跃而下。北京的一所小学，四层楼厕所有个窗户，一个小学生从那个窗户掉下去摔死了。十分钟之内，各大媒体赶到现场，各级领导赶到现场，那个学校的校长当时扑通躺到地上昏过去了。校长太明白了，这是学校管理层忽视的一个问题。孩子们爱爬上窗台玩，但是偶然发生了。跳楼的孩子家庭不幸福，爸妈经常打架，那天动起手来了，孩子在家哭了一早晨，上学也迟到了。来到学校后，教师也不问青红皂白，就劈头盖脸吵了他几句，结果，那个孩子跑到四楼厕所的窗户那跳下去了，因为他经常一个人在这里玩耍，知道这里的窗户是经常打开的。

  咱替这些教师们惋惜，几十年您起早睡晚，几十年您舍家撇业，几十年您辛辛苦苦，最终不能平安着陆。我们常说：绝对没人在乎飞机飞得有多高，关键看能不能平安着陆；没人关心汽车跑得有多快，关键看能不能安全行驶！我们能不能把学生看作拥有尊严的完整的生命体来对待？叶圣陶先生说："学生是种子，不是瓶子。"这句话很贴切，学生要是瓶子就简单了，塞满了咱就完成任务了，但它是

种子。教师是什么？我觉得应该是土壤。这些种子在这块土地中能不能生根、发芽、成长？别着急，静等花开，聆听声音，这棵大树就要参天入云。

师德有三个维度。

第一个维度是能力，它是基础。现代教师必须具备创造性接受新事物、新思想、新观念的学习能力，兼收世界文化精华、继承民族文化传统的传承能力，把握社会发展方向的创新能力。现在多采用多媒体教学，教育将突破现有的时空，实现资源的跨时空共享，必将引起教育内容、教育手段、教育过程、教育组织等的重大变革。互联网改变了教育环境，改变了学习形式，改变了师生关系，您意识到这一点了吗？您的任务是什么？您是设计者，您是指导者，您是帮助者，您是跟孩子共同学习的伙伴。

第二个维度是人格，它是动力。我不想讲大道理，我在电视上看到老艺术家梁晓声，他说了这样的话，他说在人艺，学的是文化。文化是一个人的灵魂，它包括四个内涵：根植于内心的修养、无须提醒的自觉、以约束为前提的自由、替别人着想的善良。教师的人格里应该有这种文化的因素。您看到过这篇文章吗？一对 A 国老人想把房子卖掉，换个城市养老，所以在网上急售，一对年轻的 B 国夫妇看上了这套房子，想买。怎么办？砍价，真砍，就砍下了一批价格。该付款的时候，B 国夫妇又开始说了，我们不买了，钱没准备好，你们要卖的话能不能再多降一点价，第二次又砍价，结果两个 A 国老人又把价降了，按他们所说又降一部分，这对 B 国夫妇房子就买到手了，他们多高兴啊。搬家那天，有不少 B 国朋友来帮忙，搬进去他们就傻了，原来院子里种满了鲜花，进屋以后一开灯，灯火通明，一看，桌上留了一封信："亲爱的年轻人，欢迎你们入住我们幸福生活了几十年的这个'窝'，知道你们刚来不方便，所以给你们预付了一个月的电费，冰箱里给你们准备了一个星期的食材……知道你们来了不方便，按照这个说明会给你们带来一些方便。"B国人再也没有了乔迁之喜。我们来反思一个问题：什么是乘人之危？什么是替别人着想的善良？

第三个维度是价值观，也就是方向。老师您别着急，您的学生毕业20年后他想您了，您的价值就实现了；如果20年之后他依然骂您，怨恨学校，那您的价值就完了。做一线教师这些年，我最自豪的是孩子们教师节的一句问候、春节的一句祝福。所以我们说教师的价值是什么？工作中要有这种阳光的味道，用生命影响生命，用尊重去赢得尊重，这是教育的全部秘诀。各位教师，教师的价值就是一个字——爱。但是，爱需要能力。爱有七大要素：理解、尊重、宽容、平等、责任、关怀和给予。爱没有理解，是一种盲目和无知；没有尊重，是一种支配和控制；没有宽容，是一种苛求；没有平等，是一种专制和功利；没有责任，是一种轻薄；没有关怀和给予，是那么空洞和苍白。

我家外甥在郑州上了小学一年级，二年级时跟随他的爸爸妈妈去美国学习了。刚开始孩子也很不容易，第一天就听懂一个单词，第二天听懂了四个单词，但是没几天他就摁响了学校的防火按钮，警报一响，全校的教师、学生全跑出去了。姐姐跟我说他儿子回家的时候情绪不太高，不高兴，但是没说为什么，怕挨吵。晚上老师通过邮箱跟他妈妈说今天他办了这么件事。如果这件事发生在我们的学校我们会怎么办？那可不得了了，批评、处分、记过甚至通报。你想知道美国怎么做的吗？教师就来了个信给我姐，告诉我姐"您嘱咐他，以后不懂的、不清楚的，问清楚了再办"。第二天我们以为孩子怎么也得挨批，结果没有一个人再说这个事儿，所以孩子立刻就忘了，高高兴兴上学去，高高兴兴回家来。什么是理解？什么是

宽容？其实犯错是孩子的权利，每个人都是在一个一个问题的解决中成长起来的。教师是干什么的，就是告诉孩子，一个人不能在同一个地方摔两次跟头。爱的七大要素非常重要，爱是师德的一个不朽的魂。

二、激情

好教师的第二个素养是激情。一个有激情的教师一定会迫切地想要"充电"，或读书，或参加培训，或借助同伴和网络的力量……教师们都知道，今天要想成为真正的名师，学习的速度务必要大于教育变革的速度。一个教师超越其他的教师不是最重要的，最重要的是不断超越过去的自己。如何超越自己，亨利·福特告诉我们：学习决定生存。网上有篇文章说学习让自己值钱。人生的奋斗有两个目标，一是有钱，二是值钱。有钱的人未必值钱，但是值钱的人肯定有钱。怎么让自己值钱？学习！亨利·福特说不管是20岁还是80岁，任何人只要停止了学习就会衰老，只要坚持了学习就会保持年轻，生活中最伟大的事就是保持头脑年轻。

教师们，未来的社会将会淘汰八种人：知识陈旧的人；技能单一、没有特长的人；情商低下的人；玻璃心，心理脆弱、容易受伤害的人；计较眼前、目光短浅的人；对新生事物反应迟钝的人；靠个人能力单打独斗的人；不善学习的人。为什么呢？国家人事部行政科学研究所副所长吴德贵详细诠释了这八种人为什么会被淘汰。

知识陈旧的人会被淘汰。今天人类真正进入了知识爆炸的时代，现有的知识每年以10%的速度在更新。生活在这样的时代就得不断地学习、不断地更新知识，想靠原来在学校学的那一点知识应付一辈子，是完全不可能的。过去，我们对终身教育的理解是，一个人从上学到退休，要一直接受教育；现在，这一概念应当重新定义，终身教育指的是从摇篮到坟墓,应贯穿人的一生。我们常说,人生在做加减法,学习可以让我们增加自然生命的长度、社会生命的宽度、精神生命的高度,只有这样,短暂的一生才能成就多彩的人生。

技能单一的人会被淘汰。只会做一种工作,换一个岗位就不灵光的人,日子不会好过。2017年7月中央有关部门做出决定,教师将打破"铁饭碗",新入职的教师跟学校签订的是合同。几年合同,到期表现不好,那就解除合同。事业部门都将采用合同制,没有这种无固定期的聘用,也就是说将来的教师"铁饭碗"保不住了。河北唐山有个中学校长说他们学校缺一位数学教师,到教育局要人,教育局长说我们这里没有数学教师,只有一个体育教师,你若要,就领走,不要我们就没人。校长就想了体育教师也大学毕业,初一的数学还教不了吗?就要回来了。第一个学期勉强教完了,第二个学期这位体育教师就找校长去了:"校长,别让我教了,初一那题我都不会做。"那怎么办?退回教育局!这就是说,换一个岗位就不灵光的人不行。现在,学校在编人员有缺额,可能所教学科与所学专业不相符,如果课上得不成样,也是这个情况。我在想,不光今天这个时代,哪个时代技能单一日子都不好过,唯一的办法就是多学几手,一专多能。记得我1990年实习时教初中一年级代数兼初二音乐,和所学专业不对口,但是上起课来有模有样,深得学生喜欢。学生私下讨论,咱们学校实习的白老师是个真正的老师。

情商低下的人会被淘汰。我想问大家你理解的情商是什么?通俗地说,你说的话入耳,你做的事让人舒服。它包括与人交往的能力、社会适应能力、自我调节能力、处理问题的能力。我们说智商显示一个人做事的本领,情商反映一个人做人的表现。今天不但要会做事,而且一定要会做人。教学是跟人打交道的职业,我问大家一个问题,学生爱戴您吗?家长信赖您吗?领导欣赏您吗?同事喜

欢您吗？这跟您的学历没有直接关系,跟什么有关？就是跟情商有关。国外流行一句话,靠智商得到录用,靠情商得到提拔。有的人就是不会办事,说话难听,哪壶不开提哪壶。有的人说话得体,办事得当,才思敏捷,人见人爱,那叫情商高。2014年网上选出十条最佳微信,大家还记得第一条。办公室的鱼缸里养了两只透明小虾,领导来了以后站那儿一看,问我:"养的什么呀？"我说:"虾呀!"领导一愣,转身就走了,我当时还追呢:"领导真是虾,真虾啊,领导!"这条微信引起你的反思了吗？情商高的人说话入耳。老百姓说得好,会说的人想着说,不会说的人抢着说、胡乱说。我担任班主任16年间,原则是只给学校增光,不给学校添乱。我把班管理得好,周周得流动红旗,期期考核全年级第一。这得益于我做好了家校沟通,取得了不同层面家长的大力支持。我每学期到学生家里遍访一次,有特殊情况的学生多访几次。现在家校沟通多方便,打电话、发校信通、微信,我刚上班那会儿就是真正的家访。这里边牵涉到你要会说话、会办事。家访时一定是先肯定孩子的成绩、亮点,再委婉说不足。另外,我做家访有要求:不吃饭、不拿东西,只喝水,否则扣学生积分,期末别评三好学生了,谁都不敢违背!我们跟家长沟通,您会说话、会办事吗？开家长会的时候,有的教师真不会说话,在会上"张三家长会后别走啊,李四家长别走啊,王五家长别走,说说你孩子到底咋回事"。家长多没面子啊,你考虑到他的想法了吗？我都是开会前,要么给家长打电话,要么提前下去转转。"忙吗？不忙您会后留一会儿,我找您有点事。"你看,该留的提前都说好了,散会时,该走走该留留,给家长留点面子好不好？我亲戚曾经说:"最怕见老师了,把我们批得跟三孙子似的。"咱干吗把人家家长批得跟三孙子似的？我们和家长是一个目标——教育好孩子。做好家校沟通、家园共育很重要,借家长的力量教育孩子很重要。所以靠智商得到录用，靠情商得到提拔。情商低下的人，未来社会你会不好过。能把简单的事情做好就不简单，能把平凡的事情做好就不平凡，"勿以善小而不为"。只有这样学生才乐学，家长才放心，校长才踏实，而我们肯定开心啊！

　　心理脆弱的人会被淘汰。遇到一点困难就打"退堂鼓"，稍有不顺利情绪就降到"冰点"，不能受一点委屈。无端闹脾气，往小处说是对自己不负责任，往大处说是对亲人、朋友乃至社会不负责任。各位教师啊，今天哪个工作不委屈？没有点儿抗压抗挫的素质不行，当今社会比情商更重要的是逆商——在逆境中成长的能力。无论是在职者还是求职者，都应该有一股不服输的犟劲、不怕难的韧劲，这样你才能在这个社会上生存。

　　目光短浅的人会被淘汰。鼠目寸光难成大事。有句话说得好："你能看多远，你便能走多远。"目光不能太短浅，做什么事行为短视，只低头看眼前一点利益，不抬头眺望远方不行。既会脚踏实地，又要仰望星空。我现在很幸福，专心教育教学工作，研究了六个专题，业余写了13本书。再往大处看，国家领导忙着呢，"一带一路"、"亚投行"、中国天眼、神舟飞船等，我国在政治、经济、科技、军事方面强着呢，所以我们着什么急，好日子在后头呢，要对自己、对国家充满信心！

　　对新生事物反应迟钝的人会被淘汰。迟钝就会迟缓，落后就要挨打。过去大鱼吃小鱼，现在快鱼吃慢鱼。思维不敏捷，反应不快速，做事墨守成规、四平八稳，迟早会被淘汰。有一个朋友告诉我她的姨妈抑郁了，我说怎么会抑郁呢，退休了多好啊，想干嘛干嘛，和朋友出去旅游。她说："她只会接电话，连发短信都不会，上网也不会，也没有微信，没有微信就没有朋友圈，老伴也去世了，就剩她自己，天天把自己闷在家里，结果抑郁了。"你看这儿哪行啊。现在是

信息时代,我们要跟上时代步伐。小年轻喜欢网上购物,我们也学学。网上购物方便快捷,人家快递员一直给送到家门口。出门打车,快车软件一叫好几辆,多方便的事儿。估计现在人人都用智能手机吧,要会用!另外教学改革也不能四平八稳、墨守成规,要有社会变革后的敏锐度。比如语文教学要有情有景,心中有学生,评价有力量、有温度;课堂上要有人、有料、有趣、有变,这些你得知道不是?别被这个时代淘汰。

单打独斗的人会被淘汰。"学科交叉、知识融会"的现实告诉我们,在当今这个"世界是一家"的年代里,"孤胆英雄"的时代已经过去,个人的作用在下降,群体的作用在上升。要成就一项事业,靠个把人、少数人是不行的,需要一支队伍、一个组织、一个群体的共同奋斗,需要众多人智慧碰撞、团队合作。2016年我看到哈佛博士后"八剑客"回国到安徽合肥科技岛创业搞科学研究,他们讲究的是团队打拼。有人就喜欢单打独斗,生怕别人超过他,这成不了大气候。俗话说:一枝花开不是春,万紫千红春来到。我们要有共生理念、宽容心态、诚信品质、感恩意识。您的一言一行、一举一动都影响着学校的发展。听过这句话吧:相互补台,好戏连台;相互拆台,统统垮台。道理大家都懂,但做起来不容易,比如上交材料遇到"数字有错、格式不对、理念有误、有错别字"时,就有人爱推诿责任,找别人传的原始材料来印证。我想问问您是怎么把的关?您是如何负的责?

不善学习的人会被淘汰。有些人虽然也想学习,但是不懂得学习的方法,没掌握学习的技术,肯定吃亏。处在当今这个学习型社会里,人与人之间的差异主要是学习能力的差异,人与人之间的较量关键在学习能力的较量。过去,我们把不识字称为"文盲",未来学家阿尔文·托夫勒说,未来的"文盲"是想学习而不会学习的人。

其实当今不懂信息技术的人也算半个"文盲"了,您想啊,看不懂,不会操作程序呀。过去,我们比学历,有段时间出现"文凭无用论",这是不对的,还是要学习。成功不成功主要看什么?看下班以后的几个小时您在干什么。大翻译家许渊冲先生风趣地说要向夜晚偷点时间,其实时间是一项限制因素,所有工作程序中最稀有、最特别的资源就是时间,它没有替代品,也毫无弹性,当然偷不来。那么我们就要学会管理好自己的有效时间。同事都叫我"拼命三郎",佩服我工作中大事小事都不落,每件事都做到最好,其实我有秘密法宝——高效工作法:八点上班,我七点前准时到办公室,第一件事是利用十分钟认真打扫办公室,然后坐定思考一天的工作,学校层面、学科层面、教师层面、学生层面和个人层面一个不落,分重点、列目标、有计划地开始行动,下午临下班我会简单梳理一天的工作,完成√,未完成×,至于未完成的原因、明天如何做,我都会提前想好,争取今天的工作不过夜,实在不行明天来了先做。上班近三十年,我都是如此坚持,工作也不觉得累,收效也挺高,总之是我让属于我的时间最大化发挥了作用。

央视前主播张泉灵在她势头最红的时候离开了央视。她写了一篇文章,叫作《生命的后半段》,其中有段话对我触动非常大。她说:"世界正在翻页,如果我不够好奇和好学,我会像一只蚂蚁被压在过去的一页里,似乎看见的还是那样的天和地、那些字,而真的世界与你无关。"这告诉我们必须学习,我们要意识到我们的差距。两位水平差不多的大学毕业生,一个进了外企,一个进了学校。您不觉得我们跟那些外企的白领们交往会觉得非常舒服吗?人家关注的是什么?注重个人形象,注重团结协作,注重学习,注重个人价值的提升,注重发展的机会,懂得用数据和逻辑说话,懂得按程序办事,懂得关注整个行业的趋势,从不同角度分析问题,尊重别人的时

间、隐私、讲究效率、追求目标,在几年里会被训练成一位适应社会、眼光开阔、待人接物的技巧和为人处事的方法都非常成熟的白领。我们再来看看进学校的这位学生,年轻有朝气,担任班主任,从早到晚,周末加班,无休无止地重复知识,没有时间培训,甚至没有时间"充电"。因为工作内容琐碎而具体,工作对象年龄小而幼稚,工作环境相对方便简单,没有觉得自己需要立刻大量地学习,在大学没有学过太多的社会性内容,处理一个问题,成本过高,非常生气,对身体有害,心情不好吃不下饭,脾气不知不觉变坏,身体不知不觉变差。几年后,因为太早教人而不是被人教,太早获得认可,而不是像别人有一个爬坡的过程,放弃系统的进修培训,毕业时的优势已经不存在,倾注了心血的班级毕业走人,因为当班主任出色,必须再当下去,一个更加辛苦的环境等着你,慢慢地脾气就暴躁了,开始怀疑自己的未来。咱们算笔账,如果你22岁大学毕业,不算你考研考博,男教师工作38年,女教师工作33年,我们大都会赶上延迟退休的政策,那这个时间还要更长。您那22年学的知识能不能支撑站立讲台三四十年?我想答案是唯一的,那是不可能的。所以做教师必须转变观念,我们比学生更需要学习,更要善于学习。有激情的教师迫切需要"充电",有激情的教师也要不断地调整自己。调整什么?控制自己的情绪。大家说成功有五大因素:第一,能够控制自己的情绪;第二,健康;第三,时间管理;第四,财务管理,"月光族"不行;第五,良好的人际关系。占第一位的是能控制自己的情绪。大家都想长寿,世界上都在探索长寿的秘诀。国外研究的结果出来了,长寿跟抽烟不抽烟、喝酒不喝酒、运动不运动都没有直接的关系,跟吃肉吃素也没有直接的关系,跟什么有关?心态。心态平和占长寿50%以上的因素。有激情了就控制自己的情绪,怎么控制?记住:冲动是魔鬼,抱怨没有用,一切靠自己!崔万志,蝶恋旗袍的老总,是个残疾人,考上高中,被校长踢出门外,大学毕业没有一个单位要他,从摆地摊卖卡片和小画书开始创业,现在创造了他的蝶恋旗袍。他取得了"天猫"销售第一的好成绩,一分钟在网上销售了4000件旗袍,年收入5000万。在《我是演说家》这个节目中,他的演讲题目就是《抱怨没有用,一切靠自己》,我觉得说得很直白,但却是真理。抱怨有用吗?天天抱怨凭什么教师挣钱少,我说真有挣钱多的,你去得了吗?敢去吗?有本事去吗?别人给你50万,你就要干50万的活儿!我们又不是那种高科技人才。多少钱买条命啊,哪儿没我都行,我们家不能没有我。我的想法是不怕挣得少,就怕死得早,锻炼身体多活几年不全有了。所以,崔万志说世界就像一面镜子,照射着我们的内心,我们的内心是什么样的,这个世界就是什么样。选择抱怨,我们内心充满了痛苦、黑暗和绝望;选择感恩,这个世界就充满了阳光、希望和爱。记住,一个人的好心态、大肚量、大格局都是被委屈、挫折磨出来的。

现代社会正处于转型期:效率与公平的博弈、工作与生活的冲突充盈在社会的每一个角落。无论是农民工还是白领,无论是公务员还是大学生,几乎所有人都会遭遇理想与现实的碰撞,都要承受各种压力和考验。工作与事业、婚姻与家庭、子女教育和父母赡养、住房保障和生活质量等一个又一个现实而深刻的命题需要作为个体的我们去破解和突击。马云问一个人说:"你累吗?"那个人说:"我特累。"马云说这就对了,因为清闲是给死人准备的。其实一件事儿,今天做了,明天还想做,这是事业;今天做了,明天还得做,这叫工作。但是今天我们队伍当中两种呼声很高:累、学生难管!有人说教师算什么呀,教师像把盐,吃了有点咸,家家离不了,就是不值钱。投身教育事业,学会了一天到晚身心疲惫,西服革履貌似高贵,其实生活极其琐碎,领导一叫立即到位,一日三餐时间不对,屁

大点事反复开会,遇到检查心力交瘁,家长告状回回都对,点头哈腰弯腰赔罪,挣的不多还得交税,走亲访友自己破费,囊中羞涩愧对长辈,人家还说我们受贿,教师哪有社会地位,全靠半疯半傻自我陶醉……各位教师,这些个情绪影响咱们的态度。一些教师的做法让我们很震惊,幼儿园教师打孩子,我们经常在网上看到这样的消息,用针扎,用烙铁烙,用脚丫子踹,用凳子砸,更甚者用刀子把孩子耳朵割伤,逼着孩子把卡着的痰吞进去,脱光衣服上阳台,用胶带把说话的嘴给封上了,等等。一个自称是班主任的人在网上发帖爆收拾学生的阴招,他说阴就阴在收拾学生要让家长挑不出毛病。第一大阴招错时孤立法,把这个孩子从教室里边掂了出来,别人上课让他下课,别人下课让他上课,美其名曰"单独辅导"。他说其实一个掉队的大雁会因慌乱而叫声凄凉。第二大阴招更阴,叫憋尿制胜法,让孩子直接考试三四个小时,不许他上厕所,憋死他。第三大阴招叫彪悍女生法,把班上最彪悍的女生、最爱哭的女生、毛病最多的女生向这个调皮捣蛋的孩子集中和靠拢,他无论招着哪一个都没有好果子吃。我们再看下校园当中的语言伤害,反思我们在现实当中有没有这种伤害。教师说学生:

①谁教你谁倒霉,看见你就烦;

②讨厌,你这孩子无药可救,一边待着去;

③跟家长说"您的孩子没救啦,领走吧";

④你是最差的,你别在班里混,哪凉快哪待着去;

⑤我看你这辈子算完了,你没有良心呢,现在的孩子是一波不如一波;

⑥你是吃饱了混天黑,你吃嘛嘛香你干嘛嘛不行;

⑦不懂人话了?明天让家长写一份保证书,再犯错干脆别上学了,再不改,请你家长,缺心眼子。

⑧真的不想上学了,你给我站起来,不想听你给我出去,不争气的东西;

⑨你简直就是个白痴,跟头猪似的,怎么这么懒;

⑩一边待着去,想通了再找我,低能;

⑪你这个孩子我决定放弃了,一个丫头片子怎么这么不要脸,我跟你丢不起这个人,你就是一盘狗肉,上不了席;

⑫你可真够淘的,插上尾巴就是一猴儿;

⑬你是白薯?这么简单的题都不会,你从哪个星球上来的?怎么这么笨的人?你长得像谁呀,你爸你妈也不这样啊。

那天有个孩子问我说什么是二维的呀?我说什么意思,二维不就是平面吗?她说我们老师说"把你拍成二维的"。那是"拍扁你"的意思吧。挺"科学",拍成二维的,她怎么不说把你整成3D的,那才"科学"呐。我们把这些话叫作校园的语言暴力。心理学家说这些话都是魔力标签,老师说学生"你傻呀",孩子一遇到难题就会想老师说我傻,这题我不会。但是站在老师的角度来看,老师们说,光说我们呀,我们特痛苦,太痛苦了,教也教不好,走也走不了,这些孩子不管不行,管他也不听啊,太痛苦了,真烦,烦死了,睁开眼全是烦心事。马云告诫大家别把抱怨当习惯。他说人是退化最严重的动物,跟兽比是个弱肢,跟狗比是个"闻盲",但人类进化了抱怨,偶尔为之无大碍,但抱怨成习惯就如喝海水喝得越多,渴得越厉害,最后发现走在成功路上的都是些不抱怨的"傻子"。世界不会记得你说了什么,但一定不会忘记你做了什么。各位老师,您琢磨吧:苦是人生,痛是经历,累是工作,变是命运,忍是历练,容是智慧,静是修养,舍会得到,做才能拥有。记得刚上班时,我们学校我是第二个从农村来的老师,每天六点来,晚上八九点走。在学校不与任何人拉帮结派,天天守住自己的班级,琢磨怎么把班带好,让学生各项得第

一。办公室同事说吃的、谈穿的，人情世故，我也不参与，显得有些格格不入，惹人烦，但我有定力，只要把学生教好，别人说什么我都不在意。刚上班，我两次出席郑州市优秀教师颁奖大会，所带班级期期是文明班级。工作中，我不抱怨苦和累，别人总说我激情不减。我幸福着，快乐着，期待着，我的学生成才了，家长高兴，我比他们还激动。

所以我说，有激情的老师必须静下心来备每一堂课；静下心来批改每一本作业；静下心来跟每个孩子对话；静下心来研究学问；静下心来读几本书；静下心来总结教学规律；静下心来认真反思；静下心来细细地品味跟学生在一起的分分秒秒，品尝其中的乐趣，品味其中的意义。咱们老师是干什么的，当学生精神不振时，你如何启发他让他振作；当学生过度兴奋时，你能不能让他平静；当学生茫无头绪时，你能否给他启迪；当学生没有信心时，你能否唤醒他的力量……老师们，你能否让学生觉得你的精神世界丰富而阳光，让他们喜欢你？你能让学生迸发出他的思维火花吗？你能不能让学生在课堂上学会合作，感受和谐的欢乐和发现的惊喜？我们要学会聆听花开的声音，做学生生命中的贵人。老百姓说人生有五大幸事：出生以后遇到一对好父母、上学遇到一个好老师、工作的时候遇到一位好师傅、成家的时候遇到一个好伴侣、晚年的时候遇到一个好子女；四大惜事：少无良师、长无益友、壮无善事、老无令名。人生的五大幸事、四大惜事说的都有好老师是孩子人生当中的一大贵人，贵人相助，成功之路！

三、知识

好教师的第三个素养：知识。对于一个好教师，还必须有四个要求。首先，对学科知识的把握有一定的深度和广度；第二，既了解本学科的历史,又掌握该学科的新进展;第三,研究和本学科相关的知识,例如有关学科的知识背景、实验知识、观察知识以及科学方法论方面的知识等;第四,必须把本学科的知识变成自己的一种学科造诣,并能清楚地表达出来。

  我先来谈条件性知识,这是成功教学的"金钥匙"。教育学、心理学的知识,各位教师感兴趣的话,回去打开百度网,搜一下"心理学的166个现象",它对应着166个心理学的效应,肯定有您用得着的东西。比如说第一印象效应,第一印象等于唯一的印象。开学第一天的第一节课至关重要,要使出浑身的解数来,让学生觉得你真棒,你可就棒到天上去了,学生认为你真笨,你可就笨到家了。你看我这个班主任开学第一天不用点名册点名,把孩子名字全都背下来,学生一来,按高低个排位,把排位表贴讲桌上,一天背下来。学生第二天一来,我就能把他叫出来,就连路队也按四路纵队排好,写好名字。我一下子叫出他们的名字,孩子们很诧异。我教书教了这么多年,我这科作业永远收得最齐,孩子们说了白老师记忆力超群,过目不忘,在这儿钻空子钻不了,也都不跟我顶嘴,说不过我。这是第一印象。另外你提前不做功课你怎么点名啊?今天的孩子名字多怪啊,姓马,他叫三个马搁一块,你叫不上多窝囊啊。另外有的孩子姓杜,叫子腾;姓胡,叫丽晶;姓史,叫珍香;姓任,叫丝光;姓牛,叫一群……你不做功课,你怎么点名?"史珍香,你来回答这个问题。"你还上不上课了?所以这样特殊的名字就要特别处理:哪位同学姓杜?你叫子腾吧?你这名字太好听了,同学们,以后我们直接叫他子腾,杜姓咱就不说了。现在好办,都是机器打名字,过去我们都是手写的名字,那孩子们写的名字太怪了,一个教师不是把人家"朱月坡"点成"朱肚皮"了吗,结果这孩子一辈子就叫肚皮,所以第一印象非常重要。

　　第二种知识叫作文化知识,博采众长,自成一家。校园里边知识渊博的教师会赢得学生的信赖和爱戴。以语文教师为例,无论你教哪个学段,小学阶段的六个年级,知识结构你都得清楚,知道在课堂上怎么衔接好、贯彻好,小学语文课程标准要理解、会落实。我们常说的幼小衔接、小升初衔接等就含知识上的衔接,连贯性要强,还要有跨学科了解知识的思路意识。再举个例子,杭州峰会,那名字是"最忆是杭州",大家都知道杭州峰会,为什么叫"最忆是杭州"啊?语文教师知道,我觉得不足为奇,关键是我们其他学科的教师可能不知道。这其实不是选择白居易的那首诗吗?《忆江南》三首(其一:江南好,风景旧曾谙。日出江花红胜火,春来江水绿如蓝。能不忆江南?其二:江南忆,最忆是杭州。山寺月中寻桂子,郡亭枕上看潮头。何日更重游!其三:江南忆,其次忆吴宫。吴酒一杯春竹叶,吴娃双舞醉芙蓉。早晚复相逢!)。教师的文化知识得跟上,校园里面,您知识渊博,学生就喜欢您。我给您介绍个经验。工作中需要我讲话的时候,讲话当中涉及的所有的故事、所有的寓言、所有的文章,我都要求自己背下来。背着讲,别人特佩服,因为你背着讲,大家认为是你的,你照着念,是书上的,这个感觉可不一样。国学,中国人不可不知道的文化知识,您知道吗?学生问这哪四书哪五经啊,您得会!从小学到高中、到大学,加强国学,这是中华优良的传统文化,我们的"根"不能丢。哪十恶就不能赦了,哪三教哪九流啊?古代传统节日,孩子清楚吗?所以我们做老师的要先清楚。我做了关于中国民俗文化的八个 PPT(元宵节、清明节、端午节、七夕节、中秋节、重阳节、腊八节、春节),一过节就讲 PPT 嘛,孩子们当然就清楚了。有人问一个小学生"知道屈原吗?""知道。""屈原是谁呀?""大师傅。""怎么成大师傅了?""他会包粽子!"你看这传统知识贫乏到哪儿啦。某小学有一位女老师上公开课,一学生问老师"什么是马头琴",老师说:"马死了把头砍掉做成的琴就是马头琴。"把在场听课的老师羞得不知往哪儿看合适。

我们看祖国的大好河山:

三山五岳:黄山、庐山、雁荡山;泰山、华山、衡山、嵩山、恒山。

四大名绣:苏绣、粤绣、蜀绣、湘绣。

四大名扇:檀香扇、火画扇、竹丝扇、绫绢扇。

四大名花:洛阳牡丹、漳州水仙、杭州菊花、昆明山茶。

五湖四海:洞庭湖、鄱阳湖、太湖、洪泽湖、巢湖;渤海、黄海、东海、南海。

四大明桥:赵州桥、洛阳桥、广济桥、卢沟桥。

四大名园:苏州拙政园、北京颐和园、河北避暑山庄、苏州留园。

这些知识教师得倍儿清楚,你清楚了学生才能清楚嘛!一个教师知识渊博,博采众长,学生才倍儿服我们。

在小学,我们女教师几乎是大家的注意力集中的地方,对女教师一定要进行特殊的培训。为什么?今天教师家庭稳定是学校发展不可缺少的一大要素,一个好女人就是一所好学校,能成就一个好家庭。平安的"安"字,上面一个"家"字头,下面是个"女"字,说的就是这个意思。在座的女教师,咱们来沟通一下怎么做女人、怎么做女儿、怎么做妻子、怎么做儿媳妇。第一打扮自己,甭老打扮你的孩子,你的孩子穿得再破,长得再丑,都是他(她)爸的亲儿子亲闺女,绝对不会遭嫌弃,你则不然,所以首先要打扮自己。第二少唠叨,咱们老师有毛病,就是爱唠叨,还爱管人呢。男人讨厌女人,占第一位的是唠叨,你想他宁可忍受一个丑女,都忍受不了你唠叨,你还唠什么叨呢?第三给男人留面子,你做得到吗?这是女人最大的智慧,该给面子的地方一定要给面子,甭争老大老二:"我跟你妈掉到水里,你先救谁啊?"我跟你说,中国的男人在大火当中背出来的

是自己的母亲,中国的男人非常智慧,妈只有一个,媳妇可以再娶。争什么呀,跳广场舞那大妈不跳舞了,改学游泳了,问她为什么,大妈说:"我怕儿子娶了媳妇,媳妇问我儿子,我跟你妈掉水里你先救谁?我不用他救。"儿子娶个媳妇,真问儿子:"我跟你妈掉进水里你先救谁啊?"儿子说:"不用救我妈,我妈会游泳,我不会游泳。"儿媳妇说:"你必须下水。"儿子说:"那你死定了,我妈肯定先救我。"你看你,这不是找死的节奏嘛,给男人留点面子。第四,孝敬公婆,嘴甜点,脸好看点,给钱的时候想着"早得给,晚得给,早晚得给,不如早给;多得给,少得给,多少得给,不如多给"。三点就构成一面,就这儿媳妇,公婆肯定鼎力相拥。我每次回家看到公婆年龄越来越大,还要辛勤操劳,却从不讲究吃穿,我真的于心不忍,很想通过自己的努力改变他们的生活现状。每次回家的前一个月,我都会催促爱人把凡是我们想到的父母需要的、不需要的、好的、新鲜的、稀奇的,吃的、喝的、用的东西全列个清单,贴在门上,并逐一准备,准备好一样,就在清单上打个"√"。等到临行的前一天,爱人和儿子就把回家拿的东西一件件陆陆续续往车上搬,一搬就是十几趟,把车子塞得满满当当的,这样我才放心两位老人在家的生活。因为公爹爱喝个小酒,我每次出差在外,都会给公爹捎回当地的特产名酒,让他老人家品尝一下祖国不同地方、不同风味的酒过过瘾,高兴高兴!婚姻得经营啊各位,婚姻必须经营。大家看"婚姻"二字,您数数这俩字各几画,婚字11画,姻字9画,就是要告诉咱们走进婚姻的殿堂要爱对方一生一世,两个人要天长地久,所以家庭要经营,婚姻也要经营。有人问我,婚姻是选择重要还是经营重要,我说都重要,选择要对,经营要妙。

说女人有三个层次:第一层,漂亮女人;第二层,智慧女人;第三层,带着书香味儿的智慧女人。我们要做哪个层面的女人呢?不言而喻,第三层,让书武装我们的头脑。遇到问题时,不要轻易生气,别莽撞,静一静,声音小点,等一等,事情会往好处转。

  特别生气的时候幽默最管用。我举个例子,一个老师上课,有个学生拿钢笔在老师的后背一甩,一身墨水,有人问我:"要是甩了你,你会怎么办?"我说:"我会反思。谁都甩吗?都甩我就不生气,因为同等待遇,就像泼水节,都泼了就是幸福。他谁都甩你生什么气啊,又不是单独甩你。谁都不甩,就甩我,我会反思为什么。"被甩了以后各位别生气,别着急,你发脾气批评他不管用。电视上天天播那个奥妙洗衣粉的广告,你看过吗?一个小男孩甩老师一身墨水,老师回头一乐:"没什么大不了的,我有我的奥妙。"一句广告词所有的尴尬都没有了,所以下次他也不甩你了。大家看电视时最烦插播广告,幽默地说"广告里插播电视剧"。我特别喜欢看广告,我觉得广告词是花了多少钱请人家琢磨出来的,很精细。被动地看广告有点傻,积极地看广告,你会学到不少有创意的、会给你创造思路的力量。我听说过这样一件事:一个学生上课玩手机,老师随口说了句"那个男同学明天别把'机'带来了",少说一"手"字,职业学校的学生多淘气,说"行!",答应得特好。第二天又是这位老师的课,一进门班长喊起立,老师得鞠躬啊,他一鞠,脑袋还没抬起来,昨天玩手机那孩子冷不丁地从桌子底下提溜出一只鸭子来,扔老师前面去了。这个学生就是跟老师对着干,你不是不让我带"鸡"吗?我就带鸭。您还必须想到"鹅"的问题,您处理不好有完吗?我说这个时候应该学习日本松下的管理智慧。松下说当员工犯了大错,连傻子都知道错的时候就没有必要再批评他。这个孩子肯定知道这么做是错的。第一,吓你一跳;第二,你大发雷霆;第三,你给他轰出教室;第四,你给他送德育处;第五,你请他的家长;第六,你让他写检查。在不开除他的前提下,教师您能打还是能骂呀?鸭子给你扔出

来,证明这么做对这个学生绝没有半点作用。怎么办?我说幽默最能解决问题。我肯定讲:"嘿!这鸭子出来吓我一跳,我成了那饭店的鹦鹉了。"一个饭店老板养鹦鹉挂门口兜揽生意,客人先迈左腿,鹦鹉说欢迎光临,客人先迈右腿,鹦鹉说请进请进,一小伙子看半天,心想:鹦鹉真够聪明的,还能分出左右腿了,我要俩腿一块儿蹦进去,能说什么?他一蹦鹦鹉说:"吓我一跳。"学生肯定会大笑,笑声中问题不就解决了吗?鸭子的事先搁一边儿,接着上课,下课没有必要给他送德育处,你往里头送,孩子会想你这个老师黔驴技穷,你管不了他。找个没人的地方,二两棉花单谈,然后跟他说:"怎么着,你明天会不会再扔出一只鹅来,后天给我牵只羊来,大后天哄头猪来,再给我抱一只猫来,弄一条狗来,你说你们家还有什么家禽呢,还有什么动物一块都给我弄来得了,你不就想吓我一跳,没意思,鸭子拿走。"这不就完了嘛。

另外,您了解您的学生吗,您研究过他们的气质吗?哪些孩子是胆汁质?这学生你招他干嘛呀。他那脸比他那个命都值钱,张飞、李逵、程咬金似的。"某某某,别说话了。""没说。""你说了。""没说。""你说了。""没说。"这不是练声嘛,接着你怎么弄,你怎么着他就死不认招,甭理他,这种孩子就是不能当着面批评他,他是吃软不吃硬的主儿,然后课后二两棉花单谈,来软的不来硬的,选干部,充其量给他个体育委员。多血质、情商高的孩子,班长材料,也是我们班主任的材料,你看我典型的多血质,一上学就是班长,上班就是班主任。说到黏液质的人,我就想到鹦鹉的故事,主人教鹦鹉说话若干天,就会俩字:谁呀。有一天来一收水费的,嗒嗒一敲门,鹦鹉问:"谁呀?"外边儿说:"收水费的。"收水费的一听里面有人,接着敲呗,嗒嗒一敲,鹦鹉问:"谁呀?"外边儿说:"收水费的。"晚上主人下班回家发现一个人口吐白沫躺在家门口,非常纳闷:"这人是谁呀?"里边鹦鹉说话了:"收水费的。"这收水费的典型的黏液质,敲不出人来誓不罢休。课堂上遇见这么个孩子你非得跟他较劲,你不以失败告终谁以失败告终?除非你自个儿也是黏液质,俩黏液质碰一块儿这课绝对没法上了。选这种孩子当干部:卫生委员、生活委员。抑郁质、林黛玉似的人多愁善感、严谨细致,适合做学习委员,对于这样的孩子,一定要多一些关爱,拍拍肩膀啊、摸摸脑袋啊,让她觉得你喜欢她。

另外对学生要做到"16 知晓",这 16 个方面都得了解:

知晓学生的姓名含义、知晓学生的生活习惯、知晓学生的个性特点、知晓学生的行为方式、知晓学生的思维方法、知晓学生的爱好兴趣、知晓学生的困难疑惑、知晓学生的情感渴盼、知晓学生的心路历程、知晓学生的知音伙伴、知晓学生的成长规律、知晓学生的家庭情况、知晓学生的上学路径、知晓学生的社区环境、知晓学生家长的思想、知晓学生家长的愿望。

比如情感渴盼,一些单亲家庭、留守家庭的孩子在学校就折腾,知道为什么吗?就想让你请家长,他说了,只有在老师请家长的时候,他才能看见自己的亲生父母一面。一句话,竭力知道学生成长中的一切,你才能做个好老师。

第三,什么叫和本学科相关的东西?我们教语文生字,孩子们眼中那"避免"的"免"字跟"兔子"的"兔"字真分不清,别怪孩子,大人也这样。有这样一件事,比较早了,一个老师退休他儿子接班,领导问:"你一年级教得了吗?"他说:"教得了。"汉语拼音都不懂,还教得了。有人听课,他就教这个"兔"字儿,跟学生说:"跟我念啊,m-i-an 兔",我们说你都 mian 了,干吗还兔啊?所以老师们在知识点的准确度上要把好关,不能教错,那将会影响孩子的一生。怎么让孩子能分清?各位老师,其实课堂上讲个笑话就齐了:兔对兔说,

以后上厕所能不能擦干净一点，把那"点"儿擦干净咱俩就一样了；宝贝的贝对再见的见说，还练劈叉呢，小心把裤子整开缝了；狗熊的熊对能力的能说，都穷成这样了，四个熊掌呢？你卖了？兵对丘说，踩上地雷了，俩腿炸没了；驴对马说，哥们儿跑得快管什么用呀，快把户口上上啊。游戏当中，学生就都清楚了。一个美国老师讲下雨这节课，就比咱们多干一件事，让每个孩子带一把伞来。课堂上把灯关上，窗帘拉上，打把伞，把眼睛闭上，老师开始放下雨的录音，小雨、中雨、大雨、暴风雨，孩子们闭着眼打着伞，清晰地感受到了在雨中的那份情结。我们的数学老师讲鸡兔同笼，小学五年级已经接触了这个东西，过去是奥林匹克竞赛的试题，现在小学五年级的数学鸡兔同笼的题就不少了。网上一篇文章很有意思，朋友到土豪家串门，土豪的儿子正在做数学作业，鸡兔一共15只40条腿，问几只兔子几只鸡？朋友说设鸡为X，设兔为Y，非常正确，典型的二元一次方程。土豪说没这么复杂吧，假如15只鸡和兔子训练有素，"嘟"一声哨响，它们抬起一条腿，地上少了15条，40减15等于25。"嘟"又一声哨响，他们又抬起一条，地上又少了15条，25减15等于10。鸡还有腿吗？"吧唧"坐地上了，兔子还站着呢，每只兔子抬起两条腿，还剩两条腿，现在地上一共剩10条腿。10除以2等于5，5只兔子10只鸡。你看没有列方程解决了吧，鸡兔同笼解决了吧，它是另外一种思路。再来一道题巩固一下，鸡兔49，100条腿地上走，问几只兔子几只鸡？吹哨呗，嘟，49，嘟，49，地上还剩几条腿呀？几只兔子？1只兔子，48只鸡，很有意思。老师们，工作跟生活别分得那么清，学习数学就是要解决生活中的问题。

不管您是哪个阶段的老师，您课堂上得有点幽默的因素。孩子上课打盹睡觉很正常，我觉得非常正常。四个原因，第一个现在的孩子有点磨蹭；第二，诱惑太多，iPad、手机、电脑、电视、图书、电话；

第三个交通问题;第四个咱留的作业也不少。孩子上课打个盹睡个觉特别正常,甭找班主任去解决:"管好你的学生,上我的课老睡觉!"不是班主任的事儿,是您自己驾驭课堂的能力不行,困就歇会吧,傻子才不休息呢。给学生表演个小魔术、讲个笑话不就行了。小学老师不会讲笑话,不会讲故事哪儿行,您得是故事大王啊,张嘴就能来。小狗问狗妈妈:"妈妈,幸福在哪里?"狗妈妈说:"在你尾巴尖儿上。"小狗够了半天:"妈妈,我得不到幸福。"狗妈妈说:"孩子,只要你抬起头来往前走,幸福就会跟着你。"就这样一个一个小故事,您肚子里有多少? 一个优秀的班主任,肚子里边得有二三百个故事。您的班会就这么难搞啊? 我就说咱们小学班主任那班会多好开啊,找个寓言,分分角色,分成几个小组,挨个儿演,哪个组演得最好,谁是最佳演员,您看奖项就出来了,都演完了坐下,咱们讨论一下演的这个故事说明什么道理呀,孩子们一讲道理,最后班主任两分钟总结,啪,主题一提炼,下课!多好的主题班会。另外,您会讲笑话吗? 根据您所教孩子的年龄特点,您准备些个笑话。下面说一个小孩子的笑话。孙女跟她爷爷说:"爷爷,我问你个问题。"她爷爷说:"问吧。""您听过大猪说有小猪说没有的事吗?"他爷爷说:"没有。"孩子特别乐:"爷爷你是小猪。"根据孩子的特点,您肚子里真得有点相应的笑话。

  有时候很有意思啊,人生就像蹲坑,你已经很努力了,结果却啥也没有。我给我的学生发了一个笑话,他们都向我表示感谢。我发了一个什么笑话? 今天我被单位开除了,原因是这个样子的:上班以后领导发了个通知,上午十点带着那个吃饭的家伙到会议室集合,我去了以后,看别人一人拿一台笔记本电脑,就我傻里吧唧拿一只碗儿。学生看了以后说:"老师,估计我也是那个拿碗的。"就是这一个笑话,笑完了之后,特别是同事之间的关系就融洽多了。

另外,我们看一下什么是好的课堂评价。挺简单,四个"一":一句真诚的鼓励、一副慈祥的笑脸、一束赞许的目光、一只肯定的大拇指。咱们这个食指指头用的太多了,拇指用的少。四个"一"您试试,会在学生身上发挥神奇的效应。其实课堂用语,您琢磨琢磨,孩子发言声音小一点,您怎么提醒啊。有老师说"大点声!",你当时心里怎么想:别跟那蚊子叫似的。你换个方式:"孩子,在不费电的情况下,能不能把音量调得大一点?"课堂用语嘛,让孩子怎么喜欢你怎么说,跟那个"大点声"比比,孩子喜欢哪个呀?课堂评价是非常重要的,评价还要具体,有质感和画面感,让学生感受到评价后的幸福和力量。我建议遇到好玩的东西,及时把它下载下来,做成PPT,这就备好了。你要建一个库,把好玩的东西建成一个库——幽默笑话库,孩子困了累了,"啪"调出一个两个来,半分钟一分钟解决问题。现在国家提倡"三通两平台",班班通很方便,你要会熟练运用才行。

什么是高效课堂?高效课堂绝不高在形式上。孩子们体验到的是效率高、品质高、兴趣高、参与度高的课堂经历,您提供的信息量、思维量、训练量要高于普通的课堂。

最后来说老师怎么把本学科的知识变成自己的一种学科造诣,清楚地表达出来。我建议您,咱们的手机都有录音功能,录下自己一节课讲课的内容,回去好好听一听。您讲课有语病吗?很多人都有,反正、那么、然后、就是、啊……听听您有什么口头语,学生都知道,但就是不说。我上小学时我们语文老师是一位胖胖的女老师,她小学二年级毕业就来教我们,喜欢用"啊"字。她一来就有调皮学生拿支笔拿张纸,放的位置也准备好了,胖老师"啊"一下画一道,"啊"两下画两道,每节课都给她数,有一次一数56个道。所以说,老师的语言首先要过关,要干练,要连贯。

四、能力

好教师的最后一个素养是能力。

第一是交往能力。交往能力有三个秘诀,具体表现在:①关心别人胜过关心自己;②三"不"三"多",即不指责、不抱怨、不批评,多赞美、多表扬、多包容;③善于倾听,善于沟通,无知而热情胜过博学而冷漠!

第二是先天能力。第一,您的声音您录下来,听听您的声音怎么样。有人声音不好听,太高不行,太低了也不行。您的语言要妙趣横生。有一年考试前我做心理疏导:"报告大家一个好消息,明天是最近高温天气以来最凉快的一天。"好事儿吧?一个学生立刻站起来,一脸的凝重:"老师,那后天呢?"他非得说后天,恰恰后天温度非常高,你看我就乐了,我说:"你管后天干嘛,明天先凉快一天呗。咱不说了嘛,该吃吃该喝喝,遇事别往心里搁;泡着澡,看着表,舒服一秒是一秒。"哈哈一乐,紧张的情绪没有了,所以说语言要妙趣横生。另外,您那眼睛会说话吗?老师的眼睛必须会说话,给个眼神就让学生知道你是在批评他还是表扬他。有个老师看班上一个犯错的学生,每天上课前看他五秒钟,不出三天,把他看毛了,主动找老师承认错误、改正错误。另外,老师的表情也很重要。有的老师"苦瓜脸",不会微笑,怎么能搞好与家长和学生的关系?有人说,那我一笑学生就不怕我了。错,我的学生最怕我的是什么事,一进教室:"杨小胖,来!"杨小胖立刻低头反思"最近怎么了",是吧?不是说你笑他就不尊重你,你绷着他就怕你。脾气,有人爱拿脾气说事,我脾气不好,我脾气特好,我知道亮出脾气是你的本能,收起脾气是你的本事,你的脾气好不好,关键是你有没有本事把它收起来。还有个性,有人穿着祖胸露臂,一说这是我个性,我们希望你有个性,

但是要鲜明唯美。有些方面不能由着您来,您选择了老师这个职业,在某些方面个性必须服从于共性,这是师德的最基本的伦理。气质要超凡脱俗,言谈举止、待人接物像个老师样儿;人生要阳光幸福,不提倡我们的老师晕倒在讲台上,更不希望我们的老师死在讲台上,老师的人生应该阳光般幸福。别人羡慕我在哪儿?第一工作做得有点成绩,第二家庭处理得非常好,人生很幸福。这需要您经营,跟您挣多少钱没关,跟您的社会地位也没太大关系。

第三是管理能力,也即您的"五勤":"脑勤"还要"会想"、"眼勤"还要"会看"、"嘴勤"还要"会说"、"腿勤"还要"会跑"、"手勤"还要"会写"。我们常说懒在腿上,坏在嘴上,"五勤"中有智慧才行。现在咱缺什么?缺第五项,"手勤"做得不好。心中有问题,努力求答案,探索有方法,过程有记录,结果有表达,您做到这些了吗?为什么写论文没得写?因为手不勤啊。其实不用研究,你就是如实记录,姓名、性别、年龄、家庭背景、他的表现、你的困惑,这叫问题的提出,就放这了,你就研究他,今天干啥了,你怎么做的,明天干啥了,你怎么做的,一段时间下来,看看有没有改进,有,成功案例,没有,失败案例,无论成功和失败,都可以写成优秀的论文。

第四是懂政策。很重要的一点,不能做法盲教师,要依法执教。《中华人民共和国未成年人保护法》《中华人民共和国预防未成年人犯罪法》《中小学教师职业道德规范》,还有我们班主任工作的暂行规定,这些政策性的东西你必须得明白,否则可能会做过度的事。因为学生未交作业,老师让学生自扇耳光,还不解恨,在旁边不停喊着"使点劲",结果学生造成耳膜穿孔,这位老师被判3—5年,各位,您说这值吗?

第五是有想法。明白自己的身份、价值、视野、地位、方向和不足,才不会做过度的事。要针对个人承担有想法,针对班级管理有想法。我刚来郑州工作时,要求自己首先把学历进修上去到本科,其次要求自己每周在报纸上发表一篇文章,还要争当优秀教师,有一必争,有旗必得。

老师们,咱是细节管理、爱心管理、规范管理、艺术管理。要学会建立自己的储备库。你有储备库吗?这可能切中了很多人的要害。没储备库不可以啊,现在有电脑多省事啊,德育故事库、学生案例库、活动素材库、管理方法库、幽默笑话库……你得有储备库,有储备库你就方便多了。幽默笑话,你这一届讲了,下一届还可以接着讲啊,慢慢的你笑话就越来越多了,素材越来越丰富,你不就"能耐"了吗?要不断积累,有备而来。有时候你觉得手忙脚乱,建议你有工具箱啊。年轻老师要准备一个工具箱,这个工具箱干什么的?应急用的。我们谁都不愿意出事,但是意外避免不了,工具箱就是应急用的。遇到紧急的事不慌,你的工具箱里面有笔、本、针线包,有学生的资料,有家长的电话,有就近医院的电话号码,有保险公司的电话,有事拿着就走,省得手忙脚乱。

第六是有特长。你有特长吗?我特长不多。一个多才多艺的老师,学生都会喜欢。老师得有点特长,功底要扎实。班主任要在哪些方面有功底?第一,教育故事演讲。大家都讲教育故事,但有的讲得很感人,有的平铺直叙,这不是一种能力,而是一种功底。你看讲笑话,有人讲笑话,别人乐得哈哈大笑自个儿不乐,有人自个儿乐得前仰后合听的人不乐,这就是语言功底问题。第二,班会课或者班级活动设计。开学之初,你想培养学生良好的学习和行为习惯,设计"习惯、性格、命运"班会,播下一个习惯,收获一种性格;播下一种性格,收获一种命运。要引导学生深谙"予人玫瑰,手有余香"的道理,学会更多地去关爱他人,设计"关爱生命,关心同学"主题班会,让关爱成为一种习惯,这种习惯不仅可以传递,还可以无限

延伸下去。为了让学生有责任担当意识,设计"责任与担当"主题班会。责任是一个人对人生义务的勇敢担当,是对自己所负使命的忠诚和信守,责任感是立足于社会,获得事业成功与家庭幸福至关重要的人格品质,让学生明白一个勇于承担责任的人,才能够担当大任,才会因为这份承担而让生命更有力量。考试前为了及时调整学生的心理状态,克服考前紧张心理,让学生以一个比较轻松的心理状态迎接考试,设计"瓦伦达效应与应考"主题班会("瓦伦达效应"即为了达到一种目的总是患得患失的心态,对策:专心致志、熟能生巧、平常心)。法拉第说过"拼命去换取成功,但不希望一定会成功,结果往往会成功"。第三,情景答辩,这是很要功夫的功底。我举个例子,王林用他的肩膀顶住了下滑的货车,救下了坡下玩儿的那一群孩子,请问如果坡下玩儿的那群孩子都是您的学生,接下来您要做什么工作?这叫情景答辩,是要功夫的。第四,才艺展示,面试答辩时记住带好你展示的材料与道具。

第七是会借力。借什么力?各位老师,我来谈谈网络的力。网上说顶撞妈妈是有条件的,父亲告诉儿子下列十件事做到一件,你才有顶撞妈妈的权利:①肚子塞一颗篮球达10个月(怀孕);②连续3个月每吃完一餐就须催吐(孕吐);③乳头被别人吸到破皮达一个月(喂奶);④接受皮鞭抽打达48小时(生小孩);⑤10个月不能喝冰水、咖啡、茶;⑥5个月睡觉不能翻身;⑦10个月不能出游远行,不能跑跳;⑧10个月不能生病,实在要是病了,也不能吃药;⑨生完孩子把屎把尿一个月;⑩晚上睡觉每两个小时起床一次,清醒30分钟,长达一个月。就这个素材,我们的班主任老师注意,不但可以讲给我们的学生听,家长会还可以讲给咱们家长听,因为这是一个非常智慧的父亲。有的老师说"我不会讲话,讲不到点儿上"。着什么急呀,网上有的老师特会讲,全都讲到点儿上,可拿来借鉴一下。"别当趴在窗户上的苍蝇,只有光明,没有前途""不要以为小就不想努力跑""滴自己的血,流自己的汗,自己的事自己干""靠天靠地靠老子,都不是好汉",多响亮的口号啊。"我爸很有钱,干嘛我要学?"老师说"你现在花他们钱是他们的义务,考上大学花他们钱是他们宽容,大学毕业花他们钱是你的耻辱"。世界上最厉害的不是钱袋,是脑袋。2007年美国调查,博士、硕士毕业的年收入79 940元,学士毕业的54 689元,高中毕业的29 448元,高中没毕业的19 915元。这个调查就帮助我们落实了一件事儿,哈佛图书馆墙上有20条训言,其中有一条写的是受教育的程度代表收入。我先跟老师们讲,班主任要会借力,这样你会省点力,因为网上有的班主任做得非常好,而且讲得也非常好。关于对孩子的奖励方式,各位老师,中国孩子内驱力缺乏是咱们的通病,跟咱们的奖励方式不能说没有关系。西方不用咱们这种奖励方式,盖印章啊、小红花呀、换卡呀,不是这样的,人家是什么?咱可得好好学学:坐老师的座位,这是体验权威感和荣誉感;和喜欢的人一起午餐,这是自主选择的权利;此外还有给学生家长打表扬电话、排练的时候站在最前面、今天可以减少作业量、挑选午餐音乐、把班里的录音机带回家一晚、可以使用彩色粉笔、可以邀请校内嘉宾来班里做客、随时可以喝水、随时可以用卷笔刀、到低年级服务、给图书管理员做助手、邀请其他班的朋友来班里共进午餐、按自己的意愿换座位、跟老师共进午餐,或者用班里的录音机录一个故事、在游戏当中做主持人、获得更多的休息时间、读书给低年级学生听、休息的时候第一个挑选活动器材、给班里选择课堂观看的电影。我不是说西方的都是好的,最起码他们这种奖励方式给我们以启示,这叫借力。

第八,会评价。有效的课堂评价用语应具备以下几个功效:一是善于引导,让学生敢说;二是敏于点拨,让学生好学乐学;三是表

达赏识,让学生乐于模仿;四是鼓励评价,让学生体验。

下面,给大家分享一些我平时积累的课堂评价用语,希望能给老师们一些启示。

①在这个问题上,你可以当老师了!

②你分析问题那么透彻,老师真希望每节课都能听到你的发言。

③这么难的题你能回答得很完整,真是了不起!

④你这节课发言了好几次,看得出来你是个善于思考的好孩子。

⑤你的想法很有创意,看来你是认真思考了。

⑥你真爱动脑筋,这么难的题你都能解决!

⑦你好厉害!敢于向书本提出问题,你的勇气令人羡慕!

⑧通过你的发言,老师觉得你不仅认真听了,而且积极动脑思考了,加油!

⑨你预习得可真全面,自主学习的能力很强,课下把你的学习方法介绍给同学们好不好?

⑩谢谢你指出了老师的错误,使老师不会错一辈子。

⑪你的进步可真大,老师为你感到高兴!

⑫你虽然没有完整地回答问题,但你能大胆发言就是好样的!

⑬老师真想在下节课看到你更出色的表现!

⑭对学习较吃力的学生说:"老师相信你经过努力一定能行!"

⑮你很勇敢,第一个举起手来,说错不要紧,关键是敢于发表个人见解!

⑯希望下节课你是第一个回答问题的人!

⑰虽然这句话读错了,但老师和同学们都很佩服你的勇气,下次努力!

⑱你的声音真好听,你能大声读一遍吗?

⑲你提的这个问题真好,谁愿意帮助他解决?

⑳你们不仅说得好,还很会听取别人的意见和看法,真好!

㉑你们说他(她)是不是天天在进步?老师相信你,对自己要充满信心!

㉒同学们真精神。能不能站起来让老师看看?啊!站起来以后更精神,就像一棵棵挺拔的小白杨!相信你们自主学习、发言的能力会更让老师佩服。

㉓咱们班的小歌手今天回答问题的声音怎么这样小呢?同学们还想多听听你那清脆的声音呢,再大声回答一遍问题好吗?

㉔虽然课文中有许多你不认识的字,但你一直努力把课文读完,你是个有毅力的孩子。有了这种毅力,还有什么事情能难倒你呢?

㉕来,请你谈谈这个问题。我从你的眼中看出来,你的心中一定是有了与其他同学不一样的看法。勇敢地站起来!

㉖你们是老师心目中最棒的孩子,现在老师需要你们的帮助!

㉗这个问题你处理得太棒了,连老师也自愧不如,继续努力吧!你一定会更出色!

㉘你真了不起,竟能想出如此独特的方法,很有新意,大家用掌声鼓励他。

㉙你真是一个知识渊博的孩子,你懂的比老师还多,老师都有些羡慕了,继续努力啊!

㉚你们都是有心的好孩子,发现了生活中这么多的数学问题。

㉛你是一个聪明的孩子,如果你能再守纪律些,老师会更喜欢你,真希望那一天早日到来!

㉜你的想法真不错,向你学习。

㉝哎呀,你的见识可真广,懂得这么多的知识,老师和同学们都向你学习。

㉞你的想法真有创意,你愿意进一步谈谈你的构思吗?

㉟你是个聪明、可爱的孩子,可是你学习不稳定,为什么呢?你经常忘记老师布置的作业,老师多么希望你从小养成做事认真的习惯。对了,还要把上课做小动作的毛病改掉,好吗?老师相信你!

㊱每次见到老师,你总是甜甜地问一声:"老师好!"老师非常喜欢你,但在课堂上,老师多想看到你高高举起小手呀!不要把手放在角落里,好吗?要展示给别人看,相信自己!

㊲你和同学们赛跑得了第一,老师相信你的学习成绩也会像你的赛跑一样得第一的。

㊳你的解题思路很奇妙。

㊴你的语言组织得这么好,可见你的语言表达能力非常强。

㊵你是个爱动脑、会提问的好孩子,掌声送给你。

㊶你真行,一次比一次有进步!

㊷我相信,只要你认真思考,这道题你一定能做出来!

㊸你认识的字真多,真是"识字大王"啊!

㊹你提出的数学问题可真多,注意观察周围的事物,你可真细心啊!

㊺你提的问题很有价值,都快成小老师了。

㊻学习并不难,只要你课前预习,上课积极参与,课后认真复习,成功就属于你。

㊼你一直都是一个聪明的孩子,要是遇到问题能再认真思考一下,那可就太棒了!

㊽老师知道你已经努力了,回答错也没有关系,你在老师心里是好样的!

㊾老师真高兴，你能勇敢地举手并站起来回答问题，大胆地说出你的想法吧！

㊿你的进步真快，没想到你这么聪明！相信你还能说得更好！

(51)你敢于发言，是一个真正的男子汉。

(52)比老师说得都好，老师真羡慕你，我也要向你学习。

(53)老师伸出大拇指说："瞧，大拇指在向你点头微笑，它在说你是最棒的。"

(54)你的这种解法很独特，把你是怎么想的告诉大家，让同学们与你共享。

(55)你真让人感动，老师喜欢你的敢想、敢说、敢问和敢辩，希望你继续保持下去。

(56)你的发言很有独到之处，你也善于发现问题，大家都应该向你学习。

(57)瞧！问题在你面前害怕了。

(58)问题小老鼠跑出来了，同学们能消灭它吗？

(59)错了，没关系，下次努力！

(60)你的字如果再大点会更漂亮！

(61)你的作业又进步了，再整齐点会更好！

(62)你的表达能力真棒，同学们都应当向你学习。

(63)只要你努力，我相信你的学习成绩一定会上来的。

(64)没关系，说得很好，再来一遍好吗？

(65)你讲的数学小故事真精彩，把老师和同学们都吸引住了，能再讲一个吗？

(66)第一小组同学合作完成了老师布置的任务，你们的速度非常快，出乎老师的意料。

(67)你的想法太奇特了，老师真为你高兴。

㉘老师希望同学们再接再厉,取得更大的进步。

㉙不用着急,慢慢说,大家相信你一定会说得很好。

㉚从你高举的手里,老师感到了你的求知热情,让我们为你的求知热情鼓掌。

㉛你能勇敢地站起来回答问题,有进步!

㉜你能想出这么好的办法,真不简单,你的进步可真大!老师相信,如果你再努力一点,下次肯定会更好!

㉝说错是正常的,老师最喜欢爱说的孩子了,没关系,再说一遍!

㉞你做这道题的方法比老师的方法还简单,到目前为止,你的方法是最出色的。

㉟你回答得很正确,思路也简洁,若声音再响亮一点,就更好了。

㊱你的声音真好听,能再大点声吗?

㊲这次考试成绩你有很大的进步,老师为你的进步而高兴。

㊳字写得比老师写得还漂亮。

㊴你的自信心强,这是你最大的优点,但也要多与其他人沟通。

㊵你的作业有进步了,加油啊!

㊶你的字很漂亮,再认真点会更漂亮。

㊷你今天的作业方法多样,你真厉害!你真棒!

㊸你的想法很好,希望你做得更好。

㊹你的作业真整洁。

㊺你很有创造力,但还要继续努力。

㊻你常常给大家惊喜,因为你有创新思维。

㊼你每天都有进步,老师真为你高兴。

㊽大胆一些,勇敢一些,经过努力,成功一定会属于你。

㊾大家都很佩服你,因为你处处与众不同,表现那样出色,老师都为你骄傲!

⑩你回答问题时是那样认真,声音是那样响亮,老师都被你感染了。

⑪我们这个团结、奋进的集体有着巨大的凝聚力、号召力,不存在差生,你们都是最优秀的。

⑫同学们要永远记住这样一句话:科学上没有平坦的大道,只有无畏劳苦沿着陡峭山路攀登的人,才有希望到达光辉的顶点。

⑬相信你能行,再认真想一想,别着急,你一定行。

⑭难题最怕认真的人,你就很认真。

⑮猜一猜,想一想,做一做,创造之门就被你打开了。

⑯别把你的聪明藏起来。

⑰别害怕,我们支持你!

⑱你确实很会思考。

⑲你的发言很有条理,也很有见解。

⑳你充满自信的发言真棒!

㉑我为你今天的表现感到骄傲!

㉒你的自学能力真让我惊讶!

㉓你的语言组织能力真棒!

㉔我真喜欢你努力钻研的精神!

㉕你是一个勤奋好学的学生,你今天的表现就说明了这一点。

㉖你在学习上的这种尝试精神很可贵。

㉗你这种探索学习方式很值得我们学习。

㉘你是一个有志气的孩子,今天的作业就证明了这一点。

㉙你的回答真棒!老师为你高兴,因为你在不断地进步!

㉚没有想到同学们这么聪明!老师真低估你们了。

㉛你的观点很新颖,这种想法真独特,你的创造性观点让同学们都受益匪浅。

⑫你真有毅力,一次次做错,一次次重做,终于做对了,老师很佩服你!

⑬老师看得出你正在积极思考,说错了也没关系,能大胆举手就是一大进步。

⑭你能用不同的方法解题,把学到的知识应用到实际中去,真了不起!

⑮你找出了老师的错误,真会观察问题,其他同学也要认真努力,下次留给你们。

⑯你的作业越来越工整了,老师批改起来一点也不费劲。

⑰你的字写得多棒呀!

⑱请大胆地向全班同学亮出你的观点,说得有道理的我们将给予掌声鼓励。

⑲再试一次,一定会比刚才更好!

⑳同学们,让我们一起帮助他,让他取得成功!

第九,有目标。班主任是"高参",不是保姆,班级活动能不能拿奖,关键看"高参"怎么样,出奇才能制胜。记班级活动台账,杜绝"黑瞎子掰棒子",掰到最后就记得一件事。这个台账每天只需花费三到五分钟,一是可以帮着你申报优秀班集体,二是在第二轮的时候你就省事儿了,看看上一轮儿这天干嘛来着,哪个活动比较好,这学期是不是可以接着做呀,不断地提高,不断地完善,越做越好。

第十,敢教育。作为教师,尤其是班主任,要对自己的学生敢教育,要求自己的学生特别有礼貌,特别守纪律,外塑形象。告诉孩子这是人生旅途中你的介绍信,也是你的通行证,要遵纪守法,有社会公德,有良好的交流艺术和人际交往技巧;要特别能吃苦,特别能忍耐,成大事者必能忍大孤独;学习上必须耐得住寂寞,宁可苦学几年,不能苦贫一生;现在睡觉只会做梦,今天学习才能圆梦;自知自律方能从容面对未来,而不是他律;特别有志气,特别有作为;要明白制定短期目标和长期目标的重要意义,不能常立志,要会立长志。孟轲说,人若无志,与禽兽同类。墨子说,志不强者智不达。有人说,山溪的理想是大海,臭水沟的理想就是鱼塘。我们为什么要进行励志教育?人不可能事事行,也不可能事事不行。一事行不等于事事行,一事不行不等于事事不行。今天行不等于明天行,今天不行不等于明天不行。做事不行不等于做人不行。人到底能走多远,这话不要问两脚,要问志向;人到底能攀多高,这事不要问双手,要问意志。你若知道自己的方向,世界都会为你让路。有一首歌特别好:"人生就是一本书,自己写来大家读,有的章节很精彩,有的段落却模糊。阴晴圆缺平常事,还有脸笑心在哭。不说什么无怨无悔,不说什么十分满足,只知道人生在世就一回,怎能做那多姿的盆景树,回首漫漫来时路,脚印个个好清楚。"

结　语

各位老师,人生需要正能量:

要用别人的智慧充实自己,不用别人的智慧贬低自己(自卑);

要用别人的成功激励自己,不用别人的成功折磨自己(嫉妒);

要用别人的错误提醒自己,不用别人的错误娱乐自己(幸灾乐祸)。

只要你坚实地走好脚下的每一步,人生一定会丰富。

真正走进常态的教育科研

——教育科研培训

引　言

今天我们需要探讨一个问题,就是中国的教育已经走到了哪里。在座的各位老师都知道,我国教育从应试教育到素质教育,再到今天提出的"学生核心素养培养",教育随着时代需求的变化一直在变革发展,但是宗旨不会变:立德树人。20世纪初的第一次课程改革,在教学活动中强调三维目标(知识与技能、过程与方法、情感态度价值观)作为素质教育的抓手。如今"十九大"有了新提法:核心素养是落实立德树人、发展素质教育的抓手。所谓核心素养,就是培养学生应具备的适应终身发展和社会发展需要的必备品格和关键能力。品格是做人的根基,能力是做事的根基,我们要做有根的教育,把孩子们培养成会自我管理,会尊重他人、尊重社会、尊重国家,从小认真做任何事情的人。那么,如何使核心素养的理念不沦为一个空泛的口号?关键在于行动落实,特别是教学的目标追求——学生的实际获得,也就是能力提升。研究发现,深化改革必须盯住课堂、落实课程、研究课题!要想完成教育大任,我们不能只做教书匠,还要会做能研究的教师。

如果你想让教师的劳动能够给教师带来乐趣,使天天上课不至于变成一种单调乏味的义务,那你就应当引导每位教师走上从事研究这条幸福的道路上来,让教师取得自信,取得幸福,教有作为。

——(苏联)苏霍姆林斯基

看来,研究是幸福的,更是智慧的。当我们怀揣教育梦为事业拼搏时,首先要让自己做一个身心健康的人,一个生活多彩的人,这样才可以为实现我们的梦想打下坚实基础。

(1)身体健康

①每天早晨喝一大杯水,唤醒身体,开启美好的一天。

②每天吃一次时令水果,补充维生素C,精力充沛。

③每天练一小时瑜伽,修身养性,平静内心。

④每天步行一千米,调节生理平衡,遇见清新的早晨。

⑤每天用热水泡脚,身体湿寒的教师用热水泡脚时可以加一把花椒逼出体内的湿寒。

⑥每周不少于一次游泳或爬山运动,体悟运动的快乐,感受大自然的馈赠。

⑦每两周去一次桑拿房,出出汗,排排毒。

⑧每年一次身体检查,防患于未然,让爱我的人安心。

(2)心理健康

①一米以外照镜子(看到的是别人眼中的自己,打扮得体,端庄优雅,像个老师样,增强自信心)。

②让微笑成为习惯(微笑是人生通行证之一,给人"特别有礼貌、特别懂规矩"的舒服感)。

③打造"大智若愚"的"爱吃亏"形象(讲"夸"字,吃大亏有人夸,人要成功修炼三吃:吃亏、吃苦、吃气)。

④倾诉是缓解压力的有效途径(听音乐,让自己内心阳光起来,才能做有温度的温暖教育)。

⑤相信办法总比困难多,这个心理暗示法很有用,告诉我们遇事不推诿、不抱怨,可以让人保持好心态。相信心态影响人的能力,能力影响人的命运。在某种程度上,信念和心态比技术和方法还重要。

有时与老师们交流关于"做课题、搞科研"这件事时,老师会说"课还没教好,搞什么科研?科研不是什么人都能搞的"。其实啊,他是把自然科研和教育科研混为一谈啦。平时我们工作中遇到问题,找方法解决它就是教育科研的过程,教育科研始终在我们身边。

从名称来看:

教研——教学工作研究;

教育科研——教育科学研究。

从目的来看:

教研——解决问题,提高教学质量,偏重对学科教学中具体教学现象及问题进行微观分析,加以解决,从而提高教学质量;

教育科研——解决问题,提高质量,探索规律,提炼经验,推广开来,是一种较高层次的研究活动,其成果直接为教育实践和教育未来服务。

教研是科研的基础和前提,科研是更高层次的教研,教育科研是促进教师专业发展的有效途径。网上做过一项调查"校长们最关心的问题有哪些",第一位就是教师专业成长。教师直接决定教育质量,那么新时代对教师有哪些要求?

一、新时代合格教师

1. 做一名合格的教师,就要牢记以学生为本,师德为先

好教师素养的内容之一就是师德,要具备"深爱、奉献、责任心、使命感、自尊自律"品格,做学生健康成长的启蒙者和引路人。这里强调"爱",爱需要能力并对孩子充满爱。没有理解,您的爱是一种

盲目和无知;没有尊重,您的爱是一种支配和控制;没有宽容,您的爱是一种苛求;没有平等,您的爱是一种专制和功利;没有责任,您的爱是一种轻薄;没有给予和关怀,您的爱是一种空洞和苍白。

2. 做一名合格的教师,必须走专业化可持续发展的道路,注重自己的能力建设

(1)要有广泛的爱好,丰富自己的知识

我们说,人生在做加减法,我们无法延展它的长度,但可以通过学习、阅读等方式丰富自己的知识,增加宽度。

(2)要有扎实的专业能力

无论小学教师还是幼儿园教师,都要能说会画、能思会写,甚至能弹会跳,具备阅读力、思考力、表达力,掌握与领导、同伴、家长、学生沟通合作的能力,以及自我反思与发展的能力、敢于尝试探索和研究的能力。

3. 做一名合格的教师,必须要树立终身学习的观念

现在是知识爆炸时代,每年新知识以10%的速度在更新,你生活在这样的时代就得不断地学习,不断地更新知识,想靠原来在学校学的那一点知识应付今天的教育是完全不可能的。要想自身有优势就必须学习,学习的效能在于思维与行动,我们要合理制定个人职业发展规划,不断提高自己的政治素养与理论知识。观察学生、分析学生,树立向学生学习、服务学生的理念,与学生共成长。积极与家长沟通,充分利用家长资源,将家长请进课堂,多对象、多方位教学,从而实现家校共育的教育共同体的构建。

二、教师开展教育科研的必要性

1. 教育科研的价值和意义

从"大"的方面来说:

①教育科研有利于提高学校整体的办学质量和水平,有利于建设先进的校本文化和教师文化。

教师参与教育科研,其自身发展和自身价值的实现是首要目的,而且无论是学生发展还是学校发展,其前提和基础都是教师专业发展,没有这个,学生和学校发展都是空话,教师发展是教育科研发展的根本。

②教师的生命力来自教育科研。

凡是有较强研究意识的教师,与其他人相比成长速度更快,职业境界更高。

③教育科研是教师提高业务水平和教育教学质量的有效途径。

④教育科研是教师职业专业性的体现之一。

⑤教师参与教育科研,可以潜移默化或者直接影响学生的科学素质养成,这正符合核心素养中的"科学素养"要求。

⑥教育科研是教师的责任和义务。

教师的工作是最不容许犯错误的工作。为学生提供最合理的教学、最适宜的目标、最恰当的方法,实现最有效的教育:可能是少错误的教育,也可能是对学生成长、进步帮助最大的教育。要做到这一点,没有其他的办法,只有不断研究、不断改进。研究不是教师个人想与不想、愿与不愿的事,而是教师的一种责任和义务。

从小的方面说,教育科研是:

①自身发展的需要。

教师的成长大致要经历四个阶段:生存期(1—2年,站稳讲台像教师)→适应期(2—6年,合格教师)→成长期(也叫更新期,6—10年,骨干教师)→成熟期(10年以上,专家教师)。

成熟期是指一个成熟的教师必须具有自己独到的教育教学观体系,形成自己的教学模式,能清醒地认识到自己的教学观、课程观、质量观和学生观,形成相对稳定的教学风格、相对成熟的教学意识。

②改变自身的工作状态、自我认可与他人认可的心理需求,达到专家级别的教师的需要。

例如研究幼儿园教育的钱志亮教授、朱家雄教授、王小英教授,中国蒙台梭利专家协会副会长范佩芬老师,还有小学语文教育专家李吉林老师是"情境教学"的首创者,江苏南京鼓楼区教研室主任于永正老师进行一线教育教学研究一辈子,被评为"国家有突出贡献的专家"。

③评职称的需要。

④完成学校各项评估任务的需要。

对学校教育教学质量的评估都有对教育科研这一指标体系的评估,没有是要扣分的。不会以科研来引领学校的内涵发展,以课题研究来彰显办学特色,学校发展会受到很大的局限。

2. 教师开展教育科研过程中的常见问题

(1)教师参与教育科研的积极性不高

我们周边很多教师"搞科研"就是为了满足评职称、评优、评先、获得行政奖励,兴趣根本不在研究上,要么就是觉得搞科研"耽误事"。教师们态度很明确,但是却不正确。小学教师平日的工作确实忙:每天忙于备课、教研、上课、批改作业、调解学生矛盾,幼儿园教师更是忙,穿梭在教室、休息室、各功能活动室,身影遍布在校园的各个角落。但是教师们,"工欲善其事,必先利其器",搞科研可不是给大家添麻烦,而是让我们的工作事半功倍,学会边用身体工作边用脑子思考:用什么办法能让自己的教学工作更轻松、更有效?这个过程就是教育科研探索的过程,只是我们没有及时总结出来。有些老教师会说,不搞科研,学生我一样教好。我的看法是,这些教

师所带的班级学生考试成绩比较好，但是他们难以分析出考得好的真实原因，也难以总结出带有规律性的经验，这些教师教学上的好经验难免会随着退休就此画上句号，最终难以变成全体教师和学校的共同财富。

(2)教育科研的定位不准，选题不恰当

教育科研在于沟通教育科学理论与实践的联系。教育科研的主阵地在教学活动。幼儿园多侧重游戏课程、综合实践活动，小学则多在课堂、社团活动、校本课程等。教育科研的主要任务在于解决教育教学中的实际问题，所以，我们教师搞科研建议以行动研究为主，而不是以理论研究为主。我知道很多教师为了早出成果、快出成果，比较喜欢选择理论性课题，造成选题不恰当，导致教育科研工作与实际教学工作脱节，研究的问题并不是学校和教师自身所需要的。所以，行动研究适合幼儿园和小学教师，不要求十分严格的研究素养，不需要构建十分系统的理论，选题要重在解决实际问题。

(3)对研究过程不重视

很多教师申报课题后，对课题没有进行深入的研究，甚至根本没有研究，就急于写论文、出成果，研究的前期、中期和后期没有资料怎么办，网上复制粘贴，拼凑一篇文章。教师们，教育科研过程不仅仅是一个写的过程，还需要我们去学习、去思考、去实践、去总结，在工作中研究，在研究中工作，两者相辅相成、互相促进，在追求过程的基础上去追求结果。建议学校一定要把落实教育科研过程与追求教育科研成果放在同等重要的位置上，这样，教育科研成果才有价值。

(4)教师经验丰富，但理论相对弱

一线教师教育教学经验丰富，但因为缺乏相关的理论学习及培训，眼界显得相对窄一些，这对于搞科研显然是不利的，因为科研应该是站在"制高点"上,站得高才能看得远,所以教师要努力补上这个"短"。教师和学生朝夕相处,深度沟通,对学生的特点掌握具备了"体验深"的优势,在一定程度上弥补了"眼界相对窄"的短处。当然教师还应当巧妙地安排时间,尽可能获得更多的信息,在"体验深"的基础上向广度发展。建议教师课余时间多学习。比如北师大的钱志亮教授针对"问题儿童""特殊需要儿童"都有专门的研究,有疑惑的教师可以有意识地阅读这些教育家的书籍,一方面帮助自己解决眼前的困惑,一方面还可以多了解国家教育政策、前沿动向,建立一定的理论基础。

三、教师开展教育科研的有效途径——小课题研究

古人云:大事必作于细,难事必作于易。教师的教育科研就从小课题开始吧。

(一)小课题的具体特点

小课题的具体特点有"自我"性、问题性、微观性、真实性、即时性、目的性和渐进性,总结成六个字就是:小、实、新、鲜、活、深。小问题来自于教师日常的课堂教学,只有务实、持续研究,才能将真问题做成真研究,从小问题开创出大天地。

(二)小课题研究的一般步骤

要想搞好教育科研工作,必须要先对教育科研工作有一个整体的正确认识,并能熟练地掌握它的一般工作程序和方法,这样工作起来才不至于"瞎子打棍——乱来一气"。

教育科研有哪些工作程序呢?或者说,小课题研究要经过哪些步骤呢?具体实施需要"提出问题→诊断问题→设计方案→行动研究→成果表述"这五个步骤。简单来说,教育科研分为三个步骤:选

题、研究、表达,就是教师"把做法变说法,把说法变方法"的过程。下面我就围绕这三个步骤详细阐述"教师应如何做"的问题。

1.选题——发现问题,设计小课题

(1)选题的原则

选题的原则包括价值性、创新性、优势性、可行性。

(2)选题的梯度

①由近到远(工作中遇到的问题);

②由小到大(从子课题做起);

③由低到高。

(3)选题的"四不"策略

①公认已经解决的问题不选。

②不具有普遍意义的问题不选。

③目标不明确的问题不选。

④选题不能急功近利。

(4)选题六大途径

①烦恼即选题:从热点问题、争论问题入手。

选择论题,要尽量考虑问题的普遍性;

分析原因,要抓住问题的本质,点到穴位;

提出方法,要力求新颖、独特而有效。

例如幼儿教师选题:

a.游戏活动符合幼儿年龄特点。

b.幼儿发展评价。

c."追逐跑"游戏中幼儿自我保护意识培养方法研究。

再如小学教师选题:

a.如何打造高效课堂?(关于这个论题,众说纷纭,下面分享几种)

激发学习动机(成就感、荣誉感;解决学习动力问题,首先要解决"厌学"问题);

明确学习目标(实施目标教学,确定学习边界,学习也不能"没完没了");

带着问题去学(强化预习或先学后教);

给予适度压力(像考试一样紧张地学,三清:日日清、周周清、月月清);

开展学习竞赛(激发潜能的最好办法,个体、组间、班间进行竞赛);

进行学法指导(预习、听课、作业、复习、考试都要形成规范,规范就能带来高效);

注重学情反馈(课堂提问、课堂板演、作业批改、平时测验,随时进行检测,提高教学指导的针对性);

编制错题档案(学生进行查漏补缺的好办法,教师要学会用"改错本",教学过程也要有"纠错机制");

调整师生角色(教师学会做导演、教练、裁判,把自己解放出来,让学生做学习的主人、课堂的主角);

提升自我效能感(从"能学"中"想学",在"会学"中"学会",让学生有成就感,树立自信心,不再怕学,更不会厌学)。

b. 如何进行课堂调控(学生注意力分散、发言不积极、读写姿势不正确、课堂礼仪不规范……)?

②兴趣即选题:结合现实的任务来选择论题。

在教学活动过程中能发现一些新的问题,如幼儿园:角色游戏中材料投放不准确、教师角色定位不清晰……小学:课前预习效果不好、小组合作学习中浪费时间过多、多媒体教学使用不当、教师上课语病太多……

③成功即选题:将研究与实践中的某个经验、某种结论、某项成果进行全面总结与归纳,如档案建设,首先从思想上认识档案建设的重要性,其次开始建档。

选择这类选题时要考虑以下问题:

为什么会成功?

类似的成功还有没有了?

这类成功的意义在哪里?

怎样继续和拓展这类成功,然后把它上升到理性的高度?

④警觉即选题:通过发现实践与理论研究中的错误现象来选定论题。

选择这类选题时要考虑以下问题:

为什么这种现象会出现、消失?

这种现象到底对不对?

这种现象的背后能折射出什么深层的问题?如何解决?

如:暴怒行为、出走行为、早恋……

⑤震撼即选题:在先进思想中寻找理论支撑。

一些思想和理念可能会引起我们强烈的震动,给人豁然开朗、眼睛一亮的感觉,或者给人无比的欣慰和认同感。不妨把它运用于自己的教育教学实践,用自己的亲身实践来验证新的思想和理念。运用和验证新思想、新理念同样是教研论文写作的一个重要内容。

⑥问题即选题(这是大家最常见的选题途径)。

提出问题并对问题进行诊断,就是由问题转化为选题的过程,即"问题即选题"。问题是现状与理想之间的差距,善于提出问题是一种高级研究能力,问题意识就是自我反思意识,提出问题就是研究的开始。

选题的确定一般采取先发现、积累、筛选小课题,再评估它的研究价值,之后转化为小课题研究。

(5)选题名称的确立

我们常说"花香蝶自来,题好一半文",题选好了,怎么定题目?这是个难题。

题目一般要包括三个部分:研究对象、研究内容和研究方法。

目前大家定的题目主要存在以下四方面问题:

①选题大而空,凭一人之力无法完成或题目表述自相矛盾。

如:

《幼儿园各领域的实践研究》;

《班级区角对幼儿发展的研究》;

《浅谈在阅读教学中培养创新能力》;

《提高课堂教学效率的研究》。

②题目的表述不合适。

a. 题目是陈述句式,不能用疑问句、祈使句、否定句或比喻句。

如:

《入学,你准备好了吗?》;

《要对有虐童事件幼儿园说"不"!》;

《揠苗助长式的小学化倾向不可取》。

b. 题意不明确。

如:

《学生行为成因及纠正策略的研究》;

《学校校本课程的实践研究》;

《探索科学课中实施实验教学更应注意"科学"》。

c. 课题名称俨然已是研究的结论。

如:

《有效的家校合作能够促进学生身心健康成长》;

《精琢提问,精彩课堂》;

《微信群巧妙使用促进家校共育》。

③选题无新意。

如幼儿园:

《幼儿园大班幼小衔接的实践研究》;

《幼儿一日常规培养的实践研究》。

小学:

《小学一年级幼小衔接的实践研究》;

《打造小学魅力课堂的实践研究》。

④小课题题目表述不具体、太烦琐。

如:

《校本文化背景下学生发展和教师得到有效成长途径的研究》。

(该课题的题目显得太啰唆,而且主次不分,研究内容含糊不清。这项课题可以改成《基于校本文化下的青年教师专业发展有效策略探究》,这样就一目了然了)

以下题目突出了"小、实、新"的特点,并能够紧密联系教学实践工作。

《利用班级图书馆开展绘本阅读的研究》;

《幼儿园大班线描教学方法策略研究》;

《幼儿园一日生活各环节中开展安全教育策略研究》;

《小学低年级语文习作教学艺术研究》;

《花样跳绳特色课程的开发与研究》。

再如下面的课题,我们一起来改一改:

《如何充分利用优质教育资源和直观教具,提高英语教学质量和效率》(三个问题:疑问句、句子太长、"教学质量"话题太大)。

修改:《直观教具对提高小学英语教学质量的实践研究》。

《学生心理健康教育问题》(话题太大:心理健康范围很广,如自信心、挫折、厌学、自闭症等)。

修改:《小学一年级学生自信心培养策略研究》。

《小学数学高效课堂的实践研究》(太浅:高效课堂的研究方向很多,每一项不能研究深,何不选取其中一项)。

修改:《小学数学高效课堂中小组长作用发挥的研究》。

(6)填写课题立项申报表(省级、市级)

以河南省教科所规划课题立项申报表为例。

课题论证包含的内容:

①选题意义(理论、时间);

②研究基础(前期的成果、已做的内容);

③研究内容(主要思路、视角、方法、路径、目的、重要观点,等等,这部分内容可适当调整);

④创新成果;

⑤理论意义;

⑥应用价值;

⑦完成课题的条件和保证包含的主要内容:主持人和主要研究成员完成的主要课题、科研成果的社会评价(经济价值)、完成本课题的研究能力和时间保证、资料设备、科研手段;

⑧课题评审标准(100分):

·项目选题研究现状评述(20分)(国内外、学校情况);

·选题的研究思路(20分)(内容、目标、方法、重点观点等);

·选题的创新之处(40分)(核心素养);

·选题的预期效应(10分)(预期达到的效果、应用价值);

·已有的相关成果(10分)。

2. 研究——寻找解决问题的方法

常用的研究方法：

a. 阅读相关的书刊杂志（文献资料提炼法）；

b. 通过网络查阅研究资料（文献资料提炼法）；

c. 向有经验的教师学习和请教（行动研究实践法）；

d. 通过实地观察、调查、访谈等形式获得有关研究资料（调查问卷分析法、行动研究实践法）；

e. 把获取的资料或方法通过整理归纳、综合分析，根据自身的教学实际确定一种或多种最有效的解决办法，为下一步深入的研究做好准备工作（反思经验总结法）。

我们幼儿园、小学教师提倡行动研究实践法。行动研究是一个持续的"发现问题→思考问题→设计新行动→进行新实践→再反思、发现新问题……"的过程，可以从四个方面进行理解：一是为行动而研究，这是行动研究的目标定位；二是对行动进行研究，这是行动研究的研究对象；三是在行动中研究，这是行动研究的主要方式；四是由行动者研究，这是行动研究的主体。施良方老师对行动研究的例说为行动研究的循环过程，行动研究的循环过程可转化成一组以教育活动为背景的陈述：

·当我的教育价值观遭到实践否定时，我碰到了问题（如我的学生在我的课上并不如我所要求的那样积极参与）；

·我设想着解决这个问题（重新组织以使他们的积极性提高，如是以小组活动还是进行结构性练习）；

·我实施这个想象中的解决方案（我让他们进行小组活动，并引入了结构性练习，使他们在没有我进场监督的情况下提出和回答问题）；

·我评价我行动的结果（我的学生参与性强多了，但他们太吵

闹,并且在有结构性练习的情况下仍依赖于我);

·我根据自己的评价系统阐明问题(我必须找到一种方法,使他们既积极参与又不太吵闹,使他们在自身的发展中更具有独立性)。

在研究过程中,应用方法解决问题有两种情况:一种情况是这个方法很实用,问题会迎刃而解;一种情况是这个方法不是很适合,问题一时难以解决。例如,中期报告中专家针对课题实施给出合理建议,我们调整研究方法和内容进行变更等。

3. 表达——总结与运用

总结:把解决问题的实践过程记录下来,以成果的形式呈现出来。成果的形式可以多样化:学习故事、教育随笔、教学案例(教学案例研究)、教学课例(教学课例研究:引言、教学过程实录和总评)、教学反思、经验总结(最好图文并茂)、研究报告、教育叙事研究、小论文,等等。这是从实践上升到理论的过程,也就是说,我们不仅要学会解决问题,还要善于总结、提炼,并记录下来。

运用:把总结出来的方法再次运用到教学实践中,这是课题研究产生应用价值的关键环节。

教育科研的每一个环节、每一个步骤、每一种方法都有具体的操作要领和注意事项,我就教师们困难较多的地方进行简单罗列,帮助教师们学习。

(1)文字写作要规范

学术研究和其他文体最大的不同就是其语言的准确性和论证的严密性。有很多成果以经验介绍的形式出现,介绍自己如何管理班级、如何上好阅读课、如何开展主题班会、如何帮助后进生,等等。语言的表现好像小学生写作文,大多是以散文或演讲词的形式出现,伴着抒情、大段的记叙。虽然有的文章有议论,但是这种议论不是学术研究的议论,多是对现象的一种主观的感慨。在表述的人称

上大多数教师喜欢用"我"如何如何,完全忽略了学术研究应以一个客观的叙述者的身份出现、冷静地分析问题的要求。另外,关键词、摘要、参考文献等要求也都要具体和明确,这几个小方面可以看得出作者撰写学术研究的素质。

(2)查阅资料有方法

教育科研资料的准备,很多教师都不陌生,但请注意,搜集资料的目的是借鉴,而不是抄袭,并不是简单的复制粘贴,最后署上自己的名字即可。其实,教育科研资料的收集是很重要的研究过程,是教师自我提高的过程,只有了解了你要探讨的领域的研究现状,才能有的放矢地创造自己的研究成果。正确的做法:一是在确定选题后搜集资料,看看有没有人做过这方面的研究,如果有了,而你的论题就没有创新性,写出来也就失去了意义;二是在动笔之前仔细研究和自己的论题相关的材料,筛选和整理,进而使自己的论文更有说服力和理论高度;三是在书写过程中思路阻塞的时候,阅读有关的材料,从中受到启发,使自己的表达更顺畅。在研究写作的过程中,教师要学会自觉地用最前沿的教育教学理论来充实自己,切忌只执着于埋头授课,不关心教改和教学动向,不能把教育现象与教育理论结合起来,二者处于分裂状态,致使表述上只能是就事论事,感性材料多,理性材料少。

研究成果分类:

研究成品类——专著、论文、研究报告、教材、教案等;

研究半成品类——调查报告、问题调查、座谈、访谈、检测报告,等等。

研究成果常见的表述形式举例:

专著(独著、合著、主编、编著);

研究报告:

·问题的提出；

·核心概念的界定（用工具书上的解释、特定语境中的特指、否定性界定、列举法）；

·文献综述（历史文献、相关研究现状、理论探讨）；

·研究方法；

·研究的主要问题和创新之处；

·报告框架（一般目录放前）；

·附录（参考文献、照片、光盘、调查问卷等）。

下面分形式具体介绍各类研究成果的内容特征及书写要求。

①教育叙事。

教育叙事就是研究者以叙事的方式表达对教育的理解和解释，即通过讲自己的教育故事来研究教育问题。

特征1：叙述的故事是已经过去或正在发生的教育事件；

特征2：叙述的故事中包含与事件密切相关的具体人物；

特征3：叙述的故事具有一定的情节。

教育叙事研究和写作过程中的注意事项：多向收集资料、把握事件主线、注重事件细节、关注事件的分析阐释。

教育叙事写作应该注意的几个问题：教育叙事不是工作总结、不是理论证明、不是小论文、不是经验反思，教育叙事是有意义的故事叙述。

推荐：

《三个傻瓜》《地球上的星星》《放牛班的春天》；

《我的重点班》（游森棚）、《班主任兵法》（万玮）。

【教育叙事范文】

身为教师的我总会感觉到自己的力量是那样微不足道。我的成绩不够辉煌，所以我无法慷慨激昂；我的故事也不够感人，所以我

不能声泪俱下。我只有一颗真心和向孩子们无限敞开的胸怀。但是有人说：你的心在哪里，你的幸福就在哪里。当我用心去感受教育人生的脉搏时，我感觉到不管是快乐还是忧伤，充实还是迷茫，都是我生命中挥之不去的幸福。

一次上课之前，我检查预习作业，是一张十六开的试卷，又是只有倔强的小刚一个人没有做。我让他站起来，很生气地告诉他要么把试卷抄一遍，要么以后上数学课时都站着。他几乎连想都没想就硬邦邦地说："我以后站着上课。"教室里一阵爆笑，我感觉到了我的失策，于是也跟着笑起来，走到他面前笑着对他说："那要是让上级领导发现了说我体罚你怎么办，你想个两全之策吧。"他有点不好意思，坐下去说："那我还是抄一遍吧。"同学们又笑了，我顺势说："你要这么说那我就不要你抄了，以后作业要按时完成，能做到吗？"他几乎是喊着说："我用人格担保，一定能。"这回教室里响起的不仅是笑声，还有一阵热烈的掌声。到现在，小刚的作业交得都很及时，他在一篇日记里就那件事对我表示感谢，我也在他的日记里对他说："你的真诚让我远离了愤怒，老师也很感谢你，是你自己找回了那个充满阳光又积极向上的你，希望你的人生永远都是这样阳光而又向上。"

我常常在想，除了知识以外，我还能教给学生什么呢？如果他们仅仅是考试的机器，那么他们的人格会健全吗？他们的情感会很丰富吗？每当我走在大街上，看着熙熙攘攘的人群，我常常会想到我的学生：都说你们是祖国的花朵，是未来世界的主人，那么你们离开校园以后，将给这个世界带来什么呢？你们是会用真善美守候自己的精神家园，还是会加速这个世界的浮躁与急功近利？

也许真善美是我能够带给你们的最珍贵的东西。我不能保证在你们前进的道路上都铺着鲜红的地毯，但可以见证你们生命的每一次拔节，就像蝴蝶破茧而出，飞向幸福而美丽的人生。

所以我不想做春蚕,也不愿意是蜡烛,也不想太阳的光辉只洒在我一个人的头上。我更愿意是一只森林里的老兽,温暖而又严格地呵护着孩子的纯真与善良;是一个虔诚的神父,教会孩子坚守纯洁与高贵,面对充满挑战的未来,我们都将会是一只从暴风雨中飞回的海燕,坚强而宁静地立在水边,不管将要来临的是幸福还是苦难,都能坦然承受;或者是一个园丁,让我和孩子们在一起的每一天都成为他们美好未来的肥沃土壤,让每一朵理想的小花都能灿烂地开放!

②教育随笔。

教育随笔即记录、反映自己教学的历程。自己教学当中遇到了哪些事件,是如何进行处理的,有哪些感受、感想,都可以通过教育随笔进行反映和记载。步骤:教学情况→教学内容→教学效果→教学进度。

【教育随笔范文】

我是你亲爱的妈妈

"老师就是幼儿园里的妈妈"这句常常被我们挂在嘴边安慰找妈妈的孩子的话,又有多少孩子真正地听进去了、感受到了?

班上有名叫"心怡"的小女孩儿,每天中午不睡觉,只要一躺在床上就会大喊大叫"我要找妈妈",吵得班里所有小朋友都睡不着。每次值午睡时,我都想尽办法哄她,让她抱着娃娃,让她带着和妈妈的照片,或是严厉地提醒她这样影响到所有小朋友了,要求她必须闭上眼睛睡觉,等等都丝毫不管用,心怡的哭闹不仅没有因为这些有所改善,反而一天比一天严重。

无奈之下,我只好让不值午睡的老师将她带到教室里,暂时地与寝室里的孩子"隔离"开来。在教室里的她不再哭闹,等她情绪稳定下来后,再把她带入寝室时,她又"哇"地大叫起来"找妈妈",声嘶

力竭地哭喊着。没办法，我只好又把她带出寝室，留一位老师专门在教室陪伴她。

我开始思考关于心怡不午睡并且丝毫没有影响别人的意识，只顾着大喊大叫的问题。我找到心怡妈妈沟通，了解到孩子在家并没有午睡习惯，从来都不喜欢睡午觉，都是妈妈陪着玩。我告诉家长，在家仅有的周末必须让她养成午睡习惯，采取一定的奖励措施鼓励她睡午觉，让她知道睡午觉时妈妈也在，但妈妈也要休息，大家一起休息好了下午更有精神，而且会有小奖励。

接下来，要改善的就是心怡一整个星期有五天都在幼儿园里的午睡了。我知道"隔离"并不是长久之计，宗旨必须是要她融入集体，和所有人一样，没有"特殊"。而这个没有特殊的宗旨，可能需要老师搞一些"特殊"——给予她更多的关注和耐心。

我开始思考，"找妈妈"的背后隐藏的一定是安全感的缺乏，她渴望妈妈的爱，渴望有妈妈陪伴，一旦她闭上眼睛，她会因为感受不到妈妈的存在而大哭大闹。于是，我开始在午睡时把她带入寝室，先不让她躺床上，而是坐在我的身边，抱住她，亲亲她的额头。我清楚地看到她抬起要擦眼泪的双手又放下，心里不禁欣慰。这一次，我又握紧了心怡的小手，告诉她不要害怕，妈妈就在这儿，你想哭了就靠着妈妈，妈妈抱一抱你就是勇敢的小公主。一席话之后，心怡这次坚持了很久没有哭泣。偶尔出现小小的抽泣我就再次搂紧她握紧她的手说"妈妈在这儿"，她轻轻地点点头，坚强地不让眼泪掉下来，也不再扯着嗓子大喊大叫。这一天中午，心怡安静地不得了，她虽然没有午睡，但至少她和所有孩子都待在了寝室里，并且静静地没有影响到任何小朋友。我及时地表扬她，并伸出大拇指在她脑门上盖了个"章"，她开心地笑了。

第二天中午，我问她愿不愿意午睡，她依然摇头。我让她坐到小椅子上当小值日生,看着小朋友午睡,看看谁睡得最香甜。中途时,我看到心怡开始时不时地眯眼睛,便趁着她犯困的时候把她抱到床上,告诉她,妈妈在这儿看着你睡,就在你的旁边,而且从今天起过后的每一天,妈妈都会看着你睡,你只要睡醒了睁开眼睛妈妈就在。她听话地闭上了眼睛,不一会儿便睡着了。

从那天起,心怡开始能够自己主动躺床上盖好被子,跟我说"妈妈我睡觉了",然后便闭上了眼睛,比班里很多孩子速度还要快。这一句"妈妈我睡觉了"让我的心如沐浴阳光般温暖,有一种自己拨开了浓雾见到了古城温暖的日光般的幸福感。

也许,"老师就是幼儿园里的妈妈"并不是那么简单,可它好像也不是那么高不可攀。多一点爱,多一点耐心,就会让孩子想要主动拥抱你;多一个拥抱,多一个吻,就会让孩子像依赖母亲般爱你,一步一步靠近你。我就是你亲爱的妈妈!

③教学案例。

教学案例是真实而又典型且含有问题的事件。简单地说,一个教学案例就是对一个包含疑难问题的实际情境的描述,是一个教学实践过程中的故事,描述的是教学过程中"意料之外,情理之中"的事,再加上作者的反思和感悟。

教学案例的基本表达形式:背景+主题+细节+结果+分析。

背景:向读者交代故事发生的有关情况,如时间、地点、人物、事情的起因等。

主题:反映什么问题。写作时应该从最有收获、最有启发的角度切入,选择并确立主题。

细节:有针对性地向读者交代特定的内容。

结果:教学措施的即时效果,包括学生的反应和教师的感受等。

分析:案例所反映的主题和内容,包括教学的指导思想、过程、结果,对其利弊得失要有一定的看法和分析。

教学案例要具备故事性+问题性+典型性。

【教学案例范文】

从课堂看我们的孩子还缺少什么

特级教师　虞大明

也许我们"身出名门",也许我们听多了掌声与赞誉,因此,我们还没有足够的勇气去直面差异,骨子里镌刻的沾沾自喜,时常雾霭一般升腾,迷蒙眼睛。是时候研讨了——我们的孩子缺什么?是时候反思了——我们的教学缺什么?是时候自省了——我们自身还缺什么?我们必须用我们的智慧、勤奋和行为跟进,去斩除前行路上的荆棘。

【现象一】爆笑的男孩

在《普罗米修斯》的课堂上,我引领孩子读书。好难受啊!我们的孩子,不论读什么,怎么会都是一个表情!一种节奏!一种语调!当读到"三万年来,普罗米修斯一直被锁在那个高高的悬崖上"时,课堂的一角居然传来忍俊不禁的笑声,我循声望去——一个男孩已经笑得难以支撑了。更可怕的是,这个男孩足足笑了一分多钟——唉,这是公开课啊!幸亏他坐在教室的最里侧,我选择了"睁一只眼闭一只眼",我只能这样选择!我品尝到了无奈的滋味!我认识到了自己的无能!课后我问他,他说:"读书时,我不小心把'三万'读成'三八'了,我忍不住,就笑了。"天哪!如此简单的理由!上帝啊!这是可爱吗?这是自得其乐吗?这是自我欣赏吗?这是自寻开心吗?这是自我调节吗?不能这样啊,孩子们!

【结论】

我们的孩子太幸福,太自由,太没有规矩,从而缺少同情心,缺少入情入境的能力，缺少一种"定力"，缺少会感动的心灵。

【对策】

请语文老师一定要加强朗读训练，尤其是"悲情"色彩的文章的朗读训练，收集一些描写汶川地震的感人文章，好好地读，认真地读，看看有多少孩子会眼眶湿润，泣不成声；请语文老师一定要加强自身的语言修养——除了音乐、画面的渲染，能否凭借自身动情的教学语言，将孩子们引入文本情境，从而与主人公一起开心，一起激动，一起伤悲，一起愤恨……

【现象二】回答，只为"博人一笑"

公开课前，我让孩子做"头脑体操"——在茫茫的大沙漠上，有一个人，他已经死了，在他的身边，放着一个包，如果他能早点打开包的话，他就不会死了。请问，他是怎么死的？为什么？我见一个男孩高举起手，身子还前倾着，甚至满脸红光。我的第一感觉是，他一定有精彩答案。于是我满怀期待地请他发言。答案果然"精彩"——他是被尿给憋死的。说完早有准备似的哈哈大笑，他的伙伴们也哈哈大笑，在伙伴们的笑声中，他自豪地坐下，仿佛一个英雄——我差点昏倒。

这种现象，我在常规听课时也常有遇见。有些孩子在回答问题时，以"谁的答案最稀奇有趣""谁的答案最好笑""谁的答案最光怪陆离""谁回答之后笑声最响亮"为豪。似乎，他们的回答，目的只有一个，那就是"博人一笑"。可是，这有些可悲！

【结论】

我们的孩子缺少"正气"，缺少正确的课堂舆论。

【对策】

请老师们在课堂中加强引领，敢于批评指正，营造积极向上的课堂氛围和健康的课堂舆论。老师要处理好"老师主导"和"学生主

体"之间的关系,对于一些不良的氛围或苗头,要及时制止,及时"拨乱反正",以免"星星之火,肆意燎原"。

【现象三】身在曹营心在汉

在《诺曼底号遇难记》的课堂上,悲情的音乐在流淌。我俯身想看看孩子到底在用笔向英雄船长诉说什么心里话。孰知,那个看似专注的孩子,突然对我说:"老师,刚才他放了一个屁,很臭的。"我瞪了他一眼,落荒而逃!我从心底里感谢那个孩子——因为他说得很轻,"润物无声"——但却震撼了我的心灵!

【结论】

我们的孩子,缺少专注,缺少规矩,缺少克制,缺少分明的是非观。

【对策】

无可救药,希望这种现象是极个别!(这是气话)。其实还是有药可救的。救他的"药",应当是班级平时的正确舆论导向,良好的班风、学风,让这种"极个别"无处藏身。老师甚至可以教给孩子一些"世故",什么场合应该说什么,不能说什么,这也是懂事的表现。

【现象四】场面像刚遭了灾

对于老师的提问,我们的孩子总是不太感兴趣,表现在:反应迟钝;举手者寥寥;双眼黯淡无光;说话声音缺少掷地有声;经常埋着头,场面像刚遭了灾,而且是"瘟疫"。

【结论】

我们的孩子缺少自信,缺少功底,缺少会奔涌的热血,缺少会澎湃的心灵,缺少激情!

【对策】

用老师的激情去点燃学生的激情,相信长此以往总会融化坚冰;用老师的眼光为孩子寻找精神的食粮,拓展阅读,补充阅读,鼓励孩子博览群书,用扎实的训练和积累去夯实孩子的文化功底。

【现象五】唱戏与看戏

公开课上，少数孩子唱戏，多数孩子看戏。不是执教者不懂得要给每一个孩子成长的机会，而是，他们在一番热切的等待之后，小手总不能"如林"。因此，无奈之下，只得选择少数"救兵"。

【结论】

我们的孩子缺少参与的积极性，缺少责任感。

【策略】

在常规教学中，老师一定要给每个孩子发言的机会，多引导，多鼓励，多表扬。实在没法，可以考虑抽签发言，强制执行——说着说着，也就习惯了；练着练着，也就"炉火纯青"了。

【现象六】我是一只小小小小鸟

某学生被老师指名发言，该生说话语无伦次，翻来覆去，用一句话可以说清楚的意思，该生居然用了几十秒还未说清。而且，该生一直低着头，似乎在默哀！老师无奈，额头有细密的汗珠渗出……该生终于说完，老师摸了摸该生的脑袋说："没关系的，以后记得慢慢说！你一定能说好的。"谁都知道，那是老师在掩饰他的"慌张"和"心痛"——公开课啊，时间如金啊，如果都像你那样，我咋整啊！

【结论】

我们的孩子缺少言语的能力，缺少"落落大方"，缺少自信。

【对策】

在常规教学中，要注重引领、鼓励孩子说一番流畅、通顺、完整的话，并做到声音响亮，口齿清楚。千万不要忽视"口语交际""说话训练"课。老师要经常说这样的话："谁的回答声音响亮，语言流畅，我就佩服谁！"试试看吧！

【现象七】可悲的瞎编乱造

我曾经做过一项小调查：请五年级的150位学生写一篇题为

《一件难忘的事》的作文。批改时,有7个孩子的作文惊人地雷同——这7个孩子都安排自己在夜深人静之际发高烧,不断呻吟;7位母亲听见呻吟,决定背孩子上医院;7个孩子都很会进行环境渲染——此时,正下着蒙蒙细雨;7个孩子都不约而同地安排他们的母亲在背他们上医院的途中摔上一跤,当然,只是膝盖磕破点皮;7位母亲全然不顾这些,把孩子送进医院,忙挂号,忙咨询,忙付钱,忙取药,忙端水,忙喂药,一宿没睡;第二天早晨,7个孩子都发现他们的母亲眼睛里布满了血丝,人也比昨天瘦了一圈,于是,7个孩子都扑进母亲的怀抱,哽咽着说:"妈妈,你真是我的好妈妈!"更令人费解的是,7户家庭的父亲在干啥,只字未提……

【结论】

我们的孩子缺少鲜活的生活体验与积累,缺少会发现的眼睛。纯粹的瞎编乱造,才会诞生雷同得如此可悲的作文。

【对策】

在常规教学中,要重视作文教学,让孩子认识到作文其实就是"我以我笔写我心",作文是"真实事件的描绘、真实情感的喷涌"。当然,光做好这些是远远不够的,"巧妇难为无米之炊",如果我们的孩子只会死读书,只会将自己关在教室里、书房里,是无论如何写不出鲜活生动的文章的。因此,作为老师,应当多引领孩子们走出书本、走出教室,走进活动,走进自然,从而去享受生活,发现生活之美,丰富、充实孩子们的内心世界和精神家园。

当然,以上这些只是少数现象,但确是不得不关注的"不和谐音"。说白了,那句"古话"还是很有道理的——要给学生一杯水,老师要有一桶水。在我的印象中,×××老师的学生能说会道,思路活跃;×××老师的学生说话时很有气势;×××老师的学生朗读水平很不错……个中原委,不言而喻,肯定跟老师本身的优秀有关!因此,每个老师都要"经营"好自己的那桶水——浅了,用学习来补足;浊了,用学习来澄清。

④教学反思。

教学反思就是教师对教育教学实践的再认识、再思考,并以此来总结经验教训,进一步提高教育教学水平。

教学反思包括纵向反思、横向反思、个体反思、集体反思。

【教学反思范文】

中班音乐游戏《米格爷爷的鞋匠铺》

课后反思

执教教师:苏梦醒

音乐游戏是指在音乐的伴随下进行的游戏活动。它是一种特殊的韵律活动,其特殊性主要表现在游戏和音乐的相互关系上。幼儿园的音乐游戏是幼儿游戏活动中的一种,由于它将音乐活动内容融入游戏的形式中,让幼儿在游戏中感受音乐、理解音乐、创编动作,从而使幼儿在情感上获得美的陶冶。

《米格爷爷的鞋匠铺》是一个非常具有魔幻色彩的童话故事,深受孩子们的喜欢。《闲聊波尔卡》是一首节奏感非常强、活泼欢快的乐曲,为了更好地让孩子能够将故事情节与乐曲的旋律、节奏融合在一起进行游戏,我根据中班孩子的年龄特点以及对乐曲节奏旋律的掌握程度,并从孩子的兴趣特点出发,设计了此次活动。

整节活动,我扮演"小鞋子"的角色和孩子们进行互动,充分运用了:伴随故事欣赏音乐,请幼儿初步尝试用手部来模仿可爱的小鞋子,请孩子们站起来集体模仿小鞋子,以及分角色尝试创造不同造型,以分组和集体参与的模式进行角色的扮演和体验,层层递进,孩子们个个扮演可爱的小鞋子,兴趣十足。本节课能够通过"领袖

模仿"的形式创设情境，使孩子们通过角色的扮演和游戏掌握乐曲的节奏和旋律，感受和同伴之间游戏的乐趣。

上完此节课，我的感悟和总结：整个活动，我以幼儿为主导，以一定的情境为依托，以亲和的互动过程为活动的支撑，以丰富的情感变化为内驱力，将活动推向高潮。整个课堂表现出了活泼、轻快的气氛，课堂效果好，幼儿充分体验到了音乐游戏带来的喜悦。

我的深刻反思：

· 背教案。以为是一节公开课，作为一名新老师，可能对班级孩子整体状况不够了解，以及整节课对教育的随机性没有充分的把握，我还是出现了背教案的情况。我意识到整节课下来，太过按照教案的流程来走，活动期间缺乏很多让孩子创新的机会，以及让孩子感到更加舒服、随心的活动状态。

· 老师大胆放手。在上课过程中，很多体验的环节我总是在交代孩子"如何去做"，其实大大可以放手，老师可以退出来，也可以用一些简单的手势作为提示。我的"不放心"心理导致我不敢放手全部交给孩子来做，这也是新老师存在的一个普遍问题。其实我们的孩子非常聪明，只要你的活动引人入胜，吸引孩子，就应该相信孩子能够做到并且会做得很出色。

· 音乐的分析部分做得还不够。中间有一个带孩子玩"123变变变"的游戏，请孩子们都能够变出不同的"鞋子"造型。我把整个活动放在了集体参与上，通过评委老师的分析以及指导，我发现这个游戏放置的环节出现了问题。我应该把孩子们变出不同"鞋子"造型的环节提前，在请个别孩子来体验游戏的玩法时，就带孩子尝试创造不同的"鞋子"造型。

· 高控现象。在起初设计本节活动时，我就深知老师在组织活动的设计上一定要多放手，多给孩子们自主创造和选择的机会。尽管在设计上我很注意避免这些问题,可是在活动的设计和组织过程中还是出现了这一现象。比如说最后的集体环节,我请孩子们分组来扮演第一只"小鞋子"和第二只"小鞋子",是我来互换孩子们的位置。确实,正如评委老师所说,整个活动中,孩子都有自主选择的权利,他可以选择换,也可以选择不换,我们老师所需要做的就是尊重孩子们的意愿以及从旁边协助。

音乐游戏是幼儿园教学活动不可缺少的一部分,它能够满足孩子们的好奇心和表演欲望。根据《幼儿园教育指导纲要(试行)》的要求,幼儿音乐教育的目标是培养幼儿对音乐的感受力、表现力和创造力。采用"游戏"化的方法组织活动,不仅能够满足幼儿的心理需求,激发其兴趣,而且能够有效地提高幼儿的音乐感受力,陶冶幼儿的情操,促进幼儿身心健康、和谐地发展。

作为新老师的我们,也一定会秉承《幼儿园教育指导纲要(试行)》带给我们的指导,多参与实践,多进行有效的反思,在教学活动中多放手,相信自己,更相信我们的孩子,不怕出错,只有在不断的问题当中寻找更适合孩子的教育方法,才能够体验出我们作为老师的职业价值!

下面简单介绍一下郑州市教育科研优秀成果及优秀论文评审中发现的问题。

·文题内容不符。

·内容单薄空泛,陈旧无新意,表现为解释词语无具体做法和研究结论。比如《让作业丰富起来》一文中,却不见学生的作业作品。

·出现知识性错误,如错别字、例子中出现计算错误……

·截取书籍部分章节内容作为论文内容,如《浅谈阅读的技巧和方法》。

·下载文章,表现为全文下载、2—3篇文章内容拼凑组合、内容完全一样只将学科改变……如《课堂管理的新方法——行为合同》,实为《美国课堂管理的新方法——行为合同》,全文一字不改,内容照搬。再如《加强素质教育,完善教育创新》,全文内容谈的是职业教育。在同一学科、不同地区参评的论文中很容易发现相似的文章。

·文档编辑格式不规范,表现在标点符号、序号、编辑格式、字号、字体、行间距、页边距,等等方面。

【文本格式问题】

关于文本材料的几个问题

一、题目要求

①标题一定要对仗,结构要一致,说动宾都是动宾……

②列出一级、二级提纲,三级标题也要对仗。

技巧:凑不够字时,加个常用词,如"好""加强""确保"……

二、段落要求

①层次清晰。

"一""(一)""1.""(1)""一是""二是""三是",一个内容要尽量缩到一个段落内。

②避免内容上的重复。

说清事,不啰唆,不抒情。

三、格式上要规范

①页边距:上下3.5厘米,左右2.6(2.7)厘米,行距固定值30磅(28磅)。

②题目:二号宋体加黑(题目中不带引号)。

③一级标题:三号黑体,后边不加标点。

④二级标题：三号楷体加黑，后边不加标点。

⑤三级标题：三号楷体不加黑，后边不加标点。

⑥四级标题：与正文一样，三号仿宋，后边不加标点。

⑦装订不要出现缺页、错页、倒页、反订情况。

好研究报告的标准：题目新颖、观点清楚、论据充分、论证有力、逻辑严密、结构合理、首尾照应、语言流畅、写作规范。

  教师们，教育从来就不应该是追逐名利的竞技场，而应该是专注育人的科研田。我们要立足教育科研，改变我们不恰当的育人方式，通过课程读懂每一位学生，使他们在这块田地里幸福地、有质量地成长！

中层制胜　赢在执行和责任

引　言

非常高兴,跟大家坐在一起来探讨如何做好一名学校中层的问题。

我们常常说一名好校长成就一所好学校,这话对,但是校长不是"千手观音",如果抓得过细,事事亲力亲为,势必会陷入琐事的泥潭——太忙太辛苦,就会顾此失彼。校长的办学理念、办学思想必须由责任心强、执行力强的中层去执行,使其落地生根。

没有执行,一切皆是空谈。

很多时候我们的工作上不去,不是我们的思路和政策不好,而是落实不到位。

毛泽东说过,政治路线确定之后,干部就是决定的因素。

没有责任,行动将止步不前。

有些中层干部只会说漂亮话,工作中没有责任心,更没有实际行动,一切皆是枉然。

马克·吐温说,每天务必要做一点你所不愿意做的事情,它可以使你养成认真尽责而不以为苦的习惯。

一名中层,要想提高自己的执行力与责任心,关键在于工作态度,自我观念的转变至关重要。首先我们从认识中层地位来开始转变。

一、如何认识中层地位

中层是骨干中的骨干,人才中的精英。

中层干部是学校的核心人才,是承上启下的中坚力量,是确保学校管理水平和教学质量不可或缺的执行官和实践者。

没有强大的执行中层,就没有学校的长远发展,也就没有真正的名校、名校长!

(一)中层做管理定位要准

中层干部既是战斗员,又是指挥官,它有别于优秀教师,一名优秀教师不一定能成为一个合格的管理者。

当上中层是一种荣誉,要时刻有这种角色意识。角色意识越强,责任感越强。角色意识告诉你,做你应该做的事,不要做不属于你的事,这叫"定位"。还要知道怎样做才是正确的,不要认为在职权范围里的事想怎么干就怎么干。不要忘了,上有管理者,旁有监督者,弄不好还有对立者。

我们都看过《西游记》吧,一起来看看:

唐僧团队中的个人角色定位

在取经伊始,唐僧这个团队的凝聚力是不高的,然而经历了一段时间的磨合,加上团队成员的积极配合,整个团队人员的能力发挥达到了最佳组合,终于完成了取经任务。

唐僧。在整个团队中他是领导者,但是他没有多大的工作能力,一不会降妖,二不会伏魔。然而他的个人魅力决定他又是一名合格的领导者:一是目标坚定——西天取经,任你艰难险阻还是风月无边,我岿然不动;二是善于管理,他深知作为一名领导者对待下属就得该硬就硬(比如在约束悟空时念紧箍咒)、该软就软(比如处处体谅徒弟们)。

孙悟空。他在团队中充当的是一个得力下属的角色（卖力的"蓝领"）。他能力最强，人脉最广，上天入地无所不能，下定决心担当重任，而且紧紧团结在领导人周围，竭尽所能为团队工作，最后也成就了自己。

猪八戒。他在团队中充当了润滑剂的角色。在整个团队中，他能力远不及同事悟空，整个取经过程中，没有几个妖怪是他捉的，同时他的意志力又是团队中最弱的，见了美色就两腿发软，思想动摇，领导遭难了就要卖白马分行李回高老庄。然而我们看到在整个取经过程中，唐僧很少骂八戒。要知道很多领导人都喜欢实力稍弱的下属，这就是八戒的能耐，他知道自己在工作上不及师哥，就更经常在唐僧面前撒娇，打打悟空的小报告（领导也喜欢听的），有时也拍拍悟空马屁，搞得悟空又好气又好笑，再就是欺负欺负沙僧，没事逗逗白龙马。这就是八戒的可爱之处，试想十万八千里的取经路程是个多么枯燥的过程，正是有了这个"活宝"，才使这个团队充满和谐、友爱。最终，八戒也被封了使者。

沙僧。在整个团队中，他能力最弱，不及两位师兄，又不会平时幽大家一默，但是沙僧也成功地被封了罗汉。他深知自己的能力不能为团队做出建设性的贡献，于是就踏踏实实紧跟领导，任劳任怨，从不叫苦，甘心为大家充当一个挑夫的角色。他深知只要付出，就能成功，最终在自己的岗位上做出了成绩。

唐僧团队的成功绝不是一个偶然。一个团队的成功和团队中每个人的个人定位是密不可分的。在现实工作中，作为学校的一员，给自己一个准确的定位，既不好高骛远又不妄自菲薄，此时若能再沉下心去，积极配合团队并努力发挥自己的特长，总能打拼出属于自己的一片天。

其实，学校管理中的问题往往来自领导班子内部，出在干部队伍中,原因就是定位不准。

一步一回头型:胆小怕事,想做好人。

传声筒型:毫无主见,张口就是"校长说了……"。

一堵墙型:上面政策下不来,下面声音上不去。

当一天和尚撞一天钟型:遇事敷衍,得过且过。

这些都不可取。要时刻要求自己:位置变了,眼光和心态都要发生相应的变化,要明白,靠智商得到录用,靠情商得到提拔。

(二)中层干部,想要当好不容易

形象地说,中层就是难当的"夹缝"中的"发展型"领导。为什么这样说呢?因为中层是学校决策的执行者、多重关系的协调者、事业发展的参谋者。具体来说,中层的工作有以下几个方面。

一个中层干部既是领导的参谋,又是领导的助手,同时还要带领本单位教职员工做好本职工作。

作为中层,有了风险我们去化解,出了问题我们去整改,没有风险积极去防范,没有资源努力去开拓。

中层要处理好几个重要关系:接受领导的工作部署与同领导研究工作的关系(态度问题,尽量少用"试试看吧"这些语言);领导赏识与群众拥护的关系,对上汇报好,对下解释好,争取得到双方支持为妙;集体成就与个人成就的关系;与其他中层干部之间的关系。学校内最根本的关系是工作关系,而不是私人感情,更不提倡不负责任地混个好人缘(很多时候要有舍己为公的情怀)。

要恪守组织纪律。对学校领导的指示或者领导交办的事情要尽快落实,有交代就要有回音,办了没有、怎么办的、结果如何等都要及时回复。有的以太忙为由不回复,我劝你记工作日志,提醒自己,不落下任何一项细小工作,这是工作道德。对于班子会上的讨论内容,不以个人名义传达,不当"宣传部长",不该讲的不讲,不该

传的不传。要掌握分寸,控制范围,特别是有关职工切身利益方面的事。像教职工请假原因属个人隐私等,这里面的等级和层次观念要更强。

争取得到领导赏识、群众拥护。管理就是服务,服务校长,服务教师。校长满意与教师拥护不对立。只对上级负责,不对下级负责,说明对上级负责也不是真的,是有个人企图。只对下级负责,不对上级负责,那么,对下级负责也不是真的,是假借群众之势,与上级分庭抗礼,实现个人的某种目的。有的中层阳奉阴违,乱做好人,导致学校工作很难开展。

要吃透领导的决策,真正领悟领导的决策意图、决策过程、决策内容、决策效果,并以此作为目标来把握做事的方向,做到执行时不片面、不偏向、不走样。草率行事,不仅不会达到目的,有时还会适得其反。

中层干部对下属的管理关键在于建设和谐团队。得到别人支持的前提是,先向别人提供支持。对教职员工要关心,善待他们,赢得支持,但不能失去原则。你不善待他们,就不会有人愿为你出力;你不坦诚,就不会有人来到你身边。学校哪位老师家有老人生病、孩子升学等问题,中层干部得多问、多访、多传经。

如何实现和谐?事业为重,有所作为;彼此尊重,求同存异;互相学习,共同发展;交流沟通,共事交友;独当一面,团结合作;自觉自律,君子管理。

工作中要坚持原则不动摇,守住底线不放松。

中层干部管人,更要带人。

毛泽东说,在世间万物中,人是第一可宝贵的财富,只要有了人,什么人间奇迹都可以创造出来。

我们要善于把方法、本事普及给教师们。自己优秀容易,能带动大家优秀才是王道。

有句话说得好:下属水平不高不是领导者的责任,但是领导者有责任提高下属的水平。

中层干部直接接触一线教师,做管理的最终目的是达到不同意见的基本统一、不同利益的基本平衡、不同个性的基本相容。比如每学期的教师分工搭配上,中层干部要注意强弱、能力和水平,保证基本均衡。注意这里边还涉及情商管理问题。情商就是与人交往的能力、社会适应的能力、自我调节的能力、处理问题的能力,通俗地说,就是说的话好听、入耳,做的事让周围人舒服。

中层还要向领导学习,学会用领导的眼光看学校,高瞻远瞩;在被领导的过程中学习顶层意识,会顶层设计。只有胸怀全局,才能做好局部的工作、个人的工作——不谋全局者,不足谋一隅;不谋万世者,不足谋一时。

中层干部的一二三四

☆找准一个位置

学校中层干部可以说是学校行政管理系列上的"兵头将尾",校长是学校行政的最高负责人,在学校统揽全局,对学校全面工作负责,唱"主角";中层干部则在校长的领导下主抓某一专项,对某一方面负责,唱"配角"。中层干部的工作性质决定了他(她)在工作中既要主动、积极地开展工作,又要始终清楚自己的职责范围,主动之中掌握分寸,到位而不越位,尽职而不贪职。

☆领会两个意图

· 上要善于领会校长的意图。

中层干部要会变换角色思考问题,善于揣摩校长的心理特征,把握校长的思考方式,了解校长的思考习惯,以缩短认识上的差距,促进心理上的相容,形成工作上的合力。

- 下要善于领会教职工的意图。

中层干部对于校长来说是被领导者,对于教职工来说是领导者,因而具有双层"角色"意义,这就要求中层干部正确处理上下两重关系,促进上下左右之间的沟通与理解,从而产生上下情感的共鸣、工作上的共振,形成合力场效应。

☆树立三个意识

- 要树立绿叶意识。

中层干部要像绿叶配红花那样,襟怀宽广,不抢校长的"镜头",有自己的独立性,但考虑问题、设计方案时都要从全局出发,绝不能"以我为圆心,以分管工作为半径"画圆,更不能以维护局部利益为由与校长分庭抗礼。

- 要树立主管意识。

从工作分工的角度讲,校长的主要任务是抓全面工作的决策和指挥,而中层干部则在分管工作中既当指挥官又当战斗员,去实现校长的决策意图。

- 要树立全局意识。

中层要主动协助校长做好各方面的协调工作。有一些矛盾是针对校长或部门负责人的,不宜他们本人解决,中层干部则不妨"引火烧身",转移矛盾,再协调解决。

☆做到四要四不要

- 要积极思考,不要固执己见。

作为中层干部,在领导班子做决策时,对自己分管的各项工作都要思路清晰,持有主见,但也要善于听取他人的意见,特别是那些与自己分歧很大的意见,如果确属自己思考不周,则应敢于否定自己,切忌为了顾面子、争高低而固执己见。

- 要主动揽事，不要争权夺利。

有的中层干部为了避免招来他人"越位""争权"之议，搞绝对的"各负其责"。中层干部虽然分管某一方面的工作，但不等于不要或不能过问全局性的事情。尤其是校长顾及不到之时，或校长不在家的时候，"配角"要主动揽事，发挥助手作用，保证工作正常运行。

- 要敢于担当，不要推卸责任。

中层干部在工作中要力求在准确体现班子整体意图上敢于负责，不能把大事小事都推给校长，不能为开脱自己把责任上推下卸，当上级或下级与自己意见不一致时，不能在群众面前随意表态或妄加评议。

- 要推崇他人，不要小肚鸡肠。

一名志存高远的中层干部要有不计较个人报酬和名利得失、无私奉献、成人之美的高尚品德和宽广胸怀，时时处处善于推崇他人，在语言和行动上自觉维持一把手的权威和班子其他成员的威信。

二、赢在执行力

没有执行力，就没有竞争力！

执行力是2003年以来，企事业单位管理关注的焦点。

为什么看似雄心勃勃的计划总是一败涂地？——执行力不足！

为什么好的决策总是一而再，再而三地付之东流？——执行力不强！

（一）执行力不强的表现

执行力不强表现在三个"度"。

原则——尺度放宽（降低标准）。

效率——速度变慢。我们总谈高效工作，应该先谈有效工作。有效管理者要学会记录时间，合理安排时间。要明白，时间是一项限制

因素,所有工作程序中最稀有、最特别的资源就是时间,它没有替代品,也毫无弹性,因此我们要学会管理好自己的时间。之前谈到的我的"高效工作法"就是有效管理时间、达到高效工作的秘密法宝。

品质——力度衰减。制定的政策在执行过程中力度越来越小,许多工作虎头蛇尾,没有成效。

(二)如何提高执行力

1.三个"管好"

要管好自己的工作——不能像"奴隶"一样毫无思维,你主持的部门,你管理的地方,要大胆去想、大胆去做,要让创客思维成为你的工作品质,将创客精神融入你的管理当中。对于本部门的发展方向、长期目标、短期任务、管理措施等,要有清晰的思路、成熟的思考。比如学校教导处主管教师、教学,德育处负责学生、家长工作,后勤总务则主抓学校服务、内外协调工作,分工明确,各司其职。

要管好自己的下级——必须管人,否则不能成为管理者;对下级要做到三不:不包办、不代替、不揽权,放手让下级去办,调动每个人的积极性,扬人之长。作为干部,关键不在你纠正了哪个教师的缺点,而在于你如何利用了他的长处。

要管好自己的生活——习近平同志在 2015 年春节讲话的时候,用了一多半的时间来讲家庭问题,他说不论时代发生多大变化,不论生活格局发生多大变化,我们都要重视家庭建设。什么意思?我们每一个人都来自于家庭,又终将回归家庭,只有每一个家庭固若金汤,学校才能稳定,才会发展,这个社会才有可能和谐安康。所以幸福人生根在家庭。家庭和谐幸福,工作激情满怀;家庭风波不断,工作心不在焉。

要做到:

加强责任感,减少低标准;

加强执行力,减少找借口;

加强传帮带,减少工作断层。

2. 方法得当

中层干部工作方法要得当

管事的方法——每一件事情都当一个项目来做,做事有标准、有方案、讲进度、重过程督导、结果求质量,主要体现在三方面。

(1) 抓住关键事项

善用"二八定律"。坚持做你想做且该做的事情,一个学期,一个学年,一个规划周期,在做好常规该做的事的基础上,抓住一两项关键事项,坚持不懈地做好!

把时间集中在重要的、关键性的少数活动上。在工作或生活中有一现象:少数的几桩事却成就了大部分的价值,如果我们能管理这少数的事,就掌握了大部分的效益;反之,如果事无巨细样样抓,可能是忙而无功。

掌握关键工作,用好关键人物,参与关键活动。

(2) 做好时间管理

做好时间的规划管理。工作的随意性是提升执行力的最大障碍!

年年有目标,月月有重点,周周有安排,天天有打算,时时有计划。

以3—5年为时间单位,总体上思考个人或组织的远景目标、发展思路、工作重点,统筹安排人力、物力、财力以及精力(时间安排)。

以月为时间单位,一年两个学期,每学期大约20周,学期初做什么,学期中做什么,学期结束时做什么,都是比较明确的。甚至开学的第一周做什么,第二周做什么,也是十分具体的。

以周为时间单位节点,把目标管理调整为任务管理,把工作目标

分解为一个一个的具体任务。在一个月或一个周中集中解决哪些问题、完成哪些任务应该是明确的，做到月有工作计划、周有工作安排。

以每日、每时为时间，严谨有序，有始有终。每天晚上都要对工作进行盘点，记录当天的事情，规划第二天要完成的重要工作，不拖泥带水，不留"后遗症"，否则就会陷入无休止的事务中，执行力就无从谈起。

（3）掌握基本环节

学校管理基本环节简称"PDCA"，这是一种科学的思维方法和管理程序，由美国人戴明提出，被称为"戴明环"。

P—Plan（计划）；D—Do（执行）；C—Check（检查）；A—Act（总结）。

P 阶段（计划）：首要环节。

根据项目要求，对所要完成的任务进行目标分解，对工作内容、时间节点与负责人员等进行具体安排，形成一个行动方案（企划案），就是计划阶段。

D 阶段（执行）：中心环节。

组织安排：人、财、物、时间、空间、宣传信息等要素的合理使用；

具体指导：指挥与引导、带头示范与善于授权；

激励教育：尊重理解、关心爱护、交心谈心、激发潜能。

C 阶段（检查）：中继环节。

对照计划要求，检查、验证执行的效果，及时发现计划过程中的经验及问题，这就是检查阶段。

A 阶段（总结）：终止环节。

总结成功经验，吸取失败教训，制定成标准、规程、制度，建立经验与教训档案，巩固成绩，克服缺点，推动后续工作，这就是总结阶段。

3. 养成三种习惯

三种习惯分别为良好的工作习惯、积极的思维习惯、合理的生活习惯(健康养生)。

4. 保持好心态

要保持乐观而平静的心境,拥有积极向上的精神——天天有个好心情。

成功来自正确的思维方式和良好的心态。别把工作当负担,抱怨没有用,只会浪费时间。与其生气埋怨,不如积极快乐地去干。当你把工作当作生活和艺术,你就会享受到工作的乐趣。

5. 不断学习

现在是知识爆炸的时代,每年新知识以10%的速度在更新,你生活在这样的时代,就得不断地学习,不断地更新知识,想靠原来在学校学的那一点知识应付一辈子,是完全不可能的。要想自身有优势就必须学习,学习的效能在于行动,行动的价值在于思维。

6. 具备八种能力

(1)岗位认知能力

中层干部必须清醒地认识到,学校工作必须是由不同的岗位来完成的,你不可能事必躬亲,有些工作必须通过别人来完成,就好比打仗,你的位置是前沿指挥所。

另外还要清醒地认识到越位的弊端。在我们学校,机构设置、部门分工、岗位职责都是非常清楚的,越位的后果是自己的岗位职责的缺失。举例来说,学生干部能做的事,班主任不要做;班主任会做的事,主任不要代劳;分管校长会做的事,校长不要包揽,因为你向下越位,很可能你的职责没履行,反倒让下一级失去了培养能力的机会。但是不向下越位,不等于说撒手不管,中层干部的工作关键还在布置与检查落实上,在调动系统进行有效管理上。一个执行

力强的中层干部总是善于思考、主次分明、指挥有方、协调有度。

(2)政策领悟能力

学校工作是常规工作,学校的决策也是公开透明的,但是我们在做任何一件事之前,都要弄清楚它的目的和意义,便于我们制定工作方案。首先是方向正确,其次是措施有力,这就需要"悟性"。千万不要一知半解就埋头苦干,到头来落得前功尽弃。想好了再做一件事,胜过草率地做十件事。

(3)计划调理能力

一项分管的工作要做得有头绪、有重点,必须按计划行事。计划的制订要有轻重缓急,分工明确,职责清楚。立足今天,着眼未来,不断厘清明天、后天、下周、下月,甚至下学年的计划,越是有前瞻性,工作就越顺手。学校管理有很强的规律,许多活动都是可以预设效果的。做计划要掌握关键性问题,绝不能因琐碎的事而影响主要工作,要清楚做好20%的主要工作,等于创造80%的业绩。

(4)组织实施能力(指挥能力)

周密的计划需要有效有力地执行,因此,统一下属的工作方向,适度的指挥是必要的。指挥一项工作,要考虑量的大小、专业的对应性、和谐的人际关系、指挥的激励性语言。好的指挥可以提升下属的责任感和成就感,自己也落得轻松。要注重有奖有惩,关注跟踪管理,关注教育教学的细节。如:三月查某某教师的教学设计没有写日期和教学反思,到四月查仍然是这个问题,那么,就是我们的跟踪管理不到位,没有关注细节管理。

同时要在对执行制度进行考核中确保各项工作的落实。首先,要不怕得罪人,因为在工作中怕得罪的恰恰是少数人,怕得罪少数人实际上得罪了多数人,这是一种不公平,是对制度的不恭。

在师生管理中,有时需要及时控制一些问题,比如消极舆论,再比如会议纪律、教学秩序、学生活动、流弊积习,因为负面的东西有时可能直接影响到学校形象,影响到学校的发展。

(5)全面协调能力

如上所述,应该说一项工作从领悟到计划、从指挥到控制都做得很好,就不会有问题了。但在实际工作中,中层干部必须花一定的时间协调方方面面的工作。比如大到各部门新学期的工作任务和人员的分配,小到教师与教师之间、教师与家长之间、教师与学生之间的人际关系,都是需要协调的。良好的协调能力可以产生良好的生产力,实现双赢和多赢的局面,皆大欢喜。

(6)有效授权能力

权利对中层干部来说就是"事力",就是一种责任。我们在工作中自己在成熟,也要给下属机会,共同成长。给"权"就是给"事",一个部门的人琢磨事,肯定胜过一个脑袋琢磨事,给"事"也就是给一份"责任"。在管理学中,信任他人不仅可以成就他人,同样可以成就自己,更主要的是他人分担了事务,自己就可以腾出手来抓重点工作。这就要求领导要选择合适人选,交代任务有标准、完成任务有时限。古人云"君闲臣忙,国将兴也;君忙臣闲,国将衰也",一个学校仅几个人忙,其他教师冷眼旁观,那将会走下坡路,因此,我们要有效授权。

(7)深刻的洞察能力

工作方案的执行不可能完全走向预设之路,要善于发现问题,并能究其原因,随着变化了的情况准确判断,冷静处理,并将结果及时向领导汇报。

判断正确与否,直接影响到处理的结果,因此常常需要洞察先机,未雨绸缪。哲学家说事物都是相互联系的,就是说,判断一件事要有全局思想,能纵横沟通,厘清因果关系,从而努力提升自己的领

导能力。

(8) 大胆创新能力

要提高执行力,还要有正确执行决策的创新能力,事事开动脑筋,创新工作方法,善于发现新问题、研究新问题、解决新问题。如果有了创新,速度会更快,力度会更大,效果会更好。

三、中层干部的"三个必知"

我的敌人在哪里(工作的目标是什么)?

我的"首长"在哪里(领导的期待有哪些)?

我在哪里(当下的工作进度或和平行兄弟学校比较)?

四、"创造性执行"是中层干部的基本工作内涵

领导常常是在资源未充分占有、条件不充分具备的情况下做决策的,完善领导的决策是中层干部的要务。这就要求学校中层干部在日常工作中留心搜集第一手客观资料,给校长多提一些合理性、可行性的工作建议,但提建议时应该有一定的艺术性,要把握好分寸和方法。

它包含三个方面的内容。一是提建议时要分场合,只要不是重大原则性错误,尽量不要在大庭广众之下当场否定校长的意见和决策,应在会后另找时间和校长单独交换意见,表明自己的看法。如果你的意见是正确的,校长自然会纠正自己的错误决定,同时也会感激你对他的尊重。假若校长在会上刚刚做出某种决定,你马上就提出不同意见加以否定,你让校长怎样接受?与会者听谁的?二是说话要注意分寸,语气要缓和一些、谦虚一些,不要以命令的口气跟校长提建议,让校长听也不是,不听也不是,面子上下不来台。三是提建议要看情形,同一个问题,不要赶得太紧,不要超过三次。你所

提的建议第一次如果校长没有采纳,也不要着急,也许是校长对你所提的建议有疑问或者是尚未考虑成熟,你认为有必要时,可过一段时间后再提一次,校长采纳了,证明你所提的建议是对的,假若第二次建议仍没被校长采纳,切忌再提第三次,这说明你所提的建议或许有问题不能施行,或许校长有不便和你说明的其他原因。同时,一个问题你提的次数多了容易动气,口气也不可避免地变得生硬起来,让校长听起来有强迫自己接受的感觉,伤及校长的自尊心。

另外要防止三种倾向。一是违心式,明知不对,违心赞同。要开诚布公地发表自己的建议、意见,供校长采纳,做到率真而不虚伪、冷静而不冷漠。二是片面性,不顾大局,一味强调自己分管工作重要的一面,过分夸大,各自为政,将自己分管的工作视为自己的"领地"。三是空洞化,认为"校长是扛大旗的,自己是敲边鼓的""袖手旁观,隔岸观火",当事后诸葛亮,放"马后炮"。

要正确对待自己工作中的错误和校长的批评。俗话说:金无足赤,人无完人。无论是谁,工作做得多了,一定会有失误,甚至是完全错误的时候,这是所有学校中层干部在所难免的问题。因为,在实际工作中,学校中层干部做的工作最多,假若真出现了工作失误,作为校长,肯定会站在全局的高度,对学校中层干部工作中出现的错误做出公正的评价和批评,提出正确的建议和补救措施,这就出现了如何正确对待校长批评的问题。不要只能接受表扬,不能接受批评。一旦受到了批评,不是去深刻地反省自己,检查自己,找出自己工作中存在的不足之处,使自己在工作中少犯错误,不犯错误,反而觉得是领导不近人情,不给自己面子,在找自己的"麻烦",在本校教师中发牢骚,说怪话:"我不侍候他!""我才不听他的呢!"甚至是在本系统其他学校的同行中、在社会上老百姓中说领导的"不是",讲领导的"坏话",公开自己与领导的矛盾,这样做看似有点"骨气",

其实是缺乏起码的组织观念和政治觉悟的幼稚冲动的表现。这样做有三大危害：一是有损领导的声誉和威信，在不明真相的教师中造成负面影响；二是有损本学校集体形象，造成领导班子的不团结，给工作造成损失；三是使本人在教师中造成负面影响，给人家留下"你这个人不好相处""毛长""素质低"的坏印象，给自己以后的"上岗""聘任"造成困难，所以说损失最大的还是你自己。

学校中层干部能否本着"有则改之，无则加勉"的态度去看待校长的批评，最能体现其人格品质、政治修养、职业道德、综合素质，也是能否处理好与校长关系的关键。

五、胜在责任心

有没有责任心，责任心强不强，是能不能当好中层干部的前提和思想基础。

有人说中层干部是绿豆大的官，芝麻大的权，天大的责任。是啊，中层干部责任重大，责任心可以解决80%的问题。

1. 责任心缺失的原因

几乎所有的管理者都在强调责任心的重要性，但是并没有太多的人去思考这样一个问题：为什么没有责任心？要知道没有大家的责任心，就没有一个单位的发展。为什么没有责任心呢？无外乎以下四个方面的原因。

①恐惧失败。在面对一项任务时，他们首先想到的不是寻找解决方案以取得完善的结果，而是一旦失败或出现问题之后的惩罚。因此，他们总希望能够将责任推卸给他人。对失败的恐惧使个别领导失去了敢于承担责任的勇气。

②得过且过。"做一天和尚撞一天钟"式的中层在单位也有，许多管理者对此类人群颇为头疼。但是得过且过绝不是他们的本性，

我们对许多此类人员进行了深入访谈,最终发现他们大多是因为对学校管理不满而产生消极心态。他们中的许多人还曾经是学校学习的榜样和标杆。

③缺乏激情。一个人丧失工作激情的时刻便是他们丧失责任心的时刻。当对一份工作失去热情时,没有人能够做到100%的投入,责任心也就随之消失。成功的管理者总是能够最大化地激发出属下的工作热情。要赢得责任心,首先需要在他们内心种植激情。

④职责不清。当中层不能够清晰地了解自身应该担负什么样的责任时,他们就不敢贸然行事。一些管理者行事任意随性,分配工作没有明确标准,甚至出现一些胡乱安排事务的情况。这样的结果使中层无从着手,无法进入主动工作状态。同时,由于许多事务并非他们所擅长,出错的可能性大大增加,最终导致他们责任心严重缺乏。

2. 责任心不强的表现

①遇到矛盾绕着走,不敢触及矛盾,缺乏解决具体矛盾的勇气和能力;

②把矛盾上交,不想也不敢处理棘手问题;

③能落好的事自己办,得罪人的事推给别人去办;

④工作没有长远打算,心中无数。

3. 如何提高责任心

"肩扛千斤,谓之责;背负万石,称之任。"责任即担当。习近平总书记强调,干部就要有担当,有多大担当才能干多大事业,尽多大责任才会有多大成就。这就是说,为官者在行使权利中必须明白责任、牢记责任、彰显责任,要力求做到与全体师生同呼吸、共命运、心连心,要牢记师生利益,要铭记学校发展无小事的道理,始终把学校的工作、学校的发展挂在心上,明白自己所肩负的责任。同时,要学

会引导本部门员工牢固树立责任意识，只有这样，才能形成员工积极上进、心系学校以及部门工作井井有条、学校和谐发展的局面。我们知道，学校的干部群体是一个特殊的群体，与其他党政机关领导干部有很大区别，首先体现在学校的干部群体大都是兼职，既要承担业务服务（教学）又要承担业务管理；其次，学校干部的责任远大于其他行业，因为我们是为祖国的下一代成长、成才负责，责任重大！作为学校的中层干部，要想干事、敢干事、会干事、干成事。

①想干事，心怀愿景"能担当"。

凡事想干了，才会有希望，不想则一事无成。作为干部，必须有想干事的愿望。在其位谋其政，绝不能做"无为"先生，"无为"就是"无位"，"有为"才能"有位"。想做好一个学校的中层干部，要有强烈的工作愿望，把工作作为提升自身素质、培养才干的机会。同时，立足心中有师生、想事为师生、谋事益师生，才能得到师生的拥护、家长和社会的认可。

②敢干事，率先垂范"勇担当"。

干部就要干事，干事就可能有风险，但不能因为怕出错就缩手缩脚，甚至不敢干事。"为官避事平生耻"，作为学校的中层干部，要在教学管理上有担当，面对变革敢于"亮剑"；在为师生服务上有担当，面对困难、挑战不逃避、不推诿，切实为师生解决工作、生活和学习上遇到的实际问题；在工作推动上有担当，真正把该担的责任、使命担起来，做师生推心置腹的良师益友。为师生干事，不为己做官，学校管理干部也要坚决执行"有错问责，无为更要问责"的原则。

③会干事，遵循规律"敢担当"。

干事是一个过程，要思而后行，行之有效。筹划一项工作，必须先搞好调研，明确地制定好工作目标、涉及环节、措施和方法。开展工作后，一定要明确重点，把握环节，抓好细节，善于在工作中发现新的问题和情况,并能及时想出对策和办法。同时,工作结束后更要有深入的反思和积累,听评价,看反馈,认真总结经验教训。中层干部会干事,要愿拼搏、会管理、善沟通。也就是说,在工作中除了要具有工作的主观动力、核心执行力和对过程的控制力,同时还要具有一定的沟通协调能力和人格魅力。在工作中,要让其他领导放心,更要让其他同事顺心,多为师生着想,多与同事交流,和睦相处,工作起来才能水到渠成。

④干成事,履行职责"真担当"。

任何结果都取决于努力的过程,心中有愿景,过程有方法,结果才成事,正如教育是想法,管理是抓手,实践才出成果。基于"天下大事,必作于细"的思想,任何工作都需要从细节入手,通过细致的宣传工作、严格的规章制度及精细的量化评比考核结果等方式方法,把需要师生养成的德行和规范入脑入心,进而转化成行为的自律性,从而取得良好的成效。"工欲善其事,必先利其器",所谓"器",这里可以理解为合理的规划、适用的制度、灵活的方法和执着的用心。

因此,想干事、敢干事、会干事才能"善其事",才能干成事。

⑤遇事不抱怨,不解释,不计较。

工作中没有任何借口。要模范遵守和贯彻学校的决议,不怨条件差,积极想办法,办法总比困难多。

没有任何借口

在美国西点军校,我作为新生学到的第一课,是来自一位高年级学员冲着我大声训导。他告诉我,不管什么时候遇到学长或军官问话,只能有四种回答:

报告长官,是;

报告长官,不是;

报告长官,没有任何借口;

报告长官,我不知道。

除此之外,不能多说一个字。

他曾问我:"你为什么不把鞋擦亮?"我说:"哦,鞋脏了,我没时间擦。"这样的回答得到的只能是一顿训斥,因为军官要的只是结果,而不是喋喋不休、长篇大论的辩解!

西点让我明白这样的道理:如果你不得不带队出征,那就别找什么借口了,并在当晚给士兵的母亲写信。如果你不得不解雇公司的数千名员工,那也没什么借口,因为你本应预见到要发生的事,并提前寻找对策。

"没有任何借口"是西点军校奉行的最重要的行为准则,它强调的是让每一位学员想尽办法去完成任何一项任务,而不是为没有完成任务去寻找任何借口,哪怕看似合理的借口。其目的是让学员学会适应压力,培养他们不达目的不罢休的毅力。它让每一个学员懂得:工作中是没有任何借口的,失败是没有任何借口的,人生也没有任何借口。

"没有任何借口"看起来似乎很绝对、很不公平,但是人生并不是永远公平的。西点就是要让学员明白:无论遭遇什么样的环境,都必须学会对自己的一切行为负责!学员在校时只是年轻的军校学生,但是日后肩负的却是自己和其他人的生死存亡,乃至整个国家的安全。在生死关头,你还能到哪里去找借口?哪怕最后找到了失败的借口又能如何?"没有任何借口"的训练,让西点学员养成了毫不畏惧的决心、坚强的毅力、完美的执行力以及在限定时间内把握每一分每一秒去完成任何一项任务的信心和信念。

但是,不幸的是,在生活和工作中,我们经常会听到这样或那样的借口。借口在我们的耳畔窃窃私语,告诉我们不能做某事或做不好某事的理由,它们好像是"理智的声音""合情合理的解释",冠冕而堂皇。上班迟到了,会有"路上堵车""手表停了""今天家里事太多",等等借口;业务拓展不开,工作无业绩,会有"制度不行""政策不好"或"我已经尽力了",等等借口。事情做砸了有借口,任务没完成有借口,只要有心去找,借口无处不在。做不好一件事情,完不成一项任务,有成千上万条借口在那儿响应你、声援你、支持你。抱怨、推诿、迁怒、愤世嫉俗成了最好的解脱。借口就是一张敷衍别人、原谅自己的"挡箭牌",就是一副掩饰弱点、推卸责任的"万能器"。有多少人把宝贵的时间和精力放在了如何寻找一个合适的借口上,而忘记了自己的职责和责任啊!

崔万志《抱怨没有用,一切靠自己》中说不要让抱怨成为一种习惯,危害太大。实践证明走在成功路上的都是些不抱怨的傻子,世界不会记得你说了什么,但一定不会忘记你做了什么。

下面讲一个"牛是怎么死的"故事。

牛耕田回来,躺在栏里,疲惫不堪地喘着粗气,狗跑过来看它。

"唉,老朋友,我实在太累了,"牛诉着苦,"明儿个我真想歇一天。"

狗告别后,在墙角遇到了猫。狗说:"伙计,我刚才去看了牛,这位大哥实在太累了,它说它想歇一天。也难怪,主人给它的活儿太多太重了。"

猫转身对羊说:"牛抱怨主人给它的活儿太多太重,它想歇一天,明天不干活儿了。"

羊对鸡说:"牛不想给主人干活儿了,它抱怨它的活儿太多太重。唉,也不知道别的主人对他的牛是不是好一点儿。"

鸡对猪说:"牛不准备给主人干活儿了,它想去别的主人家看看。也真是,主人对牛一点儿也不心疼,让它干那么多又重又脏的

活儿,还用鞭子粗暴地抽打它。"

晚饭前,主妇给猪喂食,猪向前一步,说:"主妇,我向你反映一件事。牛的思想最近很有问题,你得好好教育它。它不愿再给主人干活儿了,它嫌主人给它的活儿太重太多太脏太累了。它还说它要离开主人,到别的主人那里去。"

得到猪的报告,晚饭桌上,主妇对主人说:"牛想背叛你,它想换一个主人。背叛是不可饶恕的,你准备怎么处置它?"

"对待背叛者,杀无赦!"主人咬牙切齿地说道。

可怜,一头勤劳而实在的牛,就这样被传言"杀"死了。

这个故事告诉我们,工作中要谨言慎行!拒绝借口,不解释,需要强大的责任心和强有力的执行力。我国的教育从过去的应试教育到素质教育,再到今天的学生核心素养培养教育,教育在发生变革,学校管理也在发生变化,由权利制人到制度约束,再到文化自觉,这些变革要求我们不要把时间花费在寻找借口上。想做好一件事,没有借口;不想做好,可以挖空心思找一百个理由,有用吗?要勇于负责,承担起中层干部应负的责任。要主动承担责任,不主动即失职。不要把"这不归我管""我不知道""没人给我说""我也没办法"等不负责任的话挂嘴边。

⑥责任出激情,责任迸智慧,责任生力量。

对于工作目标,我们只要肯做,就能完成。有一句话说得好:这件事今天做了明天还想做,叫事业;今天做了明天还得做,叫工作。一字之差,态度有了,激情有了,责任担当就不同了。

工作中有压力意味着有了展现自我的舞台,责任心可以使压力变动力。

⑦敬业的三个层次:

用力工作=谋生尽力;

用心工作＝发展全力；

用命工作＝使命全命。

六、中层管理还需明确的几个问题

1. 深刻认识学校文化，确定管理风格

在一般人的印象中，学校文化是很遥远的事，似乎只有上了规模的大学校才有自己的学校文化。其实不然，即使一家只有十几个教师的小学校，从它诞生的那一天起，就有了自己的学校文化。它是一所学校特有的思维和行动方式的总和，是学校全体成员在办学实践中形成的思想观念和行为方式。学校文化的形成是一种渐进、长期过程，学校文化是学校综合因素整体演进的结果，体现在学校生活的方方面面。

校园文化建设是学校发展和学校管理的一种境界。学校发展的个性化是教育发展的应有之义，个性化的学校必然有独特的校园文化，这种独特的校园文化是学校发展的品质保证。学校作为一个以文化养育文化的部门，加强校园文化建设不仅是时代发展的要求，也是自身存在及发展的一种必然要求。

校园文化是一种整体风貌，它的存在状态和未来的发展状态不仅与时代有关，更与学校的历史有关。因此，学校文化建设的过程也不是一个简单的规定目标的执行过程，而是一个不断求索、不断完善、不断更新的过程。因此，这个过程不可能是一个一次性了结的项目，而只能是一个永远在路上的过程。至于过程的结果，我们可以清晰描述的只是过去，对于未来的展望我们只能寄希望于我们的努力。

校园文化建设是一个持续行为，但重点展示的是我们过去如何做的，让公众从历史中了解学校。

校园文化展示是一种诉说,这就要求我们把握诉说对象,即向谁诉说;把握诉说方式,即怎么诉说;把握诉说内容,即诉说什么。

学校文化是管理风格形成的土壤。管理不是改造人,而是唤醒人。制度不是约束人,而是激励人。例如学校中层领导每天"巡楼、查课",教师的工作态度和管理班级的风格、各班学生的整体状况、教学中存在的共性问题等尽收眼底,要及时传达、及时纠正。

适者生存——合适的才是最佳的,没有"灵丹妙药"。

2. 明确"治我"的意识

孟子曰:"爱人不亲,反其仁;治人不治,反其智;礼人不答,反其敬。行有不得者皆反求诸己,其身正而天下归之。"

孟子的意思是说:"你爱护别人但人家不亲近你,就反省自己的仁爱够不够;你管理别人却管不好,就要反省自己才智够不够;待人以礼对方不报答,就要反省自己恭敬够不够。任何行为如果没有取得效果,都要反过来检查一下自己,只要自己本身端正了,天下人民就会归顺你了。"

孔子也说过"君子求诸己,小人求诸人",说的是君子严于律己,小人苛责别人。

管理者首先不是要管理别人,而是要"治我"。要自律而非他律,有定力。

3. 掌握"留白"的艺术

学校各项工作方案、计划、奖惩条例的出台,要留有教师参与的空间,要让教师全程参与讨论和修正,以调动其积极性。任何事情提前告知、明示,事后才好办。管理者要营造教师"有话能说、有话可说、有话敢说"的和谐、宽松、民主的工作氛围,学会把工作要求变成教师的自觉认同。因为参与就是乐趣,参与才有理解和认同,参与才会执行得好,人被尊重的感觉极好!

4. 具有团队精神

当今社会这八种人将被淘汰：知识陈旧的人、对新生事物反应迟钝的人、单打独斗的人、心理脆弱的人、技能单一的人、目光短浅的人、情商低下的人、不善学习的人。看来单打独斗、孤胆英雄的年代过去了。我们要有共生理念、宽容心态、诚信品质、感恩意识、审美情趣，这是构建和谐团队的要件，是提升团队领导力、凝聚力、执行力的前提。相互补台，好戏连台；相互拆台，统统垮台。

5. 干出特色，与众不同

只要想做就一定能做好，挖掘你的潜力，整天做，专一做，持之以恒地做，做到极致，就成行家里手了。像我国情境教育创始人语文专家李吉林老师，用了38年时间致力于情境教育，获得国家级教学创新成果奖。

此外还要有所为，有所不为——人的精力是有限的，学会放弃一些事情，专注一些事情，让自己更专业，专家就是你。

一生只做一件事

比尔·盖茨在谈到他的成功经验时说："我不比别人聪明多少，我之所以能够走到其他人的前面，不过是我认准了一生只做一件事，而且把这件事做得更完美而已。"

处于一个世纪之交的变革时代，青年人要做什么样的准备？著名经济学家樊纲在一本书中提到过一个名词叫"业余的中国"，大意是说现在的年轻人都很浮躁，做事不叫"做"，叫"玩"，今天玩玩这个，明天玩玩那个，法律热门就都去考律师，会计好找工作就去学会计，日语吃香了就到处都能听到有人不时"蹦"出一两句日语。今天学这个，明天学那个，一切都是业余的。当然这些人也是很用功很好学的，也有值得肯定的一面，但人的精力是有限的，什么都想做的结果是什么都做不好，到头来就是一事无成。樊纲建议读书的时候

选择一个好的专业认认真真地学点东西,打好基础,多学点安身立命的资本,不要着急去做什么事。毕业后可以有几年的选择期,可以尝试着做几份不同的工作,看哪个最适合自己,然后选择其一沉下心来持之以恒地做下去。

西方的年轻人是这样的,他们经常是大学毕业后先去社会工作几年,在摸索和实践中确立自己今后的方向,然后再上学读研究生主攻一个专业。但是这个选择过程不能太长,最好不要超过28岁。有些年轻人快到30岁了还频繁地跳槽,这山望着那山高,看起来似乎很潇洒,其实对自己的发展很不利。

你必须有自己的一技之长,有别人无法取代你的地位,才会有安身立命的资本,才会找到一个满意的工作。无论处在什么样的社会,你都可以游刃有余地生活。

一些著名的大企业、大集团公司,如微软公司、可口可乐公司几十年甚至上百年就做一件产品,不断地研究和改进,使技术一直处在同行业的领先地位。企业的发展是这样,人的发展同样如此。

曾经有人问爱迪生:成功的首要要素是什么?爱迪生回答道:人们整天都在做事,但大部分在做很多很多的事,而我却只做一件事。如果你们将这些时间运用在一件事情、一个方向上,一样会取得成功。

是呀,如果我们一生只做一件事,做不好才怪呢!

6. 自身类别决定亲和度

强者——依仗权利与制度;

能者——凭借技术与业务;

贤者——注重修行与感化。

贤者更易被教职工接受,能者次之,强者会被教职工拒绝。

成就个人品牌的三个必备条件

个人品牌是品牌研究中的一个重要领域,越来越受到人们的重视。然而,成就个人品牌是有条件的。我认为,这些条件至少有三个方面。

其一,品德条件。品牌即人品,做品牌首先要弄清楚怎么做人,人品有问题做品牌一定会出问题,良好的道德品质是自己最大也是最恒久的资源。一个人要做个人品牌就需要"保护"好自己的道德资源,这样才能获得长久的收益。如果个人为了短期利益,肆意开采自己的道德资源,那有可能获得"超额"的短期收益,但是长久收益将与他无缘。这就是人常说的,小胜靠智,大胜靠德,小聪明特别多的人成不了大事。

其二,技能条件。技能条件是指你能够做什么,或者说,你能够帮别人解决什么问题,帮社会创造什么价值,这是成就个人品牌的基础和前提。作为教师,你有没有教育技能,解决学生的疑难,提高学生的成绩?作为校长,你有没有领导艺术,指导教师的工作,促进学校的发展?正所谓,"有为"才"有位","有位"才"有为"。"有为"和"有位"是相互联系、相互促进的。

其三,人际条件。有些人公道正派,能力很强,但可能性格内向,自视甚高,人际关系比较差,这一类人也是很难成就个人品牌的。因为品牌就是一种公众认可,是一种在基于消费者认可的基础上形成的资产,没有消费者就没有品牌。品牌是一种影响力,你人际关系差,公众不认可,你没有影响力,也就难以成就个人品牌。无论你有志于从政、从商还是从学,无论你有志于成为歌星、影星还是球星,道理是一样的。

7. 中层干部工作的"七要"

请示工作要提方案;

汇报工作要说结果；

交接工作要讲道德；

布置工作要明标准；

总结工作要说流程；

关心下级要问过程；

回顾工作要说感受。

结　语

我们说:管理之难,迎难而上。最难提高的是思想,最难作为的是细节,最难平衡的是心态,最难处理的是关系,最难得到的是真心,最难坚持的是不贪。因此倡导大家:

要做专家/不做杂家；

要做助手/不做对手；

要做执行者/不做空谈者；

要做一座桥梁/不做一堵墙；

要做加法/不做减法；

要做责任担当者/不做推卸逃避者。

成果荟萃篇(部分)

中国民俗文化小学
校园推广策略研究报告

一、课题的提出及其意义

在悠久的历史长河中,我们的先辈们用勤劳和智慧创造出了辉煌的物质文化和精神财富,为我们留下了珍贵的文化遗产。但是,随着经济社会的发展,这些宝贵的民间民俗文化遗产逐渐被淡忘、被忽略、被毁坏,有的甚至已经灭绝了。随着城市化进程日益加快,人们的生活方式也在迅速地发生着根本的改变,价值观、文化观、艺术观的嬗变,使得不少青年人变得浮躁、沮丧和无奈。再加上西方文化不时地冲击着我国的优秀传统文化,使他们热衷于洋货、洋节。只要是洋节,他们能够如数家珍,却从来不问良莠,一味全盘生吞活剥地接受,而对于我们老祖宗留下的这份宝贵的文化遗产竟置之不顾或者不屑,使得这些家底不断地被弱化、被扭曲、被肢解,甚至使其逐渐枯萎、失传、消亡……

作为基础教育工作者,我们旨在通过本课题的研究探索民俗文化在小学校园推广的有效途径与策略,使民俗文化扎根课堂,生根校园,让学生了解和喜欢我国的民俗文化,增强民族自豪感和凝聚力,把民俗文化教育作为弘扬社会主义核心价值观的有效载体,培养和弘扬民族精神,传承中华民族博大精深的优秀传统,推动社会主义精神文明和核心价值观的建设。

(一) 理论价值

本课题可从民俗文化推广的教学理论上进行实践探究,从而丰富新课改背景下民俗文化进校园的教学方法及策略。

(二) 实践价值

在"文化强国"战略的感召和指引下,目前中国社会到处都在学习、践行中华优秀传统文化。习近平总书记提出"中华优秀传统文化是中华民族的突出优势,是我们最深厚的文化软实力""优秀传统文化是文化强国的历史支撑"。民俗文化作为传统文化的一个重要组成部分,如何把民俗文化教育与社会主义核心价值观相结合,使中国民俗文化在小学校园中生根发芽是我们急需考虑的问题。研究过程中会形成教学案例、随笔、反思等宝贵的教学资源,可积极运用这些研究成果进行语文教学和素质教育的创新,具有重要的实践意义。

二、课题研究的理论依据

联合国教科文组织 1989 年提出了《保护传统文化和民俗的建议》,建议各国把民族传统和民俗文化也纳入保护的范围。据联合国教科文组织《2000 年世界文化报告》资料,世界上 57 个国家将无形文化和民俗文化遗产保护作为国家文化政策的一部分,52 个国家的立法中包含了无形文化和民俗文化遗产的"知识产权"方面的条款,2014 年 9 月 11 日,习近平总书记提出了"文化强国"战略发展思路,这些行政干预都为中国传统民俗文化的宣扬提供了坚强保障。

三、课题研究目标及研究思路

(一) 研究目标

结合各校学生的实际情况及认知水平实施中国民俗文化的推

广活动,通过班级文化建设、课程资源整合、主题活动开发等一系列教育教学实践,总结出民俗文化在小学校园中推广的具体策略,使学生了解和喜欢民俗文化,增强民族自豪感和凝聚力,弘扬社会主义核心价值观。

(二)研究思路

以课题研究的形式组建研究团队,整体规划,分配任务,分步实施,通过文献资料学习、行动研究、问卷调查等方式对各子课题开展研究,重视过程性资料的搜集与整理,及时诊断实践研究中存在的问题,加强交流与沟通,及时调控实践操作方法,最后汇总形成研究成果。

四、课题研究的主要内容及方法

(一)研究的主要内容

在教学工作中,我们准备从以下几个方面进行研究与实践,从而更加科学有序地总结出民俗文化推广的最优策略。

①做好教育教学资源的前期筛选与规划,选择适合在小学阶段进行推广的民俗文化种类及具体内容,并在具体教育教学实践研究中不断调整、完善。

②通过教育教学实践,尝试各种推广民俗文化的方法和策略,并依据教学效果反馈及时整理和汇总,形成民俗文化进校园的有效推广策略。

(二)研究方法

1. 文献资料提炼法

文献资料提炼法是指利用各种渠道查阅中国民俗文化等方面的文献资料,并及时对资料进行分类、整合、提炼,结合课程标准要求将其融会贯通,形成能够在小学校园实施的教学内容和教育资源。

2. 行动研究实践法

行动研究实践法是指在课题实践过程中,课题组通过多种形式对课题研究目标展开多层次、逐一深入的研究。教师根据不断的实践,把展现出的结果及时向课题组进行反馈,积极交流,及时明确下一步的实践方向与方法,在不断的研究、实践、反思、调整、再实践中逐步实现课题目标。

3. 问卷调查分析法

问卷调查分析法是指在课题研究初期,通过学生问卷调查当前小学生对中国民俗文化的了解程度,进行学情分析,为民俗文化校园推广教育提供实施依据;在课题推行过程中,通过学生问卷反馈,及时了解民俗文化校园推广策略的实际效果,为下阶段教育教学工作提供改进依据。

4. 反思经验总结法

反思经验总结法是指在课题实施过程中及时进行阶段性总结与反思,分析研究过程,总结研究方法,提炼经验成果。

五、课题研究的步骤安排

本课题研究时间为一年,共分为五个阶段。

1. 酝酿准备阶段(2015.3—2015.4)

①通过书籍、网络等途径深入学习中国民俗文化有关资料,系统了解中国民俗文化的分类、特点、发展动态及各类民俗习惯,为课题研究奠定坚实的理论基础。

②召开课题开题会,明确研究目的,进行课题研究前的培训,明确分工与任务。

③制定具体研究方案与措施。

2. 课题实施阶段(2015.5—2015.6)

①组织实验教师继续进行理论方面的学习,关注与本课题相关的理论研究方面的进展。

②在研究过程中,以课堂教学(包括英语课堂)与主题活动为主阵地,积极探索民俗文化在小学校园推广的有效策略。

③扎实开展每一阶段的实践研讨交流活动,并不断积累过程性资料与成果。

④在研究课题的带动下进行案例分析与经验交流,在过程中凝聚集体的智慧,加深对课题的进一步理解,深入思考,反复锤炼。

3. 课题修正阶段(2015.7—2015.9)

召开开题报告会,通过不断交流、学习,逐步开展实践活动,在过程中发现问题,及时反馈、交流、反思、调整并实践。加强相关理论知识的学习,进一步从实践行动研究的角度去观察论点,作好重点案例的实践和总结性反思的撰写,并且修正下一阶段的实施方案及改进措施。

4. 课题再实施阶段(2015.10—2016.1)

召开中期报告会,将课题实践过程中总结的研究成果用于指导再实践,根据学生反馈及时调整实施方案,使民俗文化教育序列化、系统化、有效化推行。

5. 课题总结阶段(2016.2—2016.4)

整理一年来研究的过程性资料,汇总形成研究报告。

六、课题研究的成果

中国是有着几千年悠久历史和灿烂文化的文明古国。在人类历史发展的悠久的历史长河中,我们的祖先用勤劳和智慧在认知自然、改造自然中创造、共享、传承着一定的风俗习惯,在生产生活过程中形成了一系列辉煌的物质文化和精神财富,为我们留下了浩如烟海的珍贵的文化遗产。比如,传统节日、建筑、饮食、服饰、神话故事、对联、孝道文化等这些民俗文化就成为中华民族精神的一个重要组成部分。

但是,随着经济社会的飞速发展,城市化进程日益加快,特别是西方文化对年轻一代,尤其是中小学生的强烈冲击,青少年更热衷于买洋货、庆洋节,对老祖宗留下的优秀民俗文化不顾或者不屑,使这些宝贵的民间民俗文化遗产逐渐被淡忘、被忽略、被弱化、被毁坏,有的传统民俗文化甚至已经到了濒临消亡的窘境。

为探究当下中小学生对中国民俗文化的认知情况,了解、掌握目前中小学校对中国民俗文化的教育普及情况,我们课题组开展了以"中国民俗文化在中小学校教育普及情况"为主题的调研活动。本调研主要采用问卷调查的形式,通过设计科学的问卷、选取客观的调查样本,全面了解当前区域内中小学校对中国民俗文化的教育普及情况,了解在校中小学生对民俗文化的了解程度、了解途径与兴趣方向,以便为下阶段开展的民俗文化入校园实验研究提供基础数据和调研依据。

虽然民俗文化的传承与发展前景堪忧,但是国家正在从立法角度进行干预,越来越多的人也已经慢慢重视并积极投身到保护及宣扬传统民俗文化活动中来。特别是改革开放以来,我们党和政府在总结历史经验和教训的基础上,不断发展、创新和完善自己的理论体系,从毛泽东思想到邓小平理论,从"三个代表"到科学发展观,直到现在全国上下倡导实现伟大复兴的中国梦。中国经历了几千个春夏秋冬,如今已经变成强大的社会主义国家,足见中国历史文化的精深和悠长对于我国的发展起着多么巨大的作用!

　　为积极响应联合国《保护传统文化和民俗的建议》及"文化强国"战略发展思想，更好地继承和发扬传统民俗文化的精髓，使中华优秀传统文化成为中华民族的突出优势和深厚的文化软实力，把民俗文化教育与社会主义核心价值观相结合，让民俗文化走进中小学校园，生根课堂，成为义务阶段素质教育的重要内容和有效补充，其研究具有重要的实践意义和价值。

　　课题组以中国民俗文化教育普及情况为切入点来调查当前中小学校对中国民俗文化的重视程度、普及情况及中小学生对中国民俗文化的认知情况，准确把握民俗文化在中小学校普及的教育基础和教育方向，为我国民俗文化的校园普及和发展贡献自己的力量。

　　作为我国民俗的传统节日，就是这文化宝库中的一颗绚丽明珠。说起节日，世界上各个国家和地区都有值得自己自豪并彪炳史册的日子，如果把世界上各地大大小小的节日都统计起来，恐怕每天都会有好几个节日呢！这并非耸人听闻。客观地说，在这些林林总总的节日里，有些的确是值得我们学习和借鉴的，如"父亲节""母亲节"和"感恩节"，等等，这与我们中华民族所倡导的尊老、感恩是一致的。但是有的节日我们就不太敢恭维了，如"愚人节""万圣节"等。

　　由于中国民俗文化内容未成系统教材，加之缺乏正面的理论引导和切实有效的教学方法，造成现在大部分学生都不能够正确认识中国历史文化的灿烂悠久和博大精深，从而缺乏民族自信心和自强意识。

　　目前我们面临的可悲现状是有大多数学生不愿意、不屑或不敢过自己有浓郁民族特色的传统节日。对有些学生来说，如若提起"西洋节"，他们打心眼里就认为那是"前卫的""潮的"，便会如数家珍般地滔滔不绝，以此作为炫耀的资本来显示自己时尚的"酷帅"。

若提起"中国节",便有不少人认为是"落后的""土的",对此是噤若寒蝉,他们或许是无知,或许是不屑。前几年韩国成功抢注"端午节",给我们敲响了一个警钟,令我们深思:为何我们不好好地保护和珍惜祖先留下的宝贵遗产呢?

有位哲人曾说过:"一个遗忘自己历史的民族,就像一个被掐断了脐带的胎儿。"我们面对不容乐观的现状,才有了去收集、钻研这份老祖宗留下来的"家业"的想法。

(一)借势完善民俗知识

"民俗"即"民间的风尚和习俗"的简称,它既是一种民间传承的文化事象,也是一种独特的教育资源,具有规范和教化民众的功能。其最大的特点就是具有民族性、群体性、社会性、长期性、原创性和本土性,没有受到现代生活的冲击,始终保持着它原有的本色和神秘。各种民俗文化伴随着人类生息繁衍,发展进步,各个民族所具有的民俗文化的根脉超越了历史,延伸至当今的现实世界,仍为广大民众所享用,并随之上升为形而上学的哲学,聚积着人们的智慧。

民俗文化这种大雅大俗、雅俗共赏的教育对于学生来说是一种独特的教育内容,这种把对艺术的欣赏和对民族的了解作为规范、指导的课程,无疑对学生、社会都有积极的作用。它不仅可培养我们的民族精神,加强我们的民族认同感,提升我们的道德情操,而且对我们的文明习惯、知识储备等方面都有极大的推动作用。

近几年,大部分学校依据国家提倡的三级课程来完善、补充学生的知识体系,更好地实施素质教育。学校制定一系列措施给每位教师大开"绿灯",希望大家能结合校情、学情和自己的兴趣、爱好在这方面做出努力,教师们有了展示自己才华的平台,校本课程开发也日趋成熟。为了开发好校本教材,上好校本课,教师就必须为此而去充实、完善自己的知识储备。只有这样,课堂上才可以拥有纵

横捭阖、游刃有余的从容自若,使学生从中学到在其他课程中难以学到的知识。

首先,我们进行了一次学生调查,从中了解了他们知识上的短板以及他们迫切想要了解、熟悉的知识。通过问卷调查得知他们对于我国的传统文化都有着强烈的需求,尤其是对我国经过几百年甚至几千年传承下来的传统节日更是一往情深。

当然,我们想仅凭一腔热情是远远不够的,要想干出点名堂,有所建树,就必须要俯下身子,脚踏实地地去探索研究。然后,我们要么去书店购买这方面的书籍,要么去图书馆查阅关于我国传统节日的资料,而且从不放过任何一次外出的机会,每到一地便会虚心地向当地的老人和导游去打听、去了解,掌握当地的一些民风民俗、神话传说、风物特产和饮食名吃,等等。这种"读万卷书,行万里路"的直接或间接的体验方式使我们大开眼界,增长了见识,受益匪浅:原来我国每个老百姓耳熟能详的看似平常的传统节日背后,都蕴藏着沧桑的历史和丰富的内涵!这些不同的节日在各自的形成过程中所演绎的故事深深地吸引着我们、感动着我们。中国民俗文化如果能走进中小学校园、课堂,使学生领略我们中华民族那灿烂悠久、博大精深的传统民俗文化,意义必将深远。这种想法随着时光的流逝愈来愈强烈,这在无形中给自己造成的压力也就越来越大。有时,我们会遇到某个问题,就必须通过网络或书籍等方式去查找很多很多的资料,以求获得更多方面的翔实考证,充实论证资料。

感谢学校给了我们这个展示自我的平台和机会,它不但使我们的兴趣爱好得到了很好的培养和提高,而且使我们不断地体会到了"教学相长"的乐趣。课堂上我们酣畅淋漓的讲解,学生们专心致志的听讲,使我们内心深感到教师的责任和自豪。虽然我们也得到了一些好评和赞誉,但是也存在一些遗憾和不足。

在教学过程中,我们愈教愈感觉自己知识的浅薄和狭窄,有的知识点还没有能够更深入地探讨和挖掘,有时的确感觉愧对学生那一双双纯真的眼睛,真正感觉到了"学然后知不足,教然后知困"的紧迫感。

这就要求我们今后要更加严格地要求自己,博览群书,夯实基础,无愧于教书育人的职业道德。

通过一年来的实践,学生对这门课从新奇到非常感兴趣,并且课下能够把所学的知识讲给身边的亲朋好友,这更增加了他们的民族自豪感和自信心。对我们自己来说,这也是一个极大的挑战。这迫使我们不断地学习、钻研,增加知识的广度和深度,博采众长,既要研究历史资料,也要了解世人的一些最新研究成果,我觉得只有这样,才不会在现实中被击败,才会使我国民俗文化在我们的手中得以传承并发扬光大。

记得有一次给学生讲"清明节"的到来,其中讲到介子推与晋文公。为了使这堂课的内容更丰富多彩、更有信服力,我们打开《史记》和"历史地图册",研究晋世家历经坎坷的事例和当年落魄逃难的路线,这样更能够图文并茂,打动学生。还有讲"端午节",为了使课堂有趣味,能够引人入胜,我们就去看《屈原列传》《越王勾践世家》《伍子胥列传》……

比如一提起"端午节",很多人会很坚决地认为这与屈原有着不可分割的联系,或者说因为屈原的死而流传下来这个节日——这在中国恐怕是家喻户晓、妇孺皆知的常识了。但闻一多先生在考证"端午节"的来历时得出事实并非如此。因为在屈原之前,我国古代南方吴越之地的氏族部落为了证明他们的"龙子龙孙"的高贵身份,在"龙日"之时就开始"断发文身",划独木舟,往水里投放食物,以此来祭奠自己的祖先。这本是吴越民族的一个龙图腾氏族举行图腾

祭拜的节日,叫"龙子节"。在龙的生日这天,人们穿着盛装,划着打扮成龙形的舟船,泛舟江湖之中,并且往水里投祭品,以示祭祀祖先。这个节日距今至少也有四五千年的历史了。而祭屈原则是在战国之后,也就是说,"端午节"在屈原出生之前就已经产生并盛行起来了。再则,在我国不同的地域,"端午节"祭祀的对象也各不同。如在浙江会稽一带,人们祭的是孝女曹娥,而在吴越两地祭的则是春秋时代的大将军伍子胥。这些传说可以说完全颠覆了人们的常识,使学生大开眼界,拓宽了知识面,使他们更乐意去听、去探究。

可以说,对于每个传统节日以及这些节日的来龙去脉,我们必须首先要搞清楚、弄明白。只有这样,我才有胆量站在三尺讲台上,面对那一双双充满求知和好奇的眼睛,并使得我的学生们从我的讲解中真正地懂得传统文化的真,是民族的真;传统文化的善,是民族的善;传统文化的美,是民族的美;我国的优秀传统文化为他们留下了无上的真善美感受并幻化成了空灵的意境之美。

(二)借史增强民族自信

我国传统节日贯穿一年的始终,我们就随着季节、时令的更替变化来讲解。当某个节日临近时,就去积极认真地准备、仔细谋划。其实,关于某个节日的"源"和"本",许多学生内心很早就想了解,于是我们就借他们这股渴望求知的"东风",在课堂上讲一些他们想知道而不知道,甚至连他们的家长也未必清楚的传统文化知识,满足了他们对知识的渴求。

教师们根据中国传统节日时间顺序在课堂上给学生们讲授民俗知识。大家发现,当讲到某个节日的定义时,学生先是好奇,再讲到这个节日的来历时,他们又转而兴奋,感到大开眼界。关于这个节日流传下来的一些风俗习惯,他们都很踊跃地发言,争取把自己知道的说出来与大家分享。整个课堂气氛异常活跃,学生的发言虽然有些片面甚至是想当然,但我们都做出肯定的评价,激发学生喜爱民俗文化的热情。课后,有的学生表示要向家人、朋友讲述这个节日的渊源和衍生的一些传说故事,并坚信他们一定会认真、心悦地倾听的。刚开始稍微排斥的极个别同学这时也都会对我国的民俗文化有更深的了解和认识,更加陶冶了他们的情操,并使他们从内心里真正感受到中国传统民俗文化的唯一性和永远不可替代性。这是一个多么好的传统教育和道德教育机会呀。

我们把这些民俗节日传统文化带入课堂,不仅仅是让学生听听故事,更重要的是让他们从中提升民族自豪感和自信心。为此,我们就把中西方几个较有影响的节日进行比较。比如"西方的情人节",很多人都知道是每年的2月14日,传说是在公元3世纪古罗马发生的事情。而"中国的情人节"是在每年的农历七月初七,也就是大家非常熟悉的七夕鹊桥会——牛郎和织女的故事。这个故事的雏形最晚也是在战国中后期就已经形成了。这样一比较,学生知道流行于中西方的这两个"情人节"前后竟然相差四五百年!再如"西方的感恩节",在美国是最地道、最不折不扣的国家节日。故事发生在1621年,移居美洲的清教徒和当地的印第安人共同为一年来受到上苍的恩典表示感谢,并虔诚地祈求上帝继续赐福。而我国"中秋节"的由来源于我国的土地崇拜——敬土地神。我们平常所说的"江山社稷"中的"社""稷"就分别表示"土地神"和"五谷神"。远古年代,先民们春天播种时要祭土地神,祈求来年风调雨顺、五谷丰登,叫"春祈"。八月中旬,正是秋粮收割之际,一年的汗水播撒在土地上,收获在即,因此家家户户又要祭拜土地神,答谢神灵的护佑,这叫"秋报"。于是,围绕"秋报"出现了一系列仪式和风俗活动。北京的"天坛"和"地坛"就是封建帝王祈天谢地的场所。还有"父亲节""母亲节",其实这和我国"清明节"的祭祖、"重阳节"的敬老都

有异曲同工之妙。可见,这些舶来品的节日在中国的传统节日中都可或多或少地找到它们的影子,而中国的传统文化更源远流长和博大精深,更令世人叹为观止、津津乐道,这不正是很好的爱国主义道德教育吗?

针对学生爱听故事的特点,我们上课时力求增加故事性和趣味性。民俗文化的代表之一——传统节日的形成,不是一朝一夕的事,是在历史长期的发展、人们认识的不断提高、事物不断的演绎中推进的,其中一定有许许多多感人的故事。学生都爱听故事,因为它有人物和引人入胜的情节。抓住这个切入点,尤其是每个节日的形成以及衍生出的民俗文化,让学生们想听、爱听,只有这样才能达到事半功倍的效果。课题组要求教师们把我国的每一个传统节日,通过对它的名称(包括其他别称)的由来、它的传说故事以及由此而产生的一些民风民俗这三部分进行细致而深入浅出的讲解、分析、点化、挖掘和拓展,使学生对这个节日有更深的了解和把握。

以前,他们只是听说这个节日如此如此,仅仅局限于浮光掠影般的一些皮毛常识,他们只是知其然,而不知其所以然,他们从来不去深究它的悠久和深奥。比如"清明节"的踏青习俗,在课堂上穿插崔护的《过城南庄》这一首诗演绎的爱情故事,学生就很感兴趣了。

当我们说要继承和弘扬我国的民俗文化,实际上就是尊重、保护和发展我们的生存空间和优良的生活方式,珍惜广大劳动人民在社会生产中创造、传承和享用的精神文化,使我们深信历史的长河有多远,中国的民俗文化就有多长!

(三)借时扬弃民俗文化

每个节日的形成都有其当时赖以形成和生存的时代环境。由于历史的长久性、包容性和局限性,传统节日既是一份珍贵的文化遗产,也不可避免地包含着一些封建因素和迷信糟粕。因此,在对待传统文化的态度上,有的学生认识不够深刻,出现了"精华和糟粕"并举的情况。这个分寸如果把握不准,就可能给学生造成一种错觉和误解。这就严格要求教师必须对学生表明对待传统文化要采取"扬弃"的态度,培养他们良好的历史唯物主义观和社会主义核心价值观。比如,在讲"孝道文化"时,在倡导学生孝顺、孝敬的同时,要避免"愚忠""愚孝"等错误的观念和做法。只有这样,才会在学生的心目中树立起健康正确的人生观和社会主义核心价值观。学生看问题有些肤浅和片面,情绪往往大于理智,所以,在弘扬民族文化精神的同时,一定要坚持"扬其精华,去其糟粕"的原则,让学生都有一双识别良莠的慧眼将民俗文化发扬光大。

总的来说,中国传统节日在流行和演变的过程中吸收了儒、道、释文化的一些元素,加上我国多民族文化的相互渗透、吸收,具有广泛的融合性。所以,传统节日是在长期的历史发展过程中形成、发展起来的,它凝结着中华民族的民族精神和民族情感,凝聚着我国古代人民的智慧和古代文明的奥秘,是维系国家统一、民族和谐的重要精神纽带,是建设社会主义先进文化的宝贵资源。它承载着民俗文化的血脉和思想精华。民俗文化就像一座桥梁,贯古穿今,把人类的文明与进步串成一条永不止息的长河。

(四)借课程传播民俗文化

课题组通过入校园进行问卷调查、民俗知识进课堂等途径欣喜地发现,师生对民俗文化的认知有所提升,热情逐日高涨,很多学校依托校本课程、社团活动、节日活动来弘扬民俗文化。像金水区某小学的社团课程中就有一个专门研究中国传统节日习俗的"民俗百事通"社团,成员主要是五年级的大孩子们。这个社团开设的目的就是组织社团成员对中国民俗中的传统节日以及相应的各种习俗做系统的、全面的了解,使参与其中的孩子们在收获知识的同时加

深对祖国传统节日和民俗的认识,进而产生身为中国人的民族优越感和自豪感！社团开设的主要课程包括：①传统节日有哪些？②课本里和传统节日相关的文章有哪些？③每个节日的习俗你知道吗？④老家人最喜欢过的节日有哪些？⑤过这些节日时大家都要做些什么？一个学期,社团课里,他们都要就由这些简单的问题组成的课程去研究、调查,甚至还做了采访和问卷调查。每一期的社团课,孩子们都开展得颇有风采,而且,截至目前,每个孩子都有了厚厚一沓资料成果。前一段儿,他们还专门设计了"过一个有意义的中秋节"的有趣又有意义的计划。在这个计划中,孩子们按照他们搜集来的许许多多的习俗罗列出了自己最想参与的中秋节活动,比如：和家人一起赏月、吃月饼,制作属于自己的logo(标识)月饼,尝一尝南方的糍粑,和爸爸妈妈一起去公园赏桂花,等等。通过对活动的参与,孩子们不仅对中秋节的来历有了深入的了解,人人都能吟诵苏轼的《水调歌头·明月几时有》,而且对中秋节的习俗活动了如指掌,并乐此不疲地参与到活动的计划和实施以及分享中来。

这样有序又贴近学生生活实际的社团活动,作为我们中国民俗文化在小学校园的推广来说,何尝不是一种最佳的策略呢？我们的校本课程开发也是如此。金水区某小学尝试开发"对韵"校本课程,并通过班级主题文化建设、课程资源整合、学生活动开展等教育教学实践,使学生了解对联的起源、发展,认识对联的特点,欣赏对联之美,练习对对子,积累语言,训练思维,提高表达能力,增强审美情趣,从而感受传统民俗文化的精妙,成为自觉传承、宣传民俗文化的践行者。某小学开展的"中国结"校本课程、金水区某小学开展的"朱仙镇木版年画"社团课程、某国际学校春节游戏沙龙等都对民俗文化在校园中的推广起到了很好的助力和引领作用。这样的课程开设、社团活动、节日游戏不仅摆脱了语文教师紧靠语文课堂推广民俗文化的局限性,也为在小学校园中大力普及民俗文化做好了铺垫。

因此,我们课题组专门对参与研究的学校里的校本课程和社团活动做了深入的改进和整合,不仅使参与研究的教师所带的社团活动有了更加翔实、科学的活动计划,也带动了其他语文教师推广"民俗文化进校园"的积极性。

综上所述,一年来,我们注重过程研究,注重反思提升,力求课题研究扎实有效,使民俗文化扎根课堂,生根校园,走到家庭,走向社会,充分发挥中国民俗文化的影响,在师生中、在校园里、在社会上形成了良好的民俗文化氛围。把民俗文化教育作为弘扬社会主义核心价值观的有效载体,培养和弘扬师生的民族精神,传承中华民族博大精深的优秀传统,有力地推动了社会主义精神文明和核心价值观的建设。

幼儿生活体验课程的开发与实施实践研究报告

《幼儿园教育指导纲要(试行)》在健康领域和社会领域明确指出：培养幼儿养成健康生活的态度和行为习惯；培养幼儿良好的生活、卫生习惯，要求幼儿有基本的生活能力；有初步的安全和健康知识，知道关心和保护自己；帮助幼儿养成良好的饮食、睡眠、盥洗、排泄等个人生活卫生习惯和爱护公共卫生的习惯；指导幼儿学习自我服务技能，培养基本的生活自理能力。作为一线教育工作者，我们旨在通过本课题的研究探索幼儿生活体验课程实施的有效途径与策略，使幼儿在课程引领下，在活动实践中不断提高各种生活能力，做适应社会发展的未来人才。

一、课题的提出及其意义

21世纪的幼儿教育强调幼儿是教育过程中的主体，幼儿教育应该为幼儿一生的发展打下基础。学会生存、学会认知、学会做事、学会与他人共同生活，这四方面是人生活的四根支柱。作为教育者，要有计划地促进幼儿这四方面能力的形成和发展。

幼儿的生活包括幼儿的个人生活、幼儿园的生活和社会生活，它们都是幼儿园课程的重要资源，是幼儿园课程取得成效的保证，也是幼儿园课程的立足点。幼儿的生活对于幼儿园课程具有十分重要的意义，幼儿的个人生活充满了发展的契机，且是生动的、感性的,同时也是幼儿进行自我教育、自我提升的过程。如果充分利用并开发这些资源,选择与幼儿生活密切联系的内容,让幼儿在生活中学习,在生活中发展,就能培养幼儿健康的个性,使幼儿养成良好的习惯,激发幼儿的学习兴趣,增强幼儿的生活能力。

由于很多幼儿是独生子女,家长溺爱孩子,很多孩子上幼儿园了还不会自己吃饭、穿衣,大小便不能自理,不会自己整理自己的物品,安全意识差,不懂得自我保护。早在20世纪二三十年代,陶行知先生的"生活教育理论"中就提出:生活即教育,社会即学校。《幼儿园教育指导纲要(试行)》也明确指出:幼儿园应充分利用自然环境和社区的教育资源,扩展幼儿生活和学习的空间,共同为幼儿的发展创造良好的条件。《纲要》在健康领域和社会领域也确定了明确的生活培养目标:培养幼儿养成健康生活的态度和行为习惯;培养幼儿良好的生活、卫生习惯,要求幼儿有基本的生活能力;有初步的安全和健康知识,知道关心和保护自己;帮助幼儿养成良好的饮食、睡眠、盥洗、排泄等个人生活卫生习惯和爱护公共卫生的习惯;指导幼儿学习自我服务技能,培养基本的生活自理能力。《纲要》要求幼儿园"在共同的生活和活动中,帮助幼儿理解行为规则的必要性,学习自觉遵守规则;教育幼儿爱护玩具和其他物品,用完收拾;引导幼儿接触常见职业的人,了解他们的劳动及其与自己生活的关系,尊重、感激他们",所以教育走向社会、教育回归生活是幼儿园教育的必然。

作为学前教育工作者,我们旨在通过本课题的研究实践,开发与实施幼儿生活体验课程,使幼儿生活体验课程品牌化,并把研究成果加以推广,让幼儿在现实生活情境中主动学习,积极体验,在体验中积累经验,促进幼儿学习能力与生活能力的协同发展,为更好地适应现实生活和未来社会奠定良好基础。

（一）理论价值

本课题可从幼儿园教育生活化、体验化的教学理论上进行实践探究，从而丰富幼儿生活体验课程的内容、教学方法及推广策略。

（二）实践价值

国外生活体验课程已经在幼儿园开展，并成为幼儿教育的重要组成部分。像美国、德国、韩国、日本等国家的幼儿园注重儿童自我服务和为他人服务能力的培养、社会行为能力的发展，帮助儿童变得独立，养成良好的生活习惯，通过集体生活学会融入社会。在国内，近几年大部分幼儿园也逐步重视幼儿生活教育，但远远不够，没有完整、科学的幼儿生活体验课程体系。如何开发幼儿生活体验课程并使之走入幼儿园，成为幼儿教育的常态化内容，是我们课题组需要探索实践的目标方向。

把生活体验课程与《幼儿园教育指导纲要（试行）》相结合，使生活体验课程生根发芽。我们在研究过程中会形成教学案例、随笔、反思等宝贵资源，并积极运用研究成果进行幼儿良好习惯的培养和素质教育的创新，具有重要的实践意义。

二、课题研究的理论依据

根据《国务院关于当前发展学前教育的若干意见》精神要求，依据《幼儿园教育指导纲要（试行）》《幼儿园工作规程》《3—6岁儿童学习与发展指南》《河南省托儿所幼儿园卫生保健管理实施细则》《幼儿园平衡膳食食谱》，我们对幼儿生活体验有了更深入的认识。体验，是在实践中认识事物，亲身经历。幼儿生活体验课程中，体验是以经验为基础，立足于儿童与自然、社会的有机融合。体验是儿童的存在方式，是儿童理解世界与人生、追求自身生命意义的方式，是生命意义和精神世界的建构。体验既是儿童学习的内容,又是学习的途径,它指向儿童自然性、社会性和自主性的健全发展。

三、课题研究目标及研究思路

(一)研究目标

本课题试图通过"生活→教学→生活"的实践过程,将幼儿园各领域活动还原为取之于幼儿生活实际并具有现实意义的教育活动,通过生活自理能力的培养、礼仪教育、社会实践等课程资源整合、主题活动开发等一系列教育教学实践,总结出生活体验课程的具体内容和实施策略,让幼儿真实地感受、理解、掌握基本的生存生活能力,逐步形成健康的生活习惯和交往行为,在生活体验中愉快、安全、健康地成长。

(二)研究思路

以课题研究的形式,组建研究团队,整体规划,分配任务,分步实施,通过文献资料学习、行动研究、问卷调查、案例分析等方式开展研究,重视过程性资料的搜集与整理,及时诊断实践研究中存在的问题,加强交流与沟通,及时调控实践操作方法,最后汇总形成研究成果。

四、课题研究的主要内容及方法

(一)研究的主要内容

在教学工作中,我们准备从以下几方面进行研究与实践,从而更加科学有序地总结出幼儿生活体验课程的开发与实施条件、步骤等。

①做好教育资源的前期筛选与规划,选择适合在幼儿园阶段实

施的生活体验课程的类型与具体内容,并在具体实践研究中不断调整、完善。

②通过教育实践,尝试开发幼儿生活体验课程的内容与实施方法、策略,并依据教学效果反馈及时整理和汇总,形成幼儿生活体验课程的具体内容与有效实施策略。

(二)研究方法

1. 文献资料提炼法

利用各种渠道查阅幼儿生活课程、体验课程等方面的文献资料,并及时对资料进行分类、整合、提炼,将其融会贯通,形成能够在幼儿园实施的教学内容和教育资源。

2. 行动研究实践法

在课题实践过程中,课题组通过多种形式对课题研究目标展开多层次、逐一深入的研究。实验教师根据不断的实践,把展现出的结果与课题组进行及时的反馈与交流,及时明确下一步的实践方向与方法,在不断的研究、实践、反思、调整、再实践中逐步实现课题目标。

3. 问卷调查分析法

课题研究初期,通过家长、教师问卷,调查当前幼儿生活能力、行为习惯、社会适应方面的发展水平,进行分析,为生活体验教育提供实施依据;在课题推行过程中,通过问卷反馈、案例分析及时了解生活体验课程开发的实际效果,为下阶段教育教学工作提供改进依据。

4. 反思经验总结法

课题实施过程中及时进行阶段性总结与反思,分析研究过程,总结研究方法,提炼研究成果。

五、课题研究的步骤安排

本课题研究时间为一年,共分为五个阶段。

1. 酝酿准备阶段(2016.3—2016.4)

①通过书籍、网络等途径深入学习幼儿生活体验教育有关文献资料,系统了解幼儿生活体验教育的分类、特点、发展动态及各类生活习惯,为课题研究奠定坚实的理论基础。

②召开课题开题会,明确研究目的,进行课题研究前的培训,明确分工与任务。

③制定具体研究方案与措施。

2. 课题实施阶段(2016.5—2016.7)

①做好本课题开题报告,组织实验教师继续进行理论方面的学习,关注与本课题相关理论研究方面的进展。

②在研究过程中,以主题活动为主阵地,积极探索幼儿生活体验课程开发实施的有效策略。

③扎实开展每一阶段的实践研讨交流活动,并不断积累过程性资料与成果。

④在研究课题的带动下,进行案例分析与经验交流,在过程中凝聚集体的智慧,加深对课题的进一步理解,深入思考,反复锤炼。

3. 课题修正阶段(2016.8—2016.9)

通过不断学习,逐步开展实践活动,在过程中发现问题,及时反馈、交流、反思、调整并实践。加强相关理论知识的学习,进一步从实践行动研究的角度去观察论点,作好重点案例的实践和总结性反思的撰写,并且修正下一阶段的实施方案及改进措施。

4. 课题再实施阶段(2016.10—2017.1)

将课题实践过程中总结的研究成果用于指导再实践,根据幼儿

园教师、家长反馈及幼儿表现及时调整实施方案,使幼儿生活体验教育序列化、系统化、有效化推行。

5. 课题总结阶段(2017.2—2017.4)

整理一年来研究的过程性资料,汇总形成研究报告。

六、课题研究的成果

幼儿生活体验课程是建立在幼儿生活体验基础上的一种有目的、有计划、有组织的,以全面提高幼儿素质为目标,以培养幼儿多种生活技能为主要内容的活动课程。其目标是"使幼儿养成良好的生活习惯,了解必要的生活常识,形成基本的日常生活技能,初步理解自己与集体、社会和大自然的关系,激发幼儿热爱生活的情感,为培养自立、自强的生活能力奠定基础"。

作为教学一线的教育工作者,教学实践经验是我们的优势。我们的研究是以解决实践中遇到的问题为主。我们的问题是:随着"以人为本"教育理念对课程产生重要影响,我国幼儿园课程逐步呈现出多元化发展,但在幼儿教育实践中,仍存在教育不能与幼儿生活紧密结合、课程实施过程中幼儿亲身体验不够等问题;再加上当前家庭教育中家长溺爱孩子,过于重视知识技能的学习,使得孩子普遍存在生活能力弱,缺乏健康的生活习惯和交往行为,独立性、社会适应性差等问题。如何使幼儿园课程回归幼儿生活,重视幼儿在活动中的体验,使教育生活化、体验化,为幼儿一生的发展奠定良好基础成了我们面临的重要问题。课题的引领使我们的实践有了明确的努力目标和方向,我们在实践过程中提高了教育理论水平,并将自己的研究成果及时运用到教学实践中去,从而提高了自我的教育教学水平,促进了幼儿健康发展。我们在共同研究的过程中,也体验到了课题引领带来的成就感。

(一)依托问卷了解幼儿礼仪情况,加强礼仪教育

《幼儿园教育指导纲要(试行)》明确指出,幼儿园教育的任务,是要为幼儿一生的发展奠定基础。而幼儿独立生活自理能力和良好习惯的培养,对其一生的发展都有重大意义。在幼儿园开展礼仪教育,让孩子们从小就开始学习如何做人、如何与人相处、交往、合作,不仅有利于孩子教养的提高及其人格的健全发展,有利于促进幼儿养成良好的生活习惯和行为习惯,也有利于提高下一代的综合素质,最终促进全社会文明程度的提高。

幼儿生活活动主要指生活自理、交往礼仪、自我保护、环境卫生、生活规则等方面的活动。幼儿礼仪教育内容包含了生活规则、部分生活自理内容,还有自我保护的相关内容。幼儿礼仪教育在幼儿园开展,与幼儿一日生活相结合,成为幼儿生活体验课程的组成部分及幼儿素质教育的重要内容和有效补充,其研究具有重要的实践意义和价值。

中华民族号称礼仪之邦,礼仪是人类文明的结晶,是现代文明的重要组成部分。它体现的宗旨是尊重,既是对人也是对己的尊重。这种尊重总是同人们的生活方式融合在一起,成为人们日常生活、工作中的行为规范。但百年来"西潮"冲击、传统解体,我们的民族文化传统被继承下来的越来越少。代表今天文明程度的诸种礼仪,包括怎么吃饭、怎么睡觉、怎么穿衣、怎么走路、怎么跟人谈话,基本上都处于失序状态。2007年人大代表和政协委员就提出"倡导文明礼仪教育要从小抓起"的号召。

幼儿礼仪指幼儿在幼儿园、家庭、社会活动中所必须遵守的一些简单的行为规范。为探究当下幼儿礼仪教育在幼儿园开展的情况,我们课题组开展了以"幼儿生活礼仪调查"为主题的调研活动。本调研主要采用问卷调查的形式,通过设计科学的问卷、选取客观

的调查样本,全面了解当前幼儿礼仪教育在幼儿园一日生活中的开展及渗透情况。

我们调研的主要内容有:

- 调查对象基本情况;
- 幼儿文明礼貌培养的程度;
- 幼儿生活自理能力;
- 幼儿生活习惯的养成;
- 幼儿行为习惯的养成;
- 幼儿遵守规则的意识;
- 幼儿礼仪教育在幼儿园开展的情况;
- 礼仪教育与幼儿一日生活结合的情况。

通过抽样问卷调查和个别访谈,我们发现:

- 幼儿园和家长比较重视对孩子的礼貌教育,90%的幼儿在成人提醒下能有礼貌地入园问好、离园说再见、收到礼物说谢谢。
- 幼儿生活自理能力较弱,自我服务意识淡薄,比较依赖家长和教师的帮助,比较任性,以自我为中心,控制能力较差,玩具玩完后不能及时整理。
- 家长和幼儿园比较注重幼儿卫生习惯的培养,幼儿有讲卫生的意识,良好的卫生习惯正在逐步养成。幼儿在家长和教师的提醒和帮助下正在逐步形成良好的生活习惯。80%的孩子养成了午睡的习惯,在家长的提醒下按时起床、主动饮水,基本能够不挑食、不偏食、不撒饭剩饭。
- 幼儿文明、友好交往能力弱,与同伴合作意识弱,不善于倾听,家长和幼儿园要加强对幼儿良好行为习惯的培养。
- 幼儿的规则意识较强,愿意遵守游戏规则及公共秩序。

礼仪就是教我们如何轻松愉快地与人交往,幼儿礼仪教育就是教育幼儿在家里、在幼儿园、在公共场所要遵守简单的行为规范。针对本次问卷调查,结合幼儿生活礼仪教育在幼儿园的开展情况和礼仪教育在幼儿一日生活中的渗透情况,我们提出以下几点建议。

·幼儿良好行为习惯的养成来源于生活、完善于生活,通过幼儿的一日生活及特定活动来培养幼儿的良好行为习惯和文明礼仪。

·培养幼儿文明的行为礼仪。从"坐、立、行"入手,通过规范的指导和训练,逐步使之内化为幼儿的品质,让幼儿养成文明的行为习惯。

·培养幼儿文明的交往礼仪。从孝敬父母、尊敬老师、关爱同伴入手,通过开展主题实践教育活动,让幼儿养成文明的人际交往习惯。

·从日常生活中各种习惯的养成入手,引导幼儿从勤洗手、不吐痰等细小环节做起,通过主题实践教育活动让幼儿养成良好的生活习惯。

·从家园共育工作入手。

3—6 岁的孩子处在身心快速发展的阶段,家庭生活活动的高质量是他们得以顺利成长的重要保障。在家庭中,家长需要对孩子的睡眠、吃饭、喝水、盥洗、穿衣等环节都关注到,保教结合,保证孩子在身体健康成长的同时形成良好的生活习惯,掌握生活技能。基于此,建议家长从以下几个方面改进:

·让孩子每天坚持晚九点睡,早七点起;

·让孩子每天有两小时左右的时间午睡;

·每天给孩子讲 15—30 分钟的睡前故事;

·每天与孩子有固定、温馨的道晚安方式;

·保证孩子进餐定时、定点、定量;

·正餐前不要让孩子吃零食;

- 让孩子使用自己挑选的餐具；
- 保证孩子独立进餐；
- 鼓励孩子餐前主动帮厨，餐后主动整理；
- 每天保证孩子喝水4—5次，每次150毫升左右；
- 让孩子多喝温开水，少喝、不喝饮料；
- 让孩子知道餐前便后要洗手；
- 帮助孩子养成早晚刷牙、餐后漱口的习惯；
- 给孩子勤洗澡、勤洗头、勤换衣服；
- 教会孩子如厕后做好自身和卫生间的清洁工作；
- 让孩子自己收拾、整理房间、衣物、图书、玩具等。

（二）依托课程促使幼儿体验生活，培养必要能力

随着幼教改革的不断深入以及《幼儿园教育指导纲要（试行）》《3—6岁儿童学习与发展指南》精神在幼儿园的深入贯彻落实，结合国内外对幼儿园课程的研究，我们知道幼儿园课程只有回归幼儿生活、回归幼儿经验才能是真正适合幼儿的、能让幼儿感受幸福的课程。而幼儿的经验是建立在直接感知、实际操作和亲身体验的基础上的，要让幼儿获得丰富的经验，必须更新观念，真正关注幼儿的生活和经验，关注幼儿的行动和思维，关注幼儿的体验和感受。

为使幼儿园的课程更适合幼儿发展的需要，课题组与教师们在幼儿园"生活体验课程的开发与实施"方面进行了积极的探索与研究。教研之初，教师们片面地认为生活体验课程就是生活技能训练，其内容就是自理能力的培养；这种课程只适合在小班做，因为小班的孩子年龄小，生活能力相对较弱，需要培养；厨艺坊、制作坊就是体验课程，就先从这方面开始做；生活体验课程就是要组织幼儿走出幼儿园，把课堂搬到大自然和社会中去开展……教师们或者将生活体验课程等同于生活技能训练、生活习惯的养成和自理能力的培养,或者将其等同于走进自然开展社会实践的主题活动,或者认为只要将各种制作坊搬进幼儿园内就更像生活体验课程……

案例1:小班幼儿入园后有很多孩子存在挑食、剩饭的现象,即使在中班和大班也存在不少这种情况。为了培养幼儿良好的进餐习惯,教师就利用讲故事、进餐前朗诵有关儿歌、进餐时不停提醒以及给予吃饭好的孩子奖励等方式进行教育,一段时间过后,班上幼儿的进餐习惯的确有了进步。

这样的教育看似让幼儿养成了良好的进餐习惯,但是幼儿在习得这种能力时是以积极的状态投入其中还是在教师不断的强化→重复→巩固中被动习得的,值得我们思考。

案例2:当前很多家庭由于父母平日工作忙,家中的老人承担起了照顾、接送孩子,操持家务的责任。马上就到重阳节了,教师们想是不是要引导孩子们为老人做个礼物送给他们以表心意呢,于是就利用区角游戏时间组织孩子们为自己的爷爷奶奶制作了贺卡、花环等礼物,在节日当天送给家中的老人,表达对老人的爱心与祝福。

这看似是一个生活体验课程内容,但在整个活动过程中,教师虽然想到要利用重阳节培养幼儿尊老、敬老的良好品德,却忽略了让幼儿感受一下爷爷奶奶日常操劳的辛苦,孩子们对爷爷奶奶爱的表达也不是有感而发,而是在教师的组织下被动表达的。

从以上案例可以看出,生活体验课程不是单纯地对幼儿生活习惯的培养、生活技能的训练,不是单纯由教师来导演的一个个节日活动或外出参观活动,更不是简单地将教育活动由室内移到室外,而是需要教师真正理解生活体验课程的内涵,将这种教育理念真正内化并转为真实的教育行为。在体验课程中,幼儿与教师任何一方都不是被动的接受者,双方都是积极主动的互动者。体验学习是从对周围事物的感受开始的,所以生活体验课程应与幼儿的真实生活

融为一体,关注幼儿的生活经验与亲身体验,引导幼儿习得生活知识经验,形成积极的生活态度,获得一定的生活能力,使教育教学实现对生活的回归。

经过不断反思与学习,不断剖析生活体验课程,教师们澄清理念、改进行为,组织实施和开发生活体验课程的水平不断提高。

1.深入了解孩子的现有知识经验和年龄特点,重视孩子在各种活动中的亲身体验

案例1:今年的重阳节,我们不再只关注如何引导孩子去表达自己对老人的爱,我们思考的是通过什么样的方式让幼儿真正体验到老人的辛苦,从而主动去向他们传递自己心中的那份感恩。

通过教研,教师们认为可以开展重阳节主题活动对幼儿进行教育。

活动一:我的爷爷奶奶。

此活动旨在让幼儿体验家里老人的辛苦与操劳。从引导幼儿观察爷爷奶奶在家做什么事情并记录下来开始(小班用照片的形式展现,中班和大班用记录表形式呈现),通过有目的的引导,孩子们发现原来爷爷奶奶虽然不用上班,可是他们要买菜、给全家做出可口的饭菜、接送自己上下幼儿园、给自己洗衣服,有的还要照看小弟弟小妹妹……之后组织幼儿讨论:你觉得爷爷奶奶辛苦吗?为什么?你为爷爷奶奶做过什么事?以此来感受爷爷奶奶的辛苦,唤起幼儿对爷爷奶奶的爱。

活动二:送给爷爷奶奶的礼物。

引导幼儿用自己喜欢的方式进行艺术创作,制作贺卡、花环等,小班邀请爸爸妈妈一起为爷爷奶奶制作礼物。

活动三:艺术欣赏《常回家看看》。

通过请幼儿观看空巢老人的图片,引导幼儿说说老人的表情和

心情,以及欣赏歌曲《常回家看看》视频,引导幼儿对比老人两种截然不同的心情,唤起幼儿关爱老人、尊敬老人的情感体验,并去看看自己家里的老人。

活动四:亲子活动"爷爷奶奶来过节"。

重阳节当天把爷爷奶奶邀请到幼儿园,通过为爷爷奶奶表演节目、让爷爷奶奶展示自己的拿手技艺、给爷爷奶奶送礼物等,激发幼儿尊老、爱老、敬老的美好情感。爷爷奶奶展示自己的拿手技艺:有的能做一手好菜,有的会织毛衣、做针线和布艺手工,有的会书法,有的会太极、会舞剑,有的会吹葫芦丝……孩子们情不自禁地为他们鼓掌,并主动为爷爷奶奶捶背揉肩、端水、送水果,很多孩子搂着老人说"奶奶我爱你!""爷爷辛苦了!"。这份爱的表达不是外界强加给幼儿的,是他们在亲身体验过以后一种主动的、由内而外的表达。这种经验直达孩子的内心世界,这才是孩子需要的,是具有现实意义的。

案例2:春天来了,我园南墙边种植区有一片空地。在一次散步后的谈话活动中,教师和孩子们商量着在地里种点什么。话题一抛出立即引发了孩子极大的参与热情。于是,教师围绕种植开展了一系列活动。在和幼儿一起观察各种蔬菜的种子后,组织幼儿种下了小白菜、黄瓜、番茄、茄子、豆角等蔬菜。在等待菜宝宝发芽的过程中,孩子们和教师一起查阅资料,了解各种蔬菜的习性。菜宝宝发芽后又组织幼儿间苗、给菜宝宝浇水。在菜宝宝的整个生长过程中,教师定期组织幼儿去观察、照料小菜园,并将菜宝宝的生长过程记录下来展示在南墙上。在这个过程中,幼儿不仅发展了观察能力,还体验到了劳动的快乐和辛苦。

待到蔬菜成熟能吃的时候,孩子们将菜宝宝摘下来清洗干净亲自送到厨房,厨师将它们变成美味的菜肴,送到班上让孩子们品尝

的时刻,看孩子们吃得那么香甜,好像这是他们吃到的最美味的饭菜了。

有了这样的体验,在进餐时孩子们由原来挑食、剩饭,变成越来越多的孩子喜欢吃蔬菜,不剩饭、剩菜。不仅如此,孩子们还当起了小小宣传员,在家里也要求爸爸妈妈不剩饭、剩菜。

2. 追随孩子兴趣,抓住生活中的寻常时刻引导幼儿观察体验,不断生成活动

案例:一天,一个家长送到班上两只小乌龟,这下可把孩子们吸引住了,他们围着小乌龟看呀、摸呀、说呀,不知有多开心。随后有关乌龟的话题也展开了:"我家也有乌龟。""小乌龟吃什么呀?""我喂他吃过乌龟食。""他还喜欢吃什么呢?""我们得好好养它,可不能让它死了。"老师听了孩子们的问题,说道:"请大家猜一猜小乌龟喜欢吃什么。"这个问题一提出,幼儿立刻争着发表自己的看法:饼干、生肉、熟肉、菜叶、树叶、米饭、香肠、苹果……老师:"你们说的这些小乌龟到底喜不喜欢吃,我们怎么知道呢?"幼儿:"把这些东西给小乌龟吃吃就知道了。"

第二天大家把自己猜想小乌龟喜欢吃的饼干、肉、菜叶、小活鱼、香肠、胡萝卜、树叶等带到了幼儿园,开始观察小乌龟吃东西,很快孩子们清楚地看到小乌龟张开嘴巴一口咬住生肉、香肠、小活鱼,孩子们开心地说:"原来小乌龟喜欢吃这些呀!"老师接着说:"其他的东西小乌龟会不会吃呢?"在老师的引导下,幼儿又开始叽叽喳喳议论起来:"它们不吃。""也许它们吃了肉,不饿了吧。""明天我们只喂乌龟吃胡萝卜、菜叶、苹果试试看。"……

户外活动后,一个孩子高兴地叫起来:"快看,胡萝卜被小乌龟吃掉一大块!"孩子们立刻围上前去,老师把胡萝卜从缸里捞出来,大家发现胡萝卜果然被小乌龟吃去了一大口,"原来小乌龟也吃胡

萝卜呀!"

在这个活动中,教师追随幼儿对问题的兴趣,抓住时机支持、引导与鼓励幼儿观察体验,这样,幼儿才会积极投入活动中,主动探索观察,并沉浸在发现问题、解决问题的快乐中。有了这种快乐的体验和科学的学习态度,他们就可以去发现、学习、获得更多的知识,增进幼儿对学习活动的兴趣。这是生活也是教育;这不是听科学、看科学,而是探究科学,主动建构知识。教师真切地感受到:对儿童来说,在真实情景中习得的基于真实感受的知识,才是有意义的知识。

3. 立足生活实际,在生活情境中培养幼儿解决问题的能力

案例:9月的郑州秋高气爽,幼儿园决定带孩子们去某生态园秋游。当然,活动离不开老师周密的计划,作为活动主体的幼儿在活动中能够自主计划哪些事情呢?

活动一:计划秋游需带的食品。

"要出去秋游了!"幼儿欢呼雀跃,七嘴八舌议论着自己想带些什么好吃的。能够背着好吃的东西去秋游对幼儿来说是最具吸引力的。于是老师引导幼儿把自己的想法记录下来,做个采购计划。怎么记录呢?大家议论:"写下来。""小朋友不会写字。"有的幼儿建议让老师帮助写,老师为难道:"这么多小朋友,老师写不过来。"欣欣和二宝想到了可以把要带的东西画下来。于是,幼儿们分头去画,个别幼儿还注明了所带物品的数量以及每件物品的序号,有的幼儿请老师帮忙注上文字。老师把"自带食品计划"张贴了出来,建议家长与幼儿一起准备所需用品。

活动二:规划游玩路线。

"这个生态园都有什么好玩儿的呢?"老师在事先考察了生态园后告诉幼儿有哪些地点和项目,并制作了一张园区游览图,挂在了

班级墙上。老师先引导幼儿分别找到各个景点和两个大门的位置，然后请幼儿讨论规划游玩的路线，于是孩子们开始为怎么走、先去哪个景点等问题争论起来。这时有个孩子说："上次我爸爸带我去公园就是看着公园导游图从公园一个门进去，找到门口最近的景点开始玩，一直玩到另一个门那边的景点出来的，爸爸说这样不用来回跑冤枉路，省时间。"老师接着说："我看这个方法不错，我们也可以试一试。"于是孩子们看着导游图，在老师的引导下，尝试着一起协商设计了一条大家都比较满意的游玩路线图。

活动三：制定活动规则。

秋游活动中保证幼儿安全是关键，所以活动前老师与幼儿一起讨论了秋游的注意事项。老师提出问题："秋游的时候我们要注意什么才能玩得开心又安全？"经过热烈讨论，幼儿制定了以下秋游规则：小朋友要穿班服；汽车行驶时要坐在座位上，不能把身子探出去；垃圾要丢进垃圾桶里；走路要排好队，一个跟着一个走，照顾好自己的同时，还要照顾好小伙伴，不可以离开大家自己跑到别的地方去；挖红薯、花生时要注意不能把沙土弄进眼睛里。

活动四：自己整理书包。

秋游当天吃过早饭后，幼儿拿出自己从家带来的小书包和零食开始整理。老师发给每人一瓶水、一袋酸奶和一个水果，让他们放进小书包里。有的幼儿带的东西太多，放不进去了，老师就建议他们自己想想办法，要不就去掉一点东西。嘟嘟把一瓶水放进书包后，有一包膨化食品就再也放不进去了，于是他就对旁边的小朋友说："这个送给你吧。"那个小朋友说："我也放不下了。"最后，他把那袋小食品留到了自己的柜子里。

莎莎放完水果后，也有一些食品放不进去。她打算吃掉这些东西，可剩下的东西太多，她便向老师求助，在老师的帮助下，她终于把所有的东西装进了书包。

在这一活动中,老师从幼儿的现实生活中发现和寻找课程资源,充分发挥幼儿的主体性,让他们自己计划想带的东西,培养了初步的预想和计划能力以及独立生活的能力;通过规划秋游路线,幼儿自然而然地认识了导游图这一工具,了解了图示图标的意义;一起制定规则有利于幼儿规则意识的内化以及自我保护意识和集体意识的增强;在自己整理书包的过程中,他们能感知到物体的大小与书包空间之间的关系,学习根据书包空间的大小合理地安排放置物品的顺序。同时,当东西放不进书包时,幼儿还学会了用不同的方法(放弃一部分食物、求助、调整)解决自己的问题,进而培养了孩子运用已有经验解决生活中实际问题的能力,真正做到让教育回归生活。

随着生活体验课程的逐步尝试与实施,幼儿对知识、技能和品德的学习在不断加深,他们的生活能力也在课程的推进中逐步提高,我们感到很欣慰,同时也体会到,幼儿的生活能力是在实践和探索体验的过程中习得的,必须立足于幼儿的整个生活世界,源自幼儿的实际生活,但它的深刻内涵及哪些课程内容更适合幼儿的需要及其实施方法仍然需要我们去深入研究、实践和把握。

(三)依托丰富多彩的体验活动,提高幼儿的生活能力

1. 蔬菜店之行

课题组实验幼儿园为了让幼儿开阔视野,丰富社会经验,培养幼儿热爱生活的好习惯,组织幼儿开展了社会实践活动——亲自到蔬菜店购买蔬菜。孩子们个个都很开心,一大早就带着预备的5元钱来到了幼儿园。活动前,教师对店里蔬菜的种类、营养搭配等进行了有关知识介绍,并提出了活动的具体要求,如注意安全、文明挑菜、排队付钱……孩子们兴高采烈地在蔬菜店里左瞧瞧、右看看,觉

得什么都很好奇、什么都新鲜,想着自己的5元钱到底能买多少菜呢?通过此次实践活动,小朋友们对一日三餐中蔬菜的重要作用有了初步了解;在实践中学会了生活,养成了良好的饮食习惯;在体验中学会了感恩,学会了尊重劳动成果。

2. 馒头义卖

为了丰富幼儿园的生活体验课程以及幼儿角色体验意识,增强其社会体验与交往能力,课题组实验幼儿园成立了童心超市和爱心基金账户,并进行馒头义卖活动,旨在通过让幼儿自己动手制作爱心馒头进行义卖,参与筹集爱心基金,从小养成乐于帮助别人、奉献爱心的品质。

童心超市:由家长委员会组织、幼儿园协助举办、中班和大班幼儿轮流参与的爱心非盈利超市,所有义卖收入均计入爱心基金账户,作为爱心基金募捐渠道之一。

爱心基金账户:由幼儿园家长委员会全权负责管理的幼儿爱心账户,定期以童心超市义卖活动为载体获得资金来源,不定期地向留守儿童、残疾儿童、福利院、敬老院进行爱心捐款。

为了使童心超市能够顺利启动并不断发展壮大,经过幼儿园紧密筹划和准备,童心超市顺利进行了第一次义卖活动。义卖活动由大班幼儿和教师共同制作的馒头作为义卖品,由部分家长委员会成员和中班及大班的孩子共同担任营业员。活动一开始就得到幼儿园全体家长和小朋友的热情关注和支持,仅仅十分钟的时间,所有的义卖品全部销售一空。很多家长对没有买到童心超市的爱心馒头懊恼不已,表示希望下次的义卖活动可以适当增加供应量。活动结束后义卖所得的109元全部纳入爱心账户。此项活动将作为一项常规的教学活动持续进行下去。

这样的义卖活动培养了幼儿关爱他人的意识,乐于助人、奉献爱心的良好品质。幼儿通过参与制作馒头,了解馒头的制作过程和制作工艺,提高了动手能力,从而体会到自己动手制作的乐趣,并对厨艺课程产生了浓厚的兴趣。

3. 吃西餐

西餐,对于中班和大班孩子而言并不陌生,很多孩子都跟随父母品尝过,但真正了解西餐礼仪和文化的则为少数,而且幼儿自己作为一个独立的消费者怎么进行消费是其最应该知道的,所以我们设计西餐体验活动,让幼儿亲自去体验作为一个小淑女和一个小绅士吃西餐的雅致和快乐。

我们带领实验幼儿园的幼儿参观西餐店,充分了解西餐中咖啡的制作过程,知道中西餐文化的差异,学习西餐中餐具的摆放和使用方法,知道吃西餐的基本礼仪。

(1)着装礼仪

全体教师着正装及带跟的鞋参加本活动,全体幼儿均穿园服,并注意整洁干净。

(2)言行礼仪

小男生表现出绅士的风度请小女生进门,并能挽着小女生进入西餐厅,同时为小女生拉椅子并放外套,小女生要淑女地做放裙子动作后入座,最后男生入座。

(3)坐姿礼仪

坐立要直,不要将胳膊肘支在餐桌上。如果手放在什么位置都不自在,就放在大腿上。

(4)餐巾礼仪

不要拿餐巾去用力擦脸的下部,要轻轻地沾擦。不要抖开餐巾再去折叠,不要在空中像挥动旗子那样挥动餐巾。餐巾应放在大腿上,如果离开餐桌,要将餐巾放在椅子上,并把椅子推近餐桌,注意

动作要轻。用餐结束时不要折叠餐巾,否则,不了解情况的服务生可能会再给别的客人使用。用餐结束时要将餐巾从中间拿起,轻轻地放在餐桌上盘子的左侧。

(5)刀叉礼仪

让幼儿知道左手拿叉右手拿刀,左手叉住一小块,右手拿刀轻轻地切,尽量不要发出碰触盘子的声音,切下后左手叉住食物放入口中。另外,不要手握刀叉在空中飞来舞去,用以强调说话的某一点,也不要将刀叉的一头搭在盘子上,一头放在餐桌上。刀叉一旦拿起使用,就不能再放回原处。刀子放在盘子上时,刀刃朝里,头在盘子里,刀把放在盘子边缘上。中间休息刀叉摆成八字,吃完后摆成平行状。

(6)咀嚼礼仪

嚼东西时嘴要闭紧,无论你有什么惊人的妙语,时机多么恰到好处,只要嘴里有食物,绝不能开口说话。不能为了着急说话而马上将食物吞下,要保持细嚼慢咽的姿势,将食物咽下后会意地露出笑容,以转达你内心的活动:刚才完全可以有妙语出口,只是口中有食物。

(7)礼貌礼仪

在来回西餐厅的路上对西餐厅的工作人员要有礼貌地问好并致谢。

西餐礼仪主要是指欧美地区的用餐礼仪,虽然各个国家对于细节的要求不同,但是西餐礼仪总体上讲是以欧洲大陆的西餐礼仪为主流,尤其以法国西餐礼仪为代表。西方人在餐桌上所形成的这套规范礼仪,并不是与生俱来的,也要经过后天的了解和训练。作为"外国人"的我们,要真正地做到"入乡随俗",就必须先对西餐礼仪有一个系统完整的了解,并不断地强化训练,注意其中的每一个细节,我们也都可以变成"绅士"和"淑女"。

本次体验活动从饮食形式上让孩子感受到了中西餐的不同,这也是培养世界小公民的必要条件,使孩子尊重文化的多样性,从活动中体验作为一个小淑女和一个小绅士吃西餐的雅致和快乐。

(四)我们的思考

一年来,我们课题组注重过程研究,注重反思提升,力求课题研究扎实有效。

1. 帮助教师理解相关概念,及时转换角色

许多教师之前没有接触过体验课程这种形式,对于"幼儿生活体验课程"的概念不甚了解,缺乏相关经验,对有关的基础概念认识不足,对如何正确开展相关活动也不太清楚。因此,教师在进行活动之前要有充分准备。建议由有经验的教师组织专门的学习小组,在课程开始之前进行充分的教研,在课程结束后及时反馈课堂中出现的问题以及可以借鉴的经验。

幼儿生活体验课程就是建立在幼儿体验基础上的一种有目的、有计划、有组织的,以全面提高幼儿素质为目标,以培养幼儿多种生活技能为主要内容的活动课程。为了使幼儿能通过亲身体验实现目标,教师需要及时转换角色,由知识的输出者变为幼儿的引导者和支持者。体验课程一个很明显的特点就是发挥幼儿的主体性,教师应从一开始就树立以幼儿为主体的观念,在体验中激发幼儿的创造性思维。情境体验产生的关键在于主体自身对事物的真实感受和深刻理解,以及在此基础上产生的真实情感和丰富联想。在活动的方式上应当以儿童为中心,关心儿童自己的感受和学习方式,这就需要幼儿自己去观察、总结和思考,让幼儿习得在不同的环境中解决问题的能力。

体验课程不同于传统课程中师生分化的模式。在体验课程中,

任何一方都不是被动的接收者,双方都是积极主动的互动者。情境体验学习是从对周围事物的感受开始的,所以幼儿的亲身经历和直接经验对体验的形成具有重要意义。对于幼儿来说,自己通过探索发现获得的经验和知识将更加长久和深刻。

2. 重视体验课程的情境创设

体验课程要取得良好的效果,和好的情境设置是分不开的。教师要根据教学内容、目标和幼儿的具体特点创设一个适当的情境来开展教学活动。这个情境一般是真实的,也可以是模拟或虚拟的。要根据幼儿的个体差异创设不同取向的学习环境,并灵活根据活动情况变化对教学进行适度的调整,以满足幼儿发展的不同需要,使认识主体在实践中把自己暂时变为现实的客体,作为客体中的一分子去生活。在这一活动中,幼儿往往需要通过角色扮演、情感迁移激起内心的真实感受。良好的情境设置会让孩子真正融入当时他所扮演的角色中去,体验到角色的心理状态,产生真实的心理感受,使幼儿自然地进行情感迁移,丰富了幼儿的感受。而且积极的情感本身就具有感染力,它会促使幼儿全身心地投入情境中,对情境进行深入的体验。因此,教师要创设一个相对宽松、和谐、民主的体验情境,让幼儿通过自身的实践活动来获得知识与技能,进一步激发幼儿的学习兴趣。

因此,教师一定要依附课程目标,重视情境创设。引起幼儿内心感受的是特定的情境与事物,教师要创设情境,有目的、有重点地引导幼儿积累多种心理感受与体验,从而培养幼儿积极的情感、良好的心理品质。

3. 充分进行家园合作

体验课程的最终目的是回归生活,因此需要家长的密切配合,才能更好地使幼儿养成良好的生活习惯,了解必要的生活常识,形成基本的日常生活技能,初步理解自己与集体、社会和大自然的关系,激发幼儿热爱生活的情感,为培养幼儿自立、自强的生活能力奠定基础。

课题实施以来,我们一直遵循"生活→教学→生活"的实践过程。在实施课题的过程中,我们在前期通过发放家长问卷大致了解了幼儿生活礼仪现状,并根据问卷调研结果,主要针对幼儿不足之处开展体验课程活动。比如,根据幼儿自理能力不足这种情况,我们会首先向家长了解幼儿在家时的表现。我们从激发幼儿的积极性入手,把"自己的事情自己做"的幼儿评选为"小能手",并请他们来协助教师帮助能力较弱的幼儿,"喜功"的幼儿都想成为教师的"小助手",因而达到了幼儿自觉掌握自理能力的目的。我们还鼓励幼儿在掌握自理能力的同时主动、热心地去帮助别人,既鼓励了幼儿学会自己的事情自己做,也使幼儿养成了帮助别人的良好习惯。在体验课程结束后,教师也应该与家长及时沟通,说明体验课程情况,了解体验课程效果,并且寻求家长支持,让家长在日常生活教育中保持一致性,观察幼儿是否像在幼儿园一样主动成为帮助家长的"小助手"。

4. 关注幼儿一日生活中的问题,进行课程设置

教师也可以根据幼儿在园出现的一些问题,结合情境创设体验课程。例如班上孩子每个人都有自己的整理柜,有的摆放得很整齐,之后再用时一下子就能找到,有的就不行。针对这种情况,教师可以设置一个专门的情境,分不同的情况请孩子们自己去体验、去感受,给他们机会让他们充分调整。有时候班里的玩具被弄坏了没有人承认,教师可以随时组织幼儿开展"做错了事怎么办?"的讨论,培养孩子做错了事能主动承认并改正的诚实个性品质。教师应该学会抓住机会,随机教育,随时与幼儿进行情感交流。只要我们善

于观察生活中的幼儿,就会随时抓住契机,促进幼儿良好品质的形成。

生活体验课程使日常教育教学方式更加多元化,充满了吸引力和教育价值,各种教育教学环境和丰富有趣的活动更加贴近幼儿生活,让孩子们心生亲切感,对所感受和经历的活动内容充满好奇,也更能接受教学内容。但是生活体验课程还需要我们继续在实践中去摸索、去发现、去总结,使幼儿真正成为学习的主人,通过亲身参与、亲身体验开发个体潜能,获得未来生活所需的各种学习能力和生存能力。

"小学低年级语文习作教学艺术"研究报告

习作教学是语文教学的重要组成部分。小学低年级语文习作教学是指根据低年级学生的认知特点,通过习作活动等形式,教孩子在"玩"中感知事物,在"玩"中学会"说话",在"说话"中学会写作,从而提高其语言文字表达能力,从说话、写话训练入手引导他们以自己独特的视角、纯净的童心、真切的语言文字来描绘心中的世界,同时也为中高年级的写作打下坚实的基础。

一、课题的提出及其意义

《义务教育语文课程标准》指出:"在低年级,主要是让学生对写话感兴趣,写自己想说的话,写想象中的事物,写自己对周围事物的认识及感想。"这段话为低年级的习作教学指明了方向。低年级习作的主要形式为写话,它是习作的"前奏曲",是习作和作文的基础练习。学生所写的可以是一句话,可以是几句话,也可以是结构比较简单的短文。它是一种以培养和锻炼学生遣词造句能力为主要内容,为使用书面语言进行自我表达和与人交谈做准备的基础练习。因此,加强低年级习作教学研究,对于深化语文教学改革具有重要意义:一是使学生对今后的写作产生浓厚的兴趣;二是使学生认识世界、认识自我、进行创造性表述;三是对进一步提高学生写话、语言表达、阅读与习作等综合能力具有推动与促进作用。

（一）理论价值

低年级正是小学生锻炼、发展写话能力的关键期。所以，我们必须在少儿掌握了一定数量的汉字与词汇（其中包括汉语拼音）的基础上，抓住儿童大脑发育的关键期，通过多次练习，在学生的头脑中逐渐建构起用笔写话的快速通道，让小学生在写话实践中掌握知识，学会运用书面语言提高写话能力，而且让他们在情感、态度、价值观方面得到提升，从而丰富新课改背景下习作教学的方法及策略。

（二）实践价值

本课题研究旨在落实课程标准中关于低年级写话教学的有关要求，提高教师对写话教学的认识，提高教师素养及写话教学能力。在习作课堂教学实验中，充分尊重学生的个人兴趣与爱好，努力营造轻松、愉快、和谐的学习和生活氛围，使学生在一种快乐、轻松的积极状态下尽情地说、自由地写。该课题冲击了传统的教学方式，打破常规思维定式，创设多种情境，引导学生多角度、多层次观察认识事物，记录生活，学会表达，学会写话，克服畏难情绪，为以后的写作奠定精彩的基础。

二、课题研究的理论依据

国内外对作文教育非常重视。近几年来，小学生习作的研究策略呈现百花齐放的态势，根据资料归纳起来有以下几个方面。一是从习作兴趣出发，通过形式多样的习作主题让学生感受快乐习作的过程，如把学生的优秀作文装订成册，让学生感受收获的喜悦；有计划地设计游戏、编导小品、组织外出参观等，让学生写出实践活动的经过和感受。二是从提高学生的习作能力入手进行研究，如观察能力、积累能力、口头表达能力，等等，通过学生习作能力的提升来提高写作水平。三是从评价方式入手,利用成长记录袋评价、作品集评价、小组评价等方式提高学生的写作水平。

在低年级习作训练中,国内的研究也倾向于以下几个方面:一是先说后写,根据低年级学生内部语言发展水平较低的情况,让学生先思考再进行口头训练;二是看图作文,通过图片呈现的直观形象进行想象书写练习,还能在幼小的心灵中扎下认真观察、细致思考的"根"。

基于以上国内外研究不难发现,小学语文低年级的习作教学缺乏系统性。习作教学是技术,更是艺术,课题组进行该研究即填补了目前国内外研究的空白。

三、课题研究目标及研究思路

(一)研究目标

结合学校一二年级学生的实际情况及认知水平实施语文习作教学活动,通过课堂教学、班级主题活动、习作活动、口语交际等一系列教育教学实践,总结出小学低年级语文习作教学艺术策略,使学生了解和喜欢习作。

(二)研究思路

以课题研究的形式,组建研究团队,整体规划,分配任务,分步实施,通过文献资料学习、行动研究、问卷调查等方式对本课题开展研究,重视过程性资料的搜集与整理,及时诊断实践研究中存在的问题,加强交流与沟通,及时调控实践操作方法,最后汇总形成研究报告。

四、课题研究的主要内容及方法

(一)研究的主要内容

在教学工作中,我们从以下几个方面进行研究与实践,从而更

加科学有序地总结出小学低年级语文习作教学艺术方法。

①做好教育教学资源的前期筛选与规划,选择适合在小学一二年级进行习作教学的具体内容,并在具体教育教学实践研究中不断调整、完善。

②通过教育教学实践,尝试各种习作方法和策略,并依据教学效果反馈及时整理和汇总,形成小学低年级语文习作教学的有效推广方法。

(二)研究方法

1. 文献资料提炼法

利用各种渠道查阅小学低年级语文习作教学等方面的文献资料,并及时对资料进行分类、整合、提炼,结合课程标准要求将其融会贯通,形成能够在小学校园实施的教学内容和教育资源。

2. 行动研究实践法

在课题实践过程中,课题组通过多种形式对课题研究目标展开多层次、逐一深入的研究。实验教师根据不断的实践,就展现出的结果与课题组进行及时的反馈与交流,及时明确下一步的实践方向与方法,在不断的研究、实践、反思、调整、再实践中逐步达成课题目标。

3. 问卷调查分析法

课题研究初期,通过教师和学生问卷,调查当前小学低年级教师及学生对习作的认识及要求,进行师情、学情分析,为小学低年级习作教学策略提供实施依据;在课题推行过程中,通过学生问卷反馈,及时了解习作教学策略的实际效果,为下阶段教育教学工作提供改进依据。

4. 反思经验总结法

课题实施过程中及时进行阶段性总结与反思,分析研究过程,总结研究方法,提炼经验,形成研究报告。

五、课题研究的步骤安排

本课题研究时间为一年,共分为五个阶段。

1. 酝酿准备阶段(2017.3—2017.4)

①通过书籍、网络等途径了解小学低年级语文习作方面的国家标准与有关要求,为课题研究奠定坚实的理论基础。

②召开课题开题会,明确研究目的,进行课题研究前的培训,明确分工与任务。

③制定具体研究方案与措施。

2. 课题实施阶段(2017.5—2017.6)

①组织实验教师继续进行理论方面的学习,关注与本课题相关的理论研究方面的进展。

②在研究过程中,以课堂教学、班级主题活动、习作活动、口语交际为主阵地,积极探索小学低年级语文习作的有效推广方法。

③扎实开展每一阶段的实践研讨交流活动,并不断积累过程性资料与成果。

④在研究课题的带动下,进行案例分析与经验交流,在过程中凝聚集体的智慧,加深对课题的进一步理解,深入思考,反复锤炼。

3. 课题修正阶段(2017.7—2017.9)

通过不断学习,逐步开展实践活动,在过程中发现问题,及时反馈、交流、反思、调整并实践。加强学习相关的理论知识,进一步从实践行动研究的角度去观察论点,作好重点案例的实践和总结性反思的撰写,并且修正下一阶段的实施方案及改进措施。

4. 课题再实施阶段(2017.10—2018.1)

将课题实践过程中总结的研究成果用于指导再实践,根据教师

和学生反馈及时调整实施方案,使低年级习作方法序列化、系统化、有效化推行。

5. 课题总结阶段(2018.2—2018.4)

整理一年来研究的过程性资料,汇总形成研究报告。

六、课题研究的成果

新的《义务教育语文课程标准》在"课程目标"部分对低年级的习作明确提出了以下阶段性目标:留心周围事物,乐于书面表达,增强习作的自信心;能不拘形式地写下见闻、感受和想象,注意表现自己觉得新奇有趣的或印象最深、最受感动的内容;尝试在习作中运用自己平时积累的语言材料,特别是有新鲜感的词句。

通过对小学低年级教师和学生进行抽样问卷调查和个别访谈,我们发现,当前低年级作文教学存在着许多亟待解决的问题,主要表现在以下几方面。

对作文训练不重视。作文训练量小,忽略作文启蒙阶段的重要性。作文是一种能力,能力只有通过大量的实践才能形成。有的教师只让学生完成教材安排的课内作文练习,课外作文量几乎等于零。练习的量太小,形式又单一,学生作文能力难以得到培养。有时学校开展一些活动,教师即使布置了写日记,但是由于要应付大量的备课、上课工作,无暇顾及这"额外"的工作量。久而久之,学生也习惯成自然,教师不认真检查评改,他们也就随便应付了。

作文训练年级不衔接,容易出现教师拔高要求的现象。各年级作文训练不衔接的现象比较严重,调查发现,三年级教师大多数是直接命题给学生写作,要求偏高,而且往往忽视写片断的练习,一下子就要求写短文。于是,年级间衔接"坡度"较大,出现"断裂层"。另外,在一二年级只重视识字训练,忽视说话、写话能力的培养,也是其中原因之一。

读写结合不紧密。在阅读教学中，不少教师不重视表达方法的教学，不注意引导学生学习作者观察事物、分析事物、表达思想感情的方法，不注意引导学生学习选择、组织材料和确定中心等写作方法，造成学生无话可说、无情可抒或者有话难说、有情难抒，导致学生怕写、厌写作文。

教师指导不得法。语文教师在作文训练中普遍存在重教法、轻学法的倾向。教师只注意研究作文如何出题、如何批改、如何讲评等，对学生不懂观察生活、不会捕捉生活中可以作为写作题材的人和事、对作文存在害怕心理、缺乏写作方法等问题却很少加以研究。教师在指导学生作文时仍沿用"教师出题→学生作文→教师批改→教师讲评"这种陈旧的教学模式。由于教师指导不得法，就限制了学生的思维发展，抑制了学生作文水平的提高。此外，有些教师不善于作文，于是学生也怕作文，造成恶性循环。正如苏霍姆林斯基所指出的"学生不会写作文，最简单的原因就是教师自己不会写作文"。不少语文教师照本宣科，照葫芦画瓢，把范文当成灵丹妙药，离开范文就寸步难行。

缺乏及时有益的反馈。详批全班几十篇作文，教师即使全力以赴也要积压较长的时间。学生得过约两周才可得到教师这个唯一"读者"的意见：一个分数、一个"阅"字或一些空洞的评语。有些教师不及时批改，学生对教师的批改结果不重视，教师和学生之间缺乏有意义的沟通。

那么，怎样让孩子从一年级起就学会表达？怎样让孩子从低年级段就根植起喜欢写作的萌芽？怎样使孩子从小放飞小作家的梦想？这是很多教育工作者乃至父母都关心的话题。低年级孩子正处于好奇心充足、活泼浪漫的年龄，如果能从小培养起孩子对习作

的兴趣,使孩子爱上我们的语言文字,则对其今后掌握语文这门工具性学科、培养语文素养具有至关重要的作用。

(一)学生以"玩"激"写",培养兴趣

想玩、爱玩是六七岁孩子的天性,我们的教学应立足于低年级儿童的认知特点,选取孩子们感兴趣的生活资料,如玩赛车、滑板、放风筝、踢毽子、跳房子,等等,作为训练孩子说话的起点,在描述玩的过程和感受中,让孩子不知不觉地学会表达,同时,在表达的过程中逐步懂得观察。

要培养学生的观察能力。观察是人们认识事物的第一步,如果学生对身边的事物缺乏直观、感性的认识就让他们去描写、去评论,无疑是很难的。对低年级的小学生来说,认识世界的主要途径是观察,只有亲身去接触事物,仔细地观察事物,才能获得真实、深刻、细致的第一手资料,写作时才有话可写,写出的文章也比较真实生动。因此,作文教学应注重培养学生的观察能力,引导学生做生活的有心人。为了不断提高学生观察和认识事物的能力,把观察的方法教给学生,在指导学生观察时就要注意指导学生有序地观察,或从上到下,或从远到近,或从左到右,或由表及里,或先景后人;还要注意引导学生在观察中分析和思考什么是重要的,什么是次要的,抓住事物的重点、特点进行细致的、深入的观察,并作好观察记录,从而去深刻认识事物。比如"说话题",让学生观察一个小物件,说一段话,可以让学生观察自己的文具盒,首先观察文具盒像什么体,整个是什么颜色,再观察表面、背面,揭开盒盖观察里面,之后,提问学生:"同学们,刚才我们观察了文具盒的形状、颜色,文具盒到底有什么用途,能讲给教师听吗?"由于这样一观察,学生便有很多话要说了。其次,是开展丰富多彩的活动,激发学生观察事物的兴趣,如写一次参观活动,可带学生参观校园的落叶、玩耍的小朋友等;还可开

展击鼓传花、老鹰抓小鸡等游戏活动；也可观察自己的生活实践活动，如"记一次家务劳动"，可先让学生回去观察，也可自己边做边观察，再回到教室把自己观察家务劳动时看到的、听到的、想到的有重点地写下来，这样写作文便有话可说了。注意激发学生的观察兴趣，并使他们懂得观察的重要性，逐步养成细致观察的好习惯。学生通过观察积累了大量的素材，写起作文就不会觉得难了。例如以下几位低年级学生对自己感兴趣的玩乐项目的描述。

①我最喜欢玩轮滑，因为每次穿上轮滑鞋，我的腿就像生了风一样，跑得特别快。

②我喜欢和小朋友或者妈妈在一起玩游戏，我最喜欢玩的是抓小鱼，小鱼一会儿游到水草边，一会儿游到石头下，和我藏猫猫，我跑来跑去很快活。

③我喜欢放风筝，那天爸爸带我去广场放风筝，天上飘着五颜六色的风筝，长长的蜈蚣跟在花金鱼的后面，像是要咬它的尾巴，花蝴蝶也张着翅膀飞过来了，我的孙悟空飞得好高呀！我非常高兴！

从描述的过程中我们能真切感受到孩子们对"玩"充满了兴趣，既能说出喜欢玩的项目，描绘玩的过程中看到的、想到的情景，还能准确表达出内心的真切感受。由此可见，交流"玩"的过程，不仅能提升孩子的表达水平，也能使孩子在今后玩的过程中懂得观察，为下一次的表达奠定基础。

（二）学生以"想"带"写"，启迪思维

丰富的想象力是写好作文的不竭源泉。在作文教学中，除了培养学生的观察能力之外，引发学生的想象思维也很重要。在教学过程中，教师要经常为学生创设"好玩"的情境，引发他们的想象思维，培养他们的想象创造能力。例如，三年级习作用玩具编写童话，教师可以利用课件展示很多可爱的玩具和动画，激起学生的兴趣，请

学生小组合作,为其中的一些玩具确立关系,编故事,编对话,学生在合作交流中互相启发,互相补充,使想象更加充实、更加生动,直到编写成一个完整的童话。在这种"好玩"的情境中,学生得到了自主学习、充分表现的机会,有了自由想象的空间,想象思维得到引发和锻炼,写作兴趣也提高了,写出的作文也比较充实生动。

尤其是一二年级的看图写话,看似是从训练学生的观察能力入手,但它的重点还在于培养学生的想象能力。有的学生在观察后还是把作文写得很平淡,其原因就是没有发挥想象力的作用,只是就物写物,就事论事。"想",一是指教师提出的问题怎样回答,二是指想象。想象是重点,教师提出的问题给学生提供了思维的支点,学生借助教师提出的问题进行观察想象,理解图画内容,启迪思维。培养学生的创新意识和创新精神是现代教育的主旋律。看图编故事要从"异"字着手,培养学生求异思维能力和灵活运用语言的能力。指导学生说话时,要力求避免"鹦鹉学舌",要鼓励学生与他人想的不同、说的不同。如在讲授《守株待兔》时设计:"野兔为什么会撞死在树桩上呢?"学生的想象千奇百怪:"有一个猎人在追赶它,它跑得不知方向了,撞死了""和乌龟赛跑,不能再输,光想没看见树桩""它的儿女受到了伤害,一时想不开"……因此,要重视培养学生的想象能力,启迪学生的思维。

(三)学生以"说"乐"写",学会表达

小学低年级儿童的说话、写话能力培养始终是中、高年级作文教学的奠基石。由于孩子年龄小,语言文字表达能力就如同婴儿牙牙学语般非常稚嫩,如果能从孩子感兴趣的话题入手,通过加强说话、写话训练,引导他们独立观察、勤于思考,就能培养他们以自己独特的视角、纯净的童心、真切的语言文字来描绘心中的世界,开发蕴藏在学生身上的潜在的创造性品质,为学生的全面发展和终身发

展打下基础。

说话对于低年级的孩子来说不是难事,孩子们看到、想到的事情都有想表达的愿望,结合小学二年级学生的特点,从说入手,让他们在说的过程中去注意、去观察、去留意说的每一个"环节",比如:说什么→为什么说→怎么说→说的过程中有什么发现,从而一步一步地引导他们把看到的"事"和"物"完整有序地说出来,慢慢地让他们学会把"说"和"看"结合起来,学会表达。

那么,如何选择说话内容呢?我们可以从孩子身边最熟悉的人、事说起,选择他们最喜欢的东西,找到他们最感兴趣的事物,激活他们的思维,让他们带着愉快的心情说出他们最想说的话,如讲述生活中的开心事、说说旅游过的好玩的地方、谈谈自己最崇拜的偶像、聊聊喜爱的卡通人物……当然,为了便于孩子表达,说话时也可以进行一些方法上的指导,让孩子知道应从哪些方面谈起。如一位教师指导学生介绍自己的家,这样讲述:"小朋友,要是邀请小伙伴去你们家参观,你该怎么介绍自己的家呢?老师告诉你,可以先说说你们家住在哪儿,家里有几口人,他们都做些什么,把你们之间发生的有趣的故事讲述出来,小朋友一定爱听。最后,别忘了告诉大家你爱自己温暖舒适的家呀!"

看来,指导学生说话时可以给以必要的提示,告诉学生讲述的内容提要、顺序安排以及别人最感兴趣的重要环节,使学生言之有物、言之有序。

(四)学生以"读"助"写",重视积累

"不积跬步,无以至千里",量的积累才有可能引起质的提升。没有大量的阅读积累,学生是无法写好作文的。低年级的学生大多缺乏自觉性,只有不断地鼓励和督促他们多阅读,才能帮助他们积累语言,提高语言的储备量。可以让学生每天阅读,定期检查,课外

向学生介绍一些名言、古诗词、儿童诗歌,要求他们熟读成诵,并学习运用。开展读书交流会、朗诵比赛、文学知识竞赛、成语接龙等有趣有益的活动,提高学生自觉积累的兴趣和积极性,加深他们对语言本身及其应用的印象。除了让学生多进行课外阅读之外,还应督促他们养成良好的自觉学习习惯,从生活中去领悟、去积累,引导他们掌握更多的学习方法。比如从互联网上查阅资料、做实验、咨询别人、在旅游或外出时留心观察并做记录,等等,这样既丰富了学生的见闻,又帮助他们获取了真实生动、记忆深刻的素材。这样经过长期的积累和内化,学生写作的语言资料库不断丰富完善了,写作时遇到的障碍就会大大减少,作文也能生动起来。

总之,对低年级学生进行作文起步训练,教师要注重引导课外阅读,善于利用课本资源,充分激发学生想象,带领学生实践,积累写话材料,让学生乐说乐写,使他们能顺利地迈上中年级作文的新台阶。

(五)学生以"练"善"写",树立信心

学生产生了写作兴趣和写作愿望之后,如何引导他们写作文呢?首先,三年级的小学生刚接触作文,帮助他们树立写作信心很重要,所以作文的命题范围应比较宽泛,要留给学生最大限度的自由发挥空间。如果条条框框限制太多,学生的畏惧心理就会更加严重,写出的文章也会内容空洞,缺乏活力。教师要根据班级学生的总体特点,选择合适的题目,开发学生的写作潜力,要使学生觉得有话想写,有话可写。教师可以多出一些诸如"我想××""一件小事"此类的题目,让学生有更大的选择空间,有更多的素材可选,使他们觉得写作文并不太难,逐步树立写作信心。此外,在初学作文时,学生的水平并不高。教师在批改作文时,要善于发现文中的闪光点,多鼓励,多表扬,以增强学生的写作信心和兴趣。其次,学生已有一

定的生活积累,教师应引导他们从中挖掘合适的写作素材。学生大部分时间在学校和家里度过,接触外界的机会不多,所以教师在指导写作时,要善于引领学生根据已有的生活经验去体会,深入发掘题材。要给学生创设情境,把生活搬进课堂,演绎其中的精彩片段,给学生以真实的感受,引导学生体验生活、挖掘素材。例如,描写秋天的景物,教师可以引导学生谈一谈曾经参加过的秋游和秋季的实践活动,帮助他们回想见过的景物,产生一个直观的认识,再通过相互讨论交流和教师讲解等方式引导他们掌握描写景物的基本思路、方法、好词佳句,等等。这样学生会很快地提取出素材,写的文章也比较真实。第三,"情以物迁,辞以情发",有感情的作文才显充实,才有内涵。教师还要善于引发学生的创作情感。教师应站在学生的角度,走近学生的生活,去了解学生的个性特点、兴趣爱好、困惑,等等。比如可以出一个"说说我的心里话"或是"我最想说的话"之类的作文题,让学生倾诉他们的喜悦、忧伤、委屈、建议、感想……让学生产生沟通的欲望、需要和热情。每次作文都要引导学生生发感情,真实地写作。有时教师也可以因势利导,利用学生的某些疑问或好奇心理来完成一篇作文。比如学完了《翠鸟》,学生觉得写小动物并不难,很多人跃跃欲试,就可以让学生去改编课文或续写课文。这样,写出的作文才会真切生动、充满感情。

总而言之,低年级的作文是在轻松、愉快的玩、说、读、观察、想象和写作训练中取得收益。

写作能力是语文素养的一部分,作文教学应从提高学生语文素养的角度出发,贴近学生实际,寻找适合学生的作文途径,让学生关注现实,热爱生活,乐于在作文中尽情表达自己内心世界的独特感受,写出一篇篇文笔优美、生动真切的好文章。这是一项重要而有挑战性的教学任务,需要教师不断探索、实践、创新。

（六）教师以"评"促"写"，逐步引领

1. 教师要注意阶梯式评价

一年级，是从写一句话向写一段话过渡。一年级上学期要求写一句话，字数不限；一年级下学期可以略微提高要求，达到30到50字。一年级孩子由于年龄小，接触社会面窄，接收信息量少，再加上识字量不多，在写话时显得语言贫乏、用词不当、语句欠通顺，这往往使他们对写话更有一种厌烦或是畏惧感，因此，保护孩子的表达愿望、培养孩子的写话兴趣就显得尤为重要。写话之初，教师不必给孩子做写话方法的指导，只要孩子把自己看到的、听到的、想到的记录下来就行。从表达内容来看，孩子叙述的都是生活中真实的见闻，真切的感受，充满了童真童趣，教师在点评作业时，可适时告诉学生要学会观察生活，在生活中搜集素材。如一位教师在指导时提道："小朋友，饭要一口一口吃，台阶要一级一级地上，学写作文就要从写一句话开始。写什么呢？今天看到太阳公公了，上学路上发现树叶落了，教师奖励了小红花，和小朋友玩得很开心，爸爸妈妈细心照顾我，什么都可以写，看到什么写什么，想写什么写什么，只要写得开心就行。"这样的指导能激起孩子对写话的兴趣，消除孩子写话的恐惧感，把写话当成一件轻松、开心的举动。另外对于写得好的作业，尽量安排时间分享或展评一下，让孩子们知道生活处处皆素材，只要善于观察、善于发现，就能写出好句子。一年级下学期，孩子对写话积累了一定的经验，能做到言之有物了，为了进一步提升孩子的表达能力，可以稍加点拨，如观察花草树木时看看它的形状、颜色，观察动物时看看它的神态、动作，还可以加上自己的想象，写得越细致越好。例如："瞧，经过一个学期的练习，何依洋的写话能力在逐步提升，到了下学期，她观察得越发细致了，不仅能把看到的现象说出来，还能描绘出事物的动态，展开丰富的联想。"

2. 形式多样的作文批改

教师要引导学生养成修改草稿的良好习惯,并根据每次的作文情况讲解一些修改要点、修改方法等,逐步引领学生学会修改作文,提高文采。

叶圣陶老先生曾经说过:"学生作文教师改,跟教师命题学生作一样,学生处于被动地位。能不能把古老的传统变一变,让学生处于主动地位呢?"叶老的一句话引起我们深深的思考,可以尝试让学生自改,充分发挥他们作文的主体作用。通过引导学生的自改和互改,取长补短,促进相互了解和合作,共同提高写作水平,以"批改"和"赏析"为切入点,让学生在"自主中批阅、赏析中提高"。

《义务教育语文课程标准》指出:不仅要注重考查学生修改作文内容的情况,而且要关注学生修改作文的态度、过程和方法,要引导通过学生的自改和互改,取长补短,促进相互了解和合作,共同提高写作水平。实践也告诉我们,让更多的学生有交流、赏析的机会,是提高学生习作的有效途径,而习作评改赏析课正是给学生提供了这样一个很好的交流机会。我们把以往的"讲评"改为"赏析",赋予美感,赋予人文性,使学生在赏析中提高对作文的认识,增强对作文的鉴赏力。学生完成习作后,按照"细读习作,学生自评→同学互评,赏析交流→教师指导,评语得当→修改习作,再次自评"的顺序进行。

(1)细读习作,学生自评

学生完成一篇习作之后,教师指导学生自读习作,边读边修改错字、病句,找出优点与不足,并在习作的最后写上评析。在这个环节中,我们发现大部分学生自评能力较弱,往往不能发现自己习作中最本质的问题,甚至错字、病句也不能找出。以苏教版小学语文三年级习作为例,有学生这样自评道:"文章语言通顺,但是要能把

事情再讲详细点,错字再少一点就好了,总体还可以。"从这位学生的自评中,我们不难发现学生还不能细致表述出自己习作中的优点,不能有针对性地提出建设性的意见,过于笼统。不过,客观来说,学生由于当局者迷的缘故,也很难对自己的习作做出全面而准确的评析。

(2)同学互评,赏析交流

苏联心理学家维果茨基提出了最近发展区理论,他认为师生或生生间的合作起着重要的作用。同学间的互动、提问、质疑和暗示,能够使学生认识到自己的不足,而这些认识是其本身无法达到的,只有在同伴的帮助下,学生才能够超越自己当前的认知局限,突破最近发展区而达到新的发展水平。根据此理论,在学生自评的基础上,教师引导学生进行同桌点评。以《"好"阿姨》为例,同桌这样点评道:"你把阿姨的外貌特点写得很详细,但有些语句重复太多,显得啰唆,再通顺些就完美了。"同桌的点评开始细化了,关注了习作中的细节,弥补了自评中的不足,提出了较有针对性的意见。通过这个环节,学生在点评同桌的习作时,也学会了评析自己的习作。

接下来就是学生自选除同桌以外的同学,进行互评。在读习作、读自评和他评的基础上,再次评析。仍以《"好"阿姨》为例,对于刚才的习作,同学这样评析:"你把阿姨的外貌写得非常好,有些词语用得还不够恰当。"一次习作,学生通过自评、两次互评,阅读并评析了三篇同主题的习作,延伸了习作的长度,同时也拓展了习作的深度。

同伴批改,作为一种调动学生习作积极性的手段、促进习作水平提高的方式,早已受到了许多国内外专家和学者的关注,并被他们的实验所肯定。他们认为此举能有效激发学生的参与意识,加深学生对于习作本质的认识,促进学生阅读技能的发展,同时提高了习作教学的效能。

(3)教师指导,评语得当

①巧妙纠正孩子的不足。小学低年级习作只是初学乍练,多半是半成品,缺点自然很多,这是很正常的,此时教师若能巧妙批评,化否定为建议,化要求为商量,化指责为引导,则更能引发学生的思考。例如,孩子习作中有不少错别字,教师在错别字下面画上符号,并附上评语:"请把画上符号的字改过来。只要认真,大部分字你是会写的。个别字查查字典,你能改正过来。如果实在不会,我很愿意帮助你!我期待着你的错别字越来越少,努力啊!"

②多用鼓励,保护兴趣。叶圣陶先生曾说过:"批改不宜挑剔,要多鼓励,多指出优点,此意好。"教师一句简单的鼓励话语、一个随意的大拇指,就可能燃起学生对习作的兴趣。

③通俗易懂,取代长篇大论。评语是写给学生看的,我们应该尽可能地做到通俗易懂、语言简练,有针对性地提出习作的优点和缺点,遵循循序渐进的原则,不要求面面俱到,尤其是低年级学生,可适时采用儿童化的语言、谈心式的口吻为学生撰写评语。

(4)修改习作,再次自评

好文章是改出来的,习作批改为学生提供了反馈信息,学生只有在看到自己习作中的优点和存在的问题,及时获得矫正的信息时,才能在改进中逐步提高写作能力。学生在几次评析的基础上,已经逐步知道自己习作中存在的不足之处,以评促写,修改自己的习作,这样既突出了习作评价的导向功能,又培养了学生不断改文的好习惯。

另外,对一些"差生",应适当采用作文面改法,然后抽部分学生进行重点讲评。在对他们习作中的一些成功和不足之处做出总体评价之后,即逐一对其习作中出现的问题,如中心不明确、病句、标点符号用错等,或当面指出,或做上记号,或提修改意见,启发学生,

让学生自己动笔修改。在"面批"中,由于采用商量的办法,学生感到这是对他的信任和鼓励,便会自信心增强、劲头十足,个个跃跃欲试。修改完毕,学生读着自己亲笔撰写的"佳作",沉浸在创造的愉悦之中,加上前后对比,会很快地悟出好作文的道理来,这对于挖掘学生潜质是很有好处的。学生在作文竞赛中的获奖之作,以及平时所选贴作文,尤其经过集中面改后,大都可以列入"优秀作文"之列。当这类习作积累到一定数量时,可组织这些小作者用标准稿纸抄正,教师写好眉批及评语后即加上"前言",并设计好封面装订成册,作为自己班的优秀作文选,旨在树立榜样。

(七)教师多"学"多"思",创新教学

1. 加强学习和培训,提高教师文化素质

首先要求教师加强自身的文化学习,每个学期制订自学计划,激励教师参加不同层次的函授培训,不断提高文化专业水平。对教学水平较低的教师,组织他们经常参加教研活动,举办作文教学观摩课,提高他们的教学业务水平。

2. 加强新课程理念学习,转变观念

在作文教学中,教师和学生常常感到吃力,学生"怕作文,作文难"这一现象一直普遍存在。造成这种现象是有一定客观原因的。我们的语文课程设置对保证学生系统、正规地习作没有严格的力度和要求,一直以来,我们都是一星期两节作文课,一个单元才完成一篇作文,课本作文题目又远离学生的生活实际,学生为习作而习作。想一想一学期很正规的习作才七篇,而阅读教学却占了大量的语文课时间,烦琐的分析、讲解又占了大量课堂时间,单纯地靠某一种方法去提高学生的写作能力谈何容易!教师可以尝试时刻带着"作文意识"去教语文,这才能从根本上解决教师"怕教作文,作文难教"这一现象。

(1)带着"作文意识"进行阅读教学

按说,阅读教学和作文教学是不分家的,在阅读教学中感受和学习作者的表达方法,对提高学生运用语言的能力是最直观、最有效的方法之一,也是最主要的途径之一。而大纲中也明确规定,阅读教学的任务之一就是要感受、学习表达方法,一定要完成四个层次:理解内容→作者是怎样写的→为什么这样写→表达方法的运用。不难看出,我们的阅读教学不仅要关注对课文内容的理解,而且要引导学生领悟作者是如何运用语言文字进行精确、妥帖的表达的,使学生在反复的阅读实践中积累、学习,在反复的写作实践中运用,逐步建立起语感。这对提高学生的语言表达能力是多么重要而有效的手段啊!可我们的阅读教学很难把"引导学生思考,学习表达方法"这一重要任务落到实处,这是最大的问题和遗憾。没有这样的阅读教学,又怎么使学生头脑中散布的语文知识形成较为完整的作文知识结构呢?所以,我们教师一定要带着"作文意识"进行阅读教学,这就要求我们在阅读教学中抓好"语文点",对孩子进行语言文字训练。所谓的"语文点",就是指作品中应该引导学生关注表达的内容,或一句话,或一段文字。这样带着"作文意识"进行阅读教学,就能有效地提高学生运用语言的能力。

(2)带着"作文意识"进行课外阅读

众所周知,阅读是写作的基础,如果把写作比成往外倾倒的过程,那么阅读就是吸收、积累的过程。只有有了丰富的课外阅读,才能形成良好的文化底蕴,才能从根本上解决学生"怕作文、作文难"的问题,所以指导学生系统地阅读一些名家名篇、背诵一些经典的古诗文和优美的散文就势在必行。那么怎样才能有效地督促指导,检查学生的课外阅读,使其真正落到实处呢?我们首先给家长们写了一封信,信的内容大致是这样的:告诉家长课外阅读对孩子写作

的重要性,以及对孩子语文学习乃至整个精神世界的影响都是意义重大的,所以我决定在班上让孩子进行课外阅读,希望得到家长的理解和支持。同时,具体的操作方法也告诉家长,让家长配合教师监督每个孩子很好地完成每天的课外阅读任务。第二,我给孩子们提供了他们应该阅读的名家名篇,包括中外名著、童话故事、唐诗宋词等。第三,规定每天课外阅读时间至少30分钟,多者不限。第四,简单记下读书心得或体会。第五,每个学生有一个阅读记录本,由家长负责签字。

(3) 带着"作文意识"进行小随笔练习

我们教作文绝不能离开孩子的生活,不能让孩子为作文而作文。"作文意识"要自始至终地渗透在孩子的点滴生活中,所以在作文教学中,每位教师都应把握这样的观念去教孩子们作文,那就是:用自己的笔写自己的生活,自己的感受,自己的喜、怒、哀、乐,杜绝编造作文,让孩子们在每一次的作文中都实实在在地感受到作文的真谛、作文的意义,作文就是做人。具体做法就是坚持让学生写小随笔练习。小随笔练习,顾名思义,它小,但我不怕它小。对于低年级学生来说,哪怕是一两行,甚至是几个字都行。哪怕是只有几句话,写的是学生自己眼中的世界,写的是学生的心里话,反映的是学生的真情实感,我们都给予肯定,给予鼓励。

教师可以尝试带着"作文意识"教语文,让作文教学融入语文教学的每一个环节中,让作文教学融入孩子生活的每一个细节中,让作文成为孩子生活中的一部分,成为孩子表达的需要、沟通的手段,这样我们的习作教学就成功了。

小学教师育人能力诊断报告

教师是学校育人的主体,是影响学校育人质量的最核心的主体要素。因此,同时作为教育主体和工具存在的教师,其自身的道德状态会直接影响到一个学校的德育氛围和德育过程。整体而言,现在的小学教师伴随学校的快速发展而处于一种积极进取的状态,这种积极的状态促使教师专业品质得到充分的展现。然而,由于大多数学校受政策性影响,教师队伍的成绩有所断层,整体育人能力基础薄弱,距实现以较快速度高质量发展的目标还有差距。

一、教师育人能力的现状

教师们整体展示出良好的精神风貌,他们热爱学校,工作热情较高,并且对学校所取得的成就充满自豪。具体而言,教师在育人能力方面的优势和不足表现在以下几个方面。

(一)教师育人能力已有的优势

目前教师身上体现出了共同的积极品质,形成了具有鲜明学校特色的教师文化。

1. 友爱善良的教师品质和团结互助的教师文化形成了良好的教师集体教育氛围,并且增强了教师的学校归属感

教师社会地位与学校成就互为依托,教师整体对学校有极强的荣誉感和归属感。在教师访谈中,我们能体会到教师队伍积极上进、热爱教育的精神风貌。正如一位教师所说——

访谈者:"您对教师这份职业的感受是什么?"

教师1:"虽然教师这份职业从实际上来说并不能为我们带来很好的物质生活,甚至可以说是付出和回报不成正比,从经济上看,我们也并不是家庭中的顶梁柱,但是教师这份职业带给我们的社会地位和家庭地位还是比较好的。"

教师家庭趋于稳定,个人阅历相对丰富,多数资深教师既有学校教育经验,又具备家庭教育经验,对学生心智发展有着年轻教师所没有的把握。他们思想成熟,对学生除了知识的传授外,还有人生方向的指引。利用这部分教师资源,根据结对情况,全面开展"传、帮、带"活动。结对后,师徒要双向听课,做好听课记录,定期汇报总结。教师队伍中整体形成了团结互助、真诚友爱的教师集体文化。这种优良的团队品质为每一个教师的育人能力发展奠定了坚实的基础,同时也成为影响学生道德品质成长的重要的教师集体力量。

"Q老师是我的师傅,每次他总是毫无保留地告诉我教学和班级管理的经验,还经常鼓励我。我带的班和他带的班相邻,他在走过我们班时会留心班内情况,并告诉我好的管理方法。在日常工作中,他来听我的课,指导我教学,让我学到了很多,我非常感动!"

正是这样真诚互助、充满人情味的教师集体使教师们产生了对学校和工作更加真实的热爱,虽然工作很累,但他们对学校、对教育事业却有着深深的眷恋,形成了深刻的学校认同感和教师认同感。在访谈中,在回答"请问您的教师回报在现实生活中有足够的支持力吗?"这一问题时,教师们对这一问题的回答有着高度的一致性,他们都认为教育事业是自己真正热爱的,与孩子在一起很快乐,选择了便不会后悔,正如教师们所说:

教师2:"从薪酬方面来说,我们教师干的是'良心活'。我家现在还没有空调和暖气,因为工资的确不高。但是我从事教育行业已经快三十年了,而且我的女儿也是一名小学教师。因为出于对这份职业的热爱,我才坚持了这么多年,并让女儿也走上了这条教书育人的道路。"

教师3:"我们家爸爸妈妈、姥姥姥爷、叔叔婶婶、舅舅等亲戚,有十几位教师,从幼儿园覆盖到高中。我们整个家族对教师这个职业是很认同的,尽管生活并不是很富裕,但是我们都是一片真心地对待教育。"

由以上案例可以发现,教师们都有具有极强感染力的教师集体精神,这种精神影响着整个学校的精神氛围,是需要进一步挖掘和保护的重要的精神财富。

2. 校长的道德领导以及领导团队的示范,成为重要的引领性力量

一所学校的教师专业育人状况往往受到核心人物的关键性影响。在学校,校长的道德领导和核心领导团体的师德示范构建了良好的师德氛围,成为真实地引领教师育人成长的榜样力量。

校长的道德领导体现在其对自己的教育理想的不懈追求以及对孩子打心眼里的关心和爱护上。比如校长每天都是第一个到校,露出笑脸,迎接每一个上学的孩子,为学校奉献了很多,十分认真负责;校长对教育的执着和奉献精神为学校的发展注入灵魂,也为全校师生树立了榜样。

与此同时,学校中优秀骨干教师的榜样示范作用对其他教师,尤其是年轻教师产生了显著的激励和引领作用,使他们在入职阶段就受到良好的教师专业发展启蒙和教育,为未来的整体发展奠定了基础。

(二)教师育人方面值得注意的问题

虽然目前教师的育人状况整体较为良好,但是仍有一些问题值

得关注。

1. 教师害怕触及"师德问题",存在一定程度的道德焦虑感

在社会和家庭对于学校教育的关注度日益提高的情况下,教师的职业道德问题备受关注。然而,这种关注不应该成为教师职业生活中的压力和负担,影响到教师正常的职业状态和职业体验。在与教师进行访谈的过程中,教师们就提出了"学生的管理中,教师如何把握严厉与宽松"这一问题:对孩子管理太严担心孩子承受不住,家长也未必支持理解,可能因此造成家校矛盾;而管理宽松,则影响班级的整体步伐,有违教育事业的初衷。

教师4:"作为六年级的教师和班主任,如何处理好严格与宽松的问题?比如,孩子六年级后,家长重视学业,会给孩子报班,增加学习量,那学校的作业就完不成,给工作带来很多麻烦。类似这样的情况,班主任和其他教师应该如何处理?再比如,有些孩子不知道该怎么管,是应该严一点还是松一点,太严厉怕孩子受不了,家长不理解,这让我们教师很困惑。"

管理班级,教育学生,如何平衡师德底线?请更多倾听教师的话语并保护教师,并非只听家长的一面之词。

教师们一方面担心在处理师生关系、家校关系中不小心被扣上"师德有问题"的帽子,另外还担心一旦发生这些方面的矛盾和冲突,学校往往站在学生和家长的立场上,不能给予教师应有的支持和帮助,令教师感到孤立无助、内心委屈。这样的体验令教师感到无助和无力。师德底线不明确,孩子问题又多,教师感到真的无法管理、无力管理、无所适从。师德边界的不清晰,使教师产生弥散的道德焦虑。教师的这种道德焦虑严重影响了教师的育人自信,影响了教师育人能力的合理发挥。

2. 教师的德育认知不全面，影响了教师作为德育主体价值的充分发挥

教师的德育认知一方面是指教师在面对自我时，能够敏感地意识到自身行为对学生品德发展的影响，另一方面是指教师在面对学生时能够敏锐地发现教育的契机，并且利用教育机制实现对学生的道德教育。缺少了道德敏感的教师会对自我行为的道德性放松要求，会对学生的道德或情感需要产生一种道德冷漠，进而导致道德教育的失败。

在诊断过程中，一位班主任在回答"请问您对德育工作的理解与建议"这一问题时，谈到的是在每学期开始开家长会，对家长提出要求，配合教师工作；另一位则回答的是自己在班级卫生工作分配方面的策略，把德育工作简单地理解成服务教学工作以及管理工作的机械组成部分，对德育功能发挥的主要途径没有明确把握。教师作为德育主体的价值发挥更多是以道德上的高水准去检视自身在德育工作中对学生的影响力及其效用，发现教育中更多具有道德意义的闪光点和盲点。

3. 教师在育人过程中理性有余，情感不足

教师的重要育人途径之一就是师生互动。可以说，良好的师生关系是开展有效德育的重要基础，正如古人所说的那样：学生只有"亲其师"才能"信其道"。此外，师生关系本身就是重要的育人资源。在很大程度上，师生关系的品质将会对学生思想道德的发展产生重要的影响。

对于小学而言，在师生交往中，学生尤为重视其中的情感投入。在调查过程中，我们发现：师生之间的交往存在着不同程度的理性有余、情感不足的问题，这主要表现在中高年级的师生交往中。在回答"你们不喜欢什么样的老师"这一问题时，有学生在访谈中说

道:"没有说不喜欢,只是没有那么亲近。有的老师特别严格,任课老师上完课之后就走了,很少接触。"

从谈话中可以明显看出,没有和学生建立亲密的情感交流的老师,学生对其没有明显喜爱之情。而在回答"你们喜欢什么样的老师"这一问题时,学生的回答则大致相同。学生喜爱的老师的特点多为"幽默风趣、亲切温柔、关心学生",正如有些同学说的:

"和蔼,亲和度高。管得很严的老师会有点排斥。"

"比较照顾我们,像朋友一样,很容易接近。上课的时候是老师,下课的时候是朋友,就亲如一家人一样。对待我们像妈妈和孩子一样。"

在课堂观察中,我们发现,师生的"情感性"因素自然有所缺失,师生之间的互动主要表现为一种"表现型"互动,而非"情感型"互动。由此逐渐形成的一个结果是:教师与学生的交往仅仅浮于形式上的交往,而缺乏实质的交往。具体言之,正如当前课堂上表现出来的一样,教师确实与学生发生了交往与互动,可是,这些交往仅仅指向具体的任务,缺乏情感。整体上而言,师生课堂上的交往理性有余而情感不足。

二、教师育人能力问题的原因分析

(一)"师德问题"的泛化是造成教师自身道德焦虑的主要原因

教师的道德焦虑是由目前存在的师德问题的泛化以及学校在相关问题处理中的不作为或不支持所造成的。小学阶段由于学生年龄较小、独立性较差等原因,比较容易发生意外伤害和家校纠纷。而在处理这些问题的过程中,教师一不小心就被认为"玩忽职守"或"不负责任",归结为教师的师德问题。比如一位教师谈道:"两个小学生打架是很正常的事,但是家长不分青红皂白就在公共班级群里质问教师,说教师管教无方,责任心差,让教师感到莫名和憋屈。"此外,关于体罚、变相体罚等问题由于缺乏可操作性的规则,教师在管理学生的过程中,一不小心就被认为是变相体罚。在这种情况下,教师会战战兢兢、如履薄冰,面临巨大的压力。究竟哪些问题属于师德问题,哪些问题属于客观意外而不应该归结为师德问题,在现实教育中缺乏明确的界定,而教师在这种情况下很容易成为无辜的"替罪羊",背负巨大的心理压力甚至是物质损失。

(二)教师的教育观念存在偏差

教师的教育观念指导着其具体的行为。当前,教师育人能力出现的一些问题与教师教育观念偏差有着密切的联系。具体而言,教师教育观念的偏差主要体现在以下四个方面。

1. 学生观

概括地讲,教师的学生观可以分为两种类型。一是将学生视为一个受支配或者需要全方位照顾的人。在这种观念下,学生就如一件物品一样,没有生命,没有灵气,仅仅受到教师的安排与管理。二是"我—汝"关系,即教师将学生视为有生命力的个体,具有自主性与能动性。在这种观念下,学生与教师是平等的,其与教师的交往是人与人之间的交往。通过调查学生,我们不难发现:在对待学生的时候,教师容易全方位地照顾学生,这在给予学生关心的同时也束缚了学生,掩盖了学生的主体性。这种情况往往导致师生之间情感性因素的匮乏与平等程度的不足。

2. 民主观

所谓民主,并非简单地让个体举手表示同意与否,而是让个体真正地参与到一项事务中。例如,个体参与一个政策的制定过程,并在其中充分、有效地发表个人意见。目前,教师对于民主的理解并不是很到位,由此导致了很多问题。可以说,一些教师仅仅认识

到了形式上的民主,并未意识到实质上的民主。因此,在班级文化、制度的协商制定中,学校以及教师只是重视学生以及家长用举手表决的方式参与,而不是让大家真正地去商讨、制定相关的制度。

3. 权威观

教师的权威来源于两个方面。一是教师通过让学生害怕而产生的权威。在教育教学实践中,教师拥有制度赋予的力量,掌握着一定的权利与利益,拥有对学生行为的判定和惩罚权(如责骂、将学生的错误告知家长等)。在这种情况下,学生为了避免惩罚,必然会服从教师的安排与命令,由此,教师能够获得一些权威。二是教师通过让学生信服而产生的权威,即,教师具有巨大的感召力,或者,在具体的教育教学中,教师能够获得学生的信赖。在这种情况下,学生自愿自发地将自己的一部分权利让渡给教师,由此,教师获得一定的权威。当前,教师的权威主要来源于第一个方面。具体言之,就是教师借助于学校的制度对学生进行管理。在学生犯错之后,就是教师往往采取责骂、罚写作业的形式,或者忽视等方式对学生进行惩罚。在这种情况下,学生由于害怕教师,自然无法与教师进行正常的交往,交流减少,教师的榜样作用便很难发挥。

4. 关心观

长期以来,我们一直将关心视为"付出",即,我对你发出了关心行为就表示我对你进行了"关心"。这种关心行为是一种"单向"行为。实质上,关心是一种"双向"行为,即,"我"发出一些关心行为,"你"收到并认可这些关心行为,这才是真正的关心。目前,教师对于关心的理解多局限于前者,尚未意识到后者,因此,不能有效处理学生的各种需要,不能真正地关怀学生。

(三)教师需要优化教育方式,突出表现在师生关系方面

部分学校现阶段在校学生数量庞大,师生比超出常规水平很多，这势必会影响师生关系的质量。我们在与学生的交流中发现，师生关系主要存在以下两个方面的瓶颈。

一是教师识别或者回应学生需要的方式需要提升。教师不能正确处理学生的需要，并不完全是由其关心观的偏差导致，在一定程度上，教师相关教育方式的匮乏也是重要成因之一。教师习惯了从自己的立场出发发出关心行为，对于如何识别学生的需要、如何发出关心学生的行为，教师并不了解。受访学生在关于学校兴趣班的话题交流中突出反映出这个方面的问题。

二是沟通交流技巧不足。学生在与教师进行交往时之所以感到紧张，在一定程度上是由教师沟通交流技巧不足导致的。沟通交流，意味着双方相互倾听、相互理解，并在此基础上力图达成共识。当前的师生交流并没有做到这一点，甚至在某种程度上可以说，当前的师生之间并没有交流。在观察中我们发现，在所谓的师生交流中，往往是教师占据着主导地位，"喋喋不休"地说，学生只能被动地听，并对教师的意见表示认可，无论其赞同与否。有时，教师也试图引导学生说出自己的想法，可是由于方式不完善或者等待时间不足等原因，教师逐渐放弃引导，开始独白。在沟通问题上，教育者是具有主导权的，教师的沟通交流技巧不足就会让学生在与教师进行交流时不自觉地伴有紧张情绪。

三、教师育人能力提升策略

（一）建立"师德问题"处理的校本机制和学校支持系统，增强教师自信

未来几年，都将是国家层面推动的师德建设重要时期。所以在师德建设上，我们未来可以将其作为亮点和突破口，做成河南省，甚至是全国的行动典范。

学校教师在师德问题上的道德焦虑可以通过建立"师德问题"处理的校本机制和学校支持体系来尽可能地消除,建立专业自信和教育自信。

1. 通过研究学校师德问题中的典型困扰,形成校本化的可操作的师德问题解决的制度和方案

具体而言,在目前的师德规范落后于教育实践、操作性较差的现实情况下,学校可以针对小学教师面对的共性的师德问题和典型的师德实践展开校本研究,在研究的基础上形成校本化解决问题的机制和方案,从而使类似问题的解决有章可循,有序可依。根据学校的实际情况,通过教师为主体的研究和探讨,共同形成清晰明确的要求和规范,使教师在实施教育惩戒时能够明确边界,合理实施。通过这样的过程,增强教师的专业自信。

2. 对于涉及家校纠纷的师德问题要建立相应的解决机构和支持体系

对于意外伤害、家校纠纷等有可能归结为师德问题的典型问题,学校应该建立相应的支持系统,帮助教师处理和面对,为教师提供物质和精神方面的支持,减轻教师在面对此类事件时的压力和痛苦,也使教师感受到学校的温暖和人性化。这些帮助会成为一种更加内在化的动力作用于教师的日常教学工作之中,从而避免使教师孤立无助和心灰意冷。

3. 引导教师进行自我言行的镜像化诊断,构建道德的日常学校生活世界

只有道德的学校生活本身才能培养道德的人,因此,学校日常生活的道德性建构是学校德育质量提升的根本所在。而在学校道德生活的建构中,教师无疑是最重要的建构者。这就需要教师善于对自我日常生活中的言行举止进行镜像化的诊断,作为真实的道德

榜样出现在孩子们的生活中。就像《第56号教室的奇迹》中雷夫教师所说的那样:"我要我的学生和气待人,认真勤勉,那么我最好就是他们所认知的人之中最和气待人、最认真勤勉的一个。"

学校生活本身是对学生进行道德教育的最根本的基础,脱离了真实学校生活的任何刻意的教育都是无力和苍白的。而构建道德的学生生活的主角就是教师,只有每个教师将道德的观念和意识用行为演绎在日常的学校生活中,学生的道德成长才会有真实而肥沃的土壤。

4. 开展德育校本研究,实现校本化的教师的德育专业成长

学校设立专门的德育处,体现了学校对于育人的重视和努力。但是学校自身有局限性,而学校进步又要求突破经验性的局限,积累更具科学性的德育知识和德育素养,使学校德育过程更加科学和有效,学生的道德成长更加健康和完善。

具体而言,学校一般都会开展校本教研活动,但是更多针对的是学科教学、素质养成,围绕德育展开的校本教研活动是较少的,而德育的提升一定会惠及具体的学科教学。因此,在校本教研活动中加入学校德育问题的专门探讨和研究,整体提升教师的德育自觉和德育能力,在解决德育问题的同时又可使整个学校的课堂教学、科学研究得到发展和提升。

(二)学校需要为教师提供学习与思考的平台

第一,学校需要为教师的学习提供一定的平台。在教育观念的完善方面,教师需要不断地学习,注重教育观念的习得与更新。一般情况下,教师可以通过读书与交流两种方式进行学习。首先,读书学习。读书学习并不意味着仅仅阅读一些书籍,还包括一些报纸、期刊文章等。教师一方面需要阅读一些教育学、心理学的基本著作,从整体上了解相关的教育学、心理学知识,另一方面,教师应

该有选择地进行专题阅读。例如,围绕着何谓"关心"进行阅读,搜索相关文献,对"关心"进行全面的了解。而且,对于该方面的文献要进行及时的跟踪,不断更新、完善自己对于这个概念的理解。其次,交流学习。在交流学习方面,教师同样可以从两个方面进行努力。一方面,教师可以聆听一些专题讲座、相关课题的结题报告等,完善个体对于教育的理解。另一方面,教师群体内部可以进行及时的沟通与交流,相互分享自己对于教育或者教育观念的基本理解,在交流过程中深化对教师的认识。为了满足教师学习方面的需要,学校可以通过三个途径为教师的学习提供平台。一是购买相关书籍,为教师提供学习资料的保证,这一点很多学校已经有意识地在做;二是邀请相关专家,让专家就某一个话题进行深入的讲解,使教师加深对于教师概念或思想的理解;三是鼓励教师成立学习小组,学校要为教师的学习小组提供经济与空间支持,促进教师之间的相互交流。

  第二,学校需要为教师的思考提供一定的平台。教师还应该富有批判精神。所谓批判精神,并非是否定一切,而是对一切抱有怀疑的精神,并通过各种方式对一切进行证实或者证伪。具体到教师而言,就是指教师对于所有的教育观念(无论是传统的还是新兴的)都需持有一种怀疑精神。面对一种教育观念,教师需要不断追问:这种教育观念是否正确?这种教育观念是否仍然有效?在证实或者证伪教育观念方面,教师可以通过两个途径进行。一,挖掘教育观念背后的理念,反思这种理念的正确性。二,将教育观念放入实践当中,了解其适切程度,从而了解教育观念的正确性与适切性。当前,学校正处于全面的学习与改革过程中,多种教育思想观念涌入,给教师带来丰富营养的同时也可能带来一些消极影响。此时,教师就要使用个人的批判精神及经验判断一些思想观念的正确性及其适切性。在这个方面,学校则需要为教师提供一些有关反思性、批判性的课程,让教师逐渐习得反思的精神与方法。同时,学校应该为教师的反思提供展示的舞台,提高教师的实际反思能力与批判能力。

(三)教师需要不断完善自我的教育方式

对于教师而言,教育方式的完善主要是提高识别或回应学生需要的能力以及提高沟通交流技巧。

在识别学生的需要方面,当前教师拥有良好的基础——了解学生。第一,教师可以通过与前班主任、家长的深入交流了解学生的具体需要,而不是仅仅了解学生的家庭背景、性格特点等。一般情况下,相较于教师,家长可能更为了解自己的孩子。在与家长的深入交流过程中,教师可以较为细致地了解学生的日常生活以及具体需要。第二,教师不仅需要跟成人交流,还要跟学生交流。无论是跟前班主任交流,还是跟家长交流,教师都是通过与成人交流了解学生。在未来的教育教学中,教师应该将学生视为一个平等的个体,与学生进行直接的交流。这样,教师可以更好、更直接地了解其所面对的学生。

在回应学生的需要方面,教师需要掌握积极与消极两个原则。所谓积极,是指教师需要主动地走到学生身边,投入自己的情感,与学生建立良好的情感关系,同时,对学生进行鼓励、支持。在这个过程中,教师还需要积极地思索学生需要教师做出何种行为。所谓消极,是指教师要学会等待,为学生解决自己的需要或者进一步呈现自己的需要留下时间。换言之,教师不能盲目地、过于着急地干涉学生的生活。

在提高沟通交流技巧方面,教师可以做以下努力。一是注意倾听。这意味着,教师需要认真聆听学生的话语内容以及背后的含

义,不能随意打断学生。二是有效反馈。对于学生所表述的内容,教师应该不断地进行反馈。并且,教师在进行反馈时,应该使用一些积极的、有感情的词汇。同时,肢体语言也很重要,教师需要加以注意。三是保持积极的情绪。在沟通过程中,沟通双方的情绪影响着交流的氛围。在与学生交流的过程中,教师应该不断调整自己的情绪,不能因为学生的错误而表现出焦虑、生气、不耐烦等情绪。

总而言之,学校与教师应该共同努力,促进"关怀型"师生关系的形成。如前所述,当前教师较为关心学生,这意味着教师具有关心学生的意愿,并且付出了自己的努力,这为"关怀型"师生关系的建立奠定了重要的基础。我们所需要努力的是:让教师正确识别学生的需要,并根据这些需要做出合适的关心行为。如此,既能让学生感受到关心,促进良好师生关系的建立,又能避免教师的许多无谓付出。

论文集锦篇(部分)

童心 爱心 责任心
班主任的治班法宝

古人云:"不知荣辱,乃不能成人。"作为教师,我们的责任就是让每个学生知荣明耻。怎样才能让当今这么有个性的学生知荣明耻,全面发展呢?我想,除了必要的教育外,更重要的是以我们的童心、爱心、责任心来感化他们,关注小细节,使学生如沐春雨,成为有用之才。

我们身为教师,要学会时时处处为学生服务,默默奉献,淡泊名利,安于清贫。多年来,我是从以下八方面在工作中践行这些理念的。

一、尊重国旗,热爱祖国

儿童是人类的花朵、祖国的未来和民族的希望,所以必须从小培养他们成为有崇高理想和远大抱负的人,时时以"有才无德是废才,无才无德是庸才"来激励学生。我把对学生思想品德的培养教育付诸平时的生活、工作细节中,组织学生认真学习,不断落实《小学生守则》,要求学生用《小学生守则》作为自己的行动指南,争做执行《小学生守则》的模范。我时时处处把爱国教育放在第一位,总是用先辈的丰功伟绩来教育学生,如顾炎武的"天下兴亡,匹夫有责"、周总理的"为中华之崛起而读书"。尤其是今天,我们更应该牢记历史,"前事不忘,后事之师",抚今思昔,这样就更觉得我们祖国的伟大、人民的勇敢。我常对学生说:"一个人,不但要身体好,学习好,更要心灵美。"在这方面,我注意培养和要求学生。一次升国旗,几位学生在后面叽叽咕咕说悄悄话,我马上来到他们身边,用眼盯了他们一下。之后我在晨会上进行了不点名批评教育:"国旗是什么?是祖国的象征,是英烈的鲜血。升国旗时,不管哪个国家,她的人民都要肃立注目。这里,我给大家讲个真实的故事。一个德国14岁女孩来中国作交换生把国旗带在身边,想家时拿出国旗看看,她已经把爱国落实在行动上,而不是口头上。同学们,哪一天你能亲自升起一面国旗,或因你的卓越成绩而使我们的国旗高高升起,那是无上光荣的事情。"学生听了备受教育。之后升国旗时,学生们就像一棵棵小松树一样笔直地站立着,因为他们的心中有伟大的祖国。

二、真诚奉献,点滴做起

大家都知道教师是天底下最神圣的职业,这"神圣"字眼的背后,蕴含着一种无私的奉献和襟怀坦诚的人格魅力。如果想用这种精神去鼓励学生,去感化学生,必须做到"学校无小事,事事是教育;教师无小节,处处为楷模"。教师在教育学生的同时,也在接受着学生几十双眼睛的监督,这就要求我必须言行一致,时时处处起模范带头作用,做学生的表率,凭借"实力"而不是"势力"来震慑学生,在学生中树立威信,得到学生的信赖。"言教不如身教,身教不如心教。"我不只用语言去鼓励他们,还用行为去教育他们,更用一种发自内心的爱去感化他们,就像春雨一样,在无声无息中去滋润他们渴望爱的心田。有的学生认为,好事就必须轰轰烈烈,因此,对身边的小事都熟视无睹,为此,我用古人的一句话鼓励大家"勿以恶小而为之,勿以善小而不为",任何事情的发生发展,都是从一点一滴积累起来的,"积沙成塔,集腋成裘"就是这个道理。我不但对他们晓

之以理,更动之以情。我经常弯腰捡起地上的果皮、纸屑等垃圾,从来不嫌脏和累。我每天提前半个多小时到教室笑迎每一位学生的到来,让学生心里高兴;下班最后一个离校,一天的工作不干完绝不走。我要求学生像我一样"今日事,今日毕",并把这句话贴在自己家里的书桌旁,时刻鞭策自己不养成拖拉习惯。学生刚入校时不会值日,我就一组一组地教他们如何涮拖把、怎样拖地、怎样摆桌子、怎样放凳子。我每天亲自和学生一起值日,干得很起劲,一个月的工夫,学生全部掌握了值日的方法。古人云:"其身正,不令则行。"这充分说明,那无声的行动胜似千言万语的说教。

为了培养学生环保节约的习惯,我在班里成立节约小组,发动学生捡校园内的饮料瓶,组织学生到公园捡垃圾,宣传环保知识,增强学生的环保意识。为了鼓励学生,我把学生节约来的钱全部为他们购置钢笔、水笔、日记本等学习用品,他们手捧劳动果实时别提有多高兴了。因此,我的学生养成了一个好习惯,无论走到哪里都不会随手丢弃脏物,带去的是洁净,是文明。

三、认真敬业,以诚待人

要想成为一名合格的人民教师,首先要爱这份职业,热爱我们的岗位。只有爱岗,才能够敬业;只有敬业,才能够有为。热爱学生,这是师德所求,也是教育好孩子的关键。高尔基曾说过:"谁要爱孩子,孩子就爱他。只有爱孩子的人,他才能教育好孩子。"所以,我教给学生的不仅是知识,更重要的是做人的真谛——认真、执着。每天我都要认真批改家庭作业,检查预习功课、复习功课、背课文情况,还要批阅日记、作文,工作量非常大。虽然这样,我从不马虎一点。记得有一次,班里有位学生小雨学电子琴很晚才背课文,家长很心疼,劝她:"别背了,老师不一定会检查。再说了,那么多学生,也不一定会抽查到你呀!"孩子听了连忙说:"不行不行,白老师可认真啦,她一定会检查的。她有火眼金睛,谁背得熟与不熟,她一看就知道。上一次我背课文不熟,白老师就把我留下来,到我会背她才回家。"家长听完后,万分感慨,在给孩子签完字后,特意写上"谢谢"二字。作业本成了我了解学生知识掌握情况的尺子,也是我和家长交流的平台,像这种利用孩子作业和家长交流的情况还有很多很多。

我的班里有个女孩叫小敏,脑子挺灵,就是贪玩不爱学,作业完成情况不好。我找到她,对她说:"孩子,每天作业不多,你静下心来做一做,然后再玩,好多呀。既学好了,也玩痛快了,何乐而不为?"她听了我的话,只坚持了两天,到第三天,语、数、外三科作业又没好好完成。有的学生想看我怎样批评她。相反,我没有批评她,而是掏出手机给她的妈妈打电话帮她请假,请家长允许她中午到我家来。小敏怯生生地来到我家,我让她到书房补家庭作业,自己却忙着给她包彩色饺子。小敏作业写完了,我的彩色饺子也熟了,小敏吃着这美味的饺子,竟流下了泪。我知道她英语学得好,就故意让她当我的老师,向她请教英语知识,她可高兴啦。下午上学小敏逢同学就说:"白老师的饺子真好吃!"同学们可羡慕她啦:"小敏,你好幸福。"从此,她彻底改变了,每次作业都能保质保量完成,后来还考上了外国语中学。

四、关爱学生,一丝不苟

教育的动力就是要以最热烈的感情去温暖学生的心田。爱是打开学生心灵的钥匙,对学生,尤其是纪律上自由、生活上困难的学生更要用爱的甘露去浇灌那颗受伤的心,用一分严格或体贴之水,再配上九分的关爱之蜜。

我爱每一位学生,为了他们的健康成长,我做了不少努力。有一段时间,学生左卿不背书,不写作业,家长不配合。怎么办?我决定每天辅导他学习,从默生字、读课文开始。我一遍一遍地教他,让他感到成功的喜悦,接着教他写作文,并进行精批细改。他的进步很大,成绩由"不及格"上升到"良",他的家长也被感动了,主动来学校与我交流。我还天天给学习不自觉的学生记作业、签字,班里没有一个学生不完成作业。我高兴,学生也高兴。

小承是一个调皮的男孩,从少林寺武校转来,打架骂人家常便饭,欺负同学鬼点儿多,可他的家长还护短。转入我校时就没人想要,最后校领导研究后放到我班里。说实话,接受他时我曾犹豫过。后来小承来到班里,我先帮他树立威信,然后让全班同学与他交朋友,不准大家歧视他。接着我亲自到小承家进行家访,与家长真诚交心,对小承真诚相待,针对他制定短期目标:上课不说话,下课不打人,一步一步来。我的心血没有白费,后来小承不但不打人,而且上课爱发言,作业写得认真着呢!看到这一结果,哪个人会不高兴呢?

小雅,一个内向的小姑娘。有一段时间她情绪特别低落,我下班后亲自来到小雅家看个究竟。到了她家之后,才发现她的爸爸妈妈都已下岗,爷爷患了肺气肿,长期卧床不起。当时,我居然哭了,拉着她爷爷的手说:"大伯,您的孙女非常优秀,学习也很刻苦,您安心养病吧!"她爷爷拉着我的手说:"白老师,孩子交给你,我一百个放心……"从此,小雅发愤学习,性格活泼多啦。

我关心每个学生是不折不扣的,哪个学生病了我都知道,而且必到家里去探望。

暑假,小辰出了水痘,全身奇痒难忍。我知道后马上去看他,陪孩子说说话,教给他治疗水痘的方法。家长怕孩子脸上留下疤痕,我安慰他:"别担心,过一个夏天就准会好,我儿子就是这样。"这话像灵丹妙药,减轻了学生和家人的心理压力。临走时,我又亲自帮小辰上了一次药,家长十分感动。

五、成长阶梯,鼓励第一

一个人的成长,不会总是风平浪静、一帆风顺的,总会遇到许许多多的挫折和磨难。尤其是小学生,他们对学习、生活的看法很肤浅,较偏激,总会出现这样那样的失误甚至错误,这在所难免。问题在于学生出现错误,作为教师面对学生的错误所采取的态度,是消极的讽刺、挖苦、嘲笑,还是积极的鞭策、教育、鼓励?学生的自尊心是成才的种子、创造的幼芽,教师应给予充分的呵护和关爱,而鼓励是最好的方式。学生取得成绩时鼓励,这是对他们的肯定与尊重;学生出现错误时更应该鼓励,这是对他们的爱护和关怀。这不需要太多的语言,有时一个眼神、一个微笑、一个轻抚、一声呵护,都能够使那艘因触礁而几乎要搁浅的小船重新鼓起生活的风帆而扬帆远航。我们在工作中要深深地感受到,一声呵斥就可能葬送一个"比尔·盖茨",一声呵护就可能造就一个"爱因斯坦"。

我平时在教育中善于鼓励学生发挥出他们最大的潜能。班上学生琳琳,原来写作文颠三倒四,抓不住文章的主题,但描述细节和用词造句比较好。于是,我就鼓励她"每一个作家都是从废稿纸里爬出来的"。她牢记我的话,有了信心,经过一番努力,在多家报刊、杂志上发表文章三十多篇,而且已经出版了一本十二万字的童话专集《青苹果》,在社会上引起了巨大的反响。

班里学生小豪,不爱运动爱吃肉,长得胖胖的,体育成绩总上不去。我到他家里了解情况,同家长找原因,订计划,并介绍其他同学是怎么做的,让家长对孩子进行监督,早晨、晚上练体育。刚开始小

豪很烦恼,觉得难以坚持下来,还落了泪。我得知后及时鼓励:"小豪,男子汉,困难面前不许低头。想当三好学生吗?想瘦下来吗?赶快行动起来,我来陪你。"听了我的话,小豪一下子又有了信心。后来,小豪跑得快了,跳绳也跳得好了,还当上了市级三好学生呢。

六、量化管理,有规可行

为了使班级管理简单化,我一直采用"量化积分"的形式开展工作。开学初,和学生一起制定班级量化管理实施细则,包括学习纪律、清洁卫生、体育锻炼、值日生、班干部、好人好事、作业完成、通讯报道八大项50条细则,要求每个学生把细则给家长看,贴在家门后。我每周五下午以小组为单位积分,积分表在班级墙壁上,得分扣分都必须向家长汇报,还要说明原因。一学期下来,各种评优活动按积分算,公平公正,学生信服,家长满意。我的管理实效来自于过程管理严格、精细、不折不扣。在我这儿,永远无后门可开。学生和家长明白了我的治班经,踏踏实实搞学习,不搞花架子。

七、班级活动,丰富多彩

"一帮一"活动:一位好学生帮助一位"差"学生,从各方面给予帮助,比如教给学习方法、帮助检查作业、教给怎样听课,等等。好学生没有任何怨言,看到"差生"进步了,心里有说不出的高兴。班里每位学生都参加了这个活动,效果很好。

快乐午餐会:这是孩子们最喜欢也最难忘的活动了。每次我总是提前一周告知大家午餐会的时间安排和组织意图,并以组为单位,让组长安排、统计每位组员都做什么饭,带什么菜,争取营养多元,不能重样,并提前准备好的、充足的食材。等到那一天上午我上两节课后就安排放学,一再叮嘱大家路上注意安全。等到中午十二点时,再看我们的教室,简直就是一个丰盛的餐厅:每一组早已各自把桌椅围在一起,桌上摆放有鱼香肉丝、红烧排骨、糖醋鱼块,也有醋熘土豆丝、腐竹拌黄瓜……主食有米饭、馒头等。另外还有水果、饮料等。一桌子围坐八个人,每个人至少准备两个菜,那一桌子最少也有十多种菜肴,那么十个组,十大桌子美味佳肴,这是一种怎样的盛况啊!难怪我有些在美国、加拿大等国留学或工作多年的学生们,每每提起学习生涯时,总念念不忘这种盛宴!这是一种刻骨铭心的美好记忆呀!

小跳蚤在行动:"跳蚤市场"就是让孩子们把家里不用的图书或玩具拿到班里进行交换或拍卖。每当此时,孩子们都会把玩具坦克、芭比娃娃、绘本等摆出,真是丰富多彩、琳琅满目!市场上只见他们讨价还价,口才特别好,思维特别快,一会儿争得面红耳赤,不可开交;一会儿又眉开眼笑,一团和气……最后,他们处理了不需要的,得到了需要的东西,从他们一张张的笑脸上可以看到他们的满足和喜悦!最后经班委会研究同意把这些"跳蚤市场"上所得的钱换成钢笔、本子等学习用品,用来帮助家庭困难的孩子和奖励学习进步生。

八、治学法宝,家访为上

一个学生的健康成长,离不开家庭、学校和社会的通力合作。由于社会的多元化,家长对孩子的要求也是五花八门。有的希望子女在学校受到一种良好的教育,自己在家里也是积极监督,大力配合教师的工作;有的是由于工作关系,心有余而力不足;更有甚者只求把孩子"寄存"在学校而已。针对前者,教师的工作开展起来就容易许多,但针对后者,要让家长从孩子身上看到闪光点,仅仅依赖于电话、校信通联系远远不够,还必须进行实地考察、了解,也就是

家访。

每接一个班，我准会一个一个地进行家访，摸清孩子在学校及其在家里的表现，最大限度地与家长沟通，争取家长的理解和配合，使学生们健康、快乐地成长。

2005年12月份，我的第三轮家访又开始了。我一下班就骑着自行车东一家、西一家地家访。到学生家之前，我考虑好要向家长说的话，到学生家后真实向家长汇报学生在校的表现，认真听取孩子在家的情况。我掌握了学生身上存在的问题，真诚地拉着学生的手请他尽快改正。一个多月下来，我访了五十多家，记了一大本家访日记，却没按时跟家人吃过一顿晚饭。

12月29日晚上，我要访四位学生，小帆是我访的第二家。我事先已通知小帆7点10分到他家里去。7点8分，我准时到他家，小帆的妈妈把孩子的情况向我详细地介绍了一下。得知他爱看电视和爱拿零钱，我不让家长埋怨，而是语重心长地对小帆说："孩子，爱看电视没有错，但要分时候，作业写完，功课复习好了，看些健康的节目未尝不可，但要有节制，从小要爱护眼睛。拿零钱就更不对了，要节约要诚实……"小帆听了，心悦诚服地点点头。然后我又访了其他两家。同样，我每到一家总不忘让家长给我提出意见和建议。晚上下着大雪，我带着家长的感动、学生的敬佩在寒冷的雪夜里骑着自行车走了。这样的夜晚有许多许多……

当然，我们进行家访也要讲究科学方法：

一要准备，思想准备；二要尊重，尊重学生家长；三要多鼓励，增强学生和家长的信心；四要多商讨，当意见不一时，多商量；五要抓时机，避免被动；六要有重点，分析学生的突出情况；七要多观察，留心观察学生的家庭状况、居住环境与学习条件等；八要有回避，学生不能听的，要巧妙让学生回避；九要抓反馈，教师要及时向家长反馈家访效果；十要常总结，写家访小记，及时总结经验教训。

是啊，教育无小事，教师的一句话就可以影响一个学生的一生。作为教师，要甘为人先，敢于吃苦，乐于奉献，心中时刻装着学生的未来。作为班主任，如果用心倾听学生的心声，研究学生，就会发现，班主任这一职务是教师领域里最容易令人心生喜悦的职务，每一天，每一个灵动的个体都是你人生的窗口，研究他们，解读他们的内心世界，感受他们成长中的喜怒哀乐，在他们的需求引领下不断地接触新事物，不断地接受新挑战，不断地进入学习的新时空，你的人生会随之圆满、丰富起来。

结　语

老师们，16年的班主任工作实践告诉我，优秀的班主任，应该具备童心、爱心、责任心。童心使我们能和孩子融为一体，爱心使我们能"把整个心灵献给孩子"（苏霍姆林斯基语），而责任心能使我们站在人生和时代的高度，着眼于儿童的未来与社会的未来，培养出"追求真理的真人"（陶行知语）。同时，优秀的班主任还应该是专家、思想家和心理学家。

让我们像陶行知大师告诫的那样，先学会变成小孩，再学做小孩子的老师：

用儿童般的情感去感觉；

用儿童般的兴趣去探索；

用儿童般的大脑去思考；

用儿童般的纯真去面对。

教学相长　随物赋形

——读《听李镇西老师讲课》一书有感

（此文发表在《阅读与鉴赏》2010年9月下旬学术版）

很早就听说李镇西老师的名字,他荣获"全国优秀语文教师""全国十大杰出教师"等光荣称号,一直想了解他教学的秘籍和成功的经验。后来一位朋友送我一本《听李镇西老师讲课》一书,我如获至宝,用了一天一夜工夫把它读完。拜读完后,掩卷沉思,心里升腾出许多的感受。

一、教学相长,共同提高

2003年4月,他到郑铁二中给初二学生讲朱自清先生的散文《冬天》,他那淙淙清泉般的讲解,不知不觉中就把课文解析得透彻明了。同时他又不断鼓励学生多提问题,存疑解惑。学生不断地发现问题和解决问题的过程,其实就是自我学习、自我提高的过程。这时,就有一个学生问他:"李老师,阿弥陀佛的生日是哪一天呢?"他的问题引得听课的老师和同学都哄堂大笑,觉得这个问题提得古怪又刁钻。这时李老师就坦诚地说:"我真的还没有想过这个问题,我的确不知道阿弥陀佛的生日,但我可以下来查有关资料,下次如果我再讲这篇文章就可以告诉我的学生了。"接着他话锋一转:"不过我想顺便问问在座的同学。谁知道阿弥陀佛的生日是哪一天呢?或者哪位听课的老师知道,帮助我解答一下。"这时,有位同学举手发言:"是阴历十一月十六日!"李老师正想问他依据何在时,却听见他读出课文中的一句话:"记得阴历十一月十六日的晚上,跟 S 君 P 君在西湖上坐小划子。"这句正好揭示了答案。李老师听了,特别诚恳地说:"哎呀,你这个回答提醒了我,我读书是多么粗心啊!在这一点上,你超过了李老师。同学们,陶行知有一句话:先生之最大的成功,是培养出值得自己崇拜的学生,现在我就崇拜他!"全场大笑,掌声雷动。

　　试想,作为一名全国著名的语文老师,当时处于这样尴尬的境地是十分难堪的,但他能够不以自己的名气压人,不以自己的学识压人,而是心悦诚服地对学生表示崇拜,这种精神是多么难能可贵啊!有的老师则不然,总觉得学生只有接受的份儿,哪有"刁难"老师的权利,觉得如果老师太没面子了,就会在学生的心目中失去尊严和地位,于是会对这个学生采取打击压制等不正常的手段。殊不知这样既伤害了学生的自尊,更失去了学生的信任。记得有一次我上课时,把历史朝代弄错了,当时我没发觉,上第二节课时,有个学生提出来,我感到特没面子,但我很快平静下来,纠正了我的错误,及时给全体学生道歉,并向那位学生表示感谢,是那位细心的学生帮我把失误降到最低。

　　这件事使我认识到,老师并非是无所不能、无所不晓的全才。首先在备课时要认真细致地领会文本所传递出来的内容,所传授的知识必须正确,不能是非不明,更不能张冠李戴,要避免误人子弟。再则,对自己知识的欠缺要有一个明确的认识,敢于正视,敢于承认,知错就改,树立终身学习观,学生才会真正地喜欢你。

　　同时,李老师讲这课时,让学生结合自己的实际情况,感受父母对自己的呵护和关爱。有的学生读到朱自清的父母给儿子夹菜这个细节时,就会不由自主地想到自己的父母给自己夹菜时,自己不

但不能够理解父母的爱,甚至会埋怨父母"烦不烦呀!"但通过这篇课文的学习,他们体会到了父母的伟大。这时李老师就不失时机地说:"我经常给学生讲什么叫孝心,每天按时回家,不要让父母在阳台上张望自己,这就是最大的孝心。"

前年,我结合学校举办的感恩活动,给学生讲"二十四孝"的故事。当然,是要求学生批判地接受,要求他们了解、学习古人是如何行孝、报恩的。我就劝学生没有经济来源就别妄谈什么给父母买吃的穿的,只要从身边的小事做起就行了。比如,给父母端来一杯茶水,送去一句问候,肯定他们的付出,父母就非常知足了,他们对自己的子女永远不会有什么奢求,只要子女理解他们的良苦用心就足够了。我常常认为教书育人是教师的天职,但育人远远比教书更重要。只要学生成为一个知恩图报的人,那么在社会上他就会成为一个好人。

二、随物赋形,法无定法

我们经常倡导备课、备人、备社会,即使你备课再详尽,考虑得再全面,但随着课堂情况的发展、内容的延伸,也可能出现许多想不到的情况,生出许多新问题,那么如何去驾驭多变的课堂就显得十分重要。

1997年10月李老师在四川讲公开课"小说三要素",原来他设想课堂导入是与学生聊课外读物或小说,进而引入小说的"三要素",但临上课时,他发现学生刚上完的课是闻一多的《最后一次演讲》,而且学生的情感已经投入闻一多演讲的凛然正气之中去了。于是,他就临时决定利用学生已有的心理背景和情绪,以《最后一次演讲》与《孔乙己》的联系(都是呐喊)来导入新课。所以,在课堂上如何自然而然地体现出随机应变的教育机智,就显得至关重要。只有教师从容不迫地应对课堂上随时出现的问题，才能使整个课堂气氛和谐，给人耳目一新的感觉。

记得有一次我给六年级的学生上语文课，谈到"岁寒三友"，那时正是开春时节，到处春暖花开，鸟语花香。我就问学生："春天最明显的特征是什么？"学生有说花草的，有说小河的，有说杨柳的，有说桃杏的……我又抓住时机问："那么秋冬时节这些花草又有什么变化呢？"大家都说凋零了，枯萎了，因为天气冷了。那么有没有什么植物在冬天仍然不畏严寒、傲视霜雪呢？这时梅、竹、松等就闪出来了，这样就自然而然地过渡到我要讲的"岁寒三友"上了。这种引导方法可以使学生在不知不觉中进入教师预先设想的话题和环境，这样教师讲起课来也就得心应手、挥洒自如了。这些都说明课堂上要随时调整自己的思路，不要认为详尽的教案就可以对付变化多端的课堂，不要用一成不变的方式死搬硬套，那样必将适得其反，就达不到"教师轻松地教、学生自主地学"的目的了。

通过阅读这本书，我的教学思路更为开阔，觉得原来课还可以这样去上，也深深地体会到教育是一门艺术，它需要不断地创新，谁将这门艺术研究得透，谁就可以把教学作为一笔财富、一种享受。

孝敬父母，报效社会

(此文刊发在2011年1月中文核心期刊《小学教学参考》)

中国是一个非常重视孝道的国家，孝亲精神可以说是中国传统文化与其他文化最大的不同所在。它是中华民族传统美德的根本、优秀传统的瑰宝。

一个"孝"字，可以折射出中国传统文化和传统道德的总体特征。从一个"孝"字，也可以认识、把握中国古代社会的独特风貌。

一、解读"孝"字

"孝"，全字看上去像一个小孩扶着一个老态龙钟的老人行走，小孩起着拐杖的作用，是一个会意字。

孝，善事父母者。从老省，从子。子承老也。——《说文解字》

凡为人子之礼，冬温而夏清，昏定而晨省。——《礼记》

二、孝的内涵

（一）狭义的孝

夫孝，德之本也，教之所由生也。——《孝经》

①孝的基本含义就是子女"善事父母"。

孝子之事亲也，居则致其敬，养则致其乐，病则致其忧，丧则致其哀，祭则致其严，五者备矣，然后能事亲。——《孝经》

②孝的第二个含义是"祭祀祖先，报本返始"。

③孝的第三个含义是"孝以事君"。

在小家孝顺父母,孝顺家长;在大家忠于君王,忠于国家。

④孝的最高层次是"建立功勋,光宗耀祖"。

一举登科时,双亲为老时。锦衣归故里,端的是男儿。

慷慨丈夫志,生当忠孝门。当官须作相,及第必争先。

夫孝,始于事亲,中于事君,终于立身。——《孝经》

大孝尊亲,其次弗辱,其下能养。——《礼记》

上孝养志,其次养色,其次养体。——《盐铁论》

简单地说,孝有三个层面:一是物质的层面,即对父母衣食住行需求的满足;二是精神的层面,即对父母真诚情感的流露;三是法律的层面,是子女必尽的责任和义务。从本质上说,孝是协调家庭中父母与子女之间伦理关系的基本道德规范。

(二) 广义的孝

①多行善,勿行恶。

行善于亲有益,作恶于亲有忧。不孝的表现有事君不忠诚,做官不清廉,做事不尽心,交友不诚信(曾子曰:"吾日三省吾身:为人谋而不忠乎?与朋友交而不信乎?传不习乎?"),作战不勇敢。甚至连开口骂人,说脏话、恶话也是不孝的行为,因为这样会招惹别人的诟骂,使自己遭受侮辱,也让自己的父母蒙受羞辱。

②爱护自己,珍惜生命。

身体发肤,受之父母,不敢毁伤,孝之始也。——《孝经》

③惠及众生,泽被万物。

戒淫戒赌都是孝,孝子成才亲心欢。戒杀放生都是孝,能积亲寿孝通天。惜谷惜字都是孝,能积亲福孝非凡。真心为善是真孝,万善都在孝里边。

三、孝在传统伦理道德体系中的地位

孝作为古代社会中最重要的道德准则之一,在传统伦理道德体系中占据核心和基础地位。孝是各种道德的根本,是行善的起点,是道德教育的本源。

(一)孝是道德的根本和行善的起点

人常说:"万恶淫为首,百善孝为先。""人有百行首重孝,孝字本是百行源。"孝是一切美好道德的本源,它是一种挚诚的爱心,把这种爱推广到兄弟身上就是悌,推广到朋友身上就是信,推广到众人身上就是仁,推广到万物身上就是慈。忠和孝是古代社会两个最高的道德行为规范,是传统伦理道德体系中的核心和基础,但孝比忠更根本,忠也是由孝衍生而来的。

君子务本,本立而道生。——《论语》

治身莫先于孝。——《司马温公行状》

(二)孝是道德教育的基础和本源

道德观念和道德规范再好,也需通过道德教育才能被大家普遍接受,并且付诸行动,也才能发挥道德的社会作用和政治作用。因而,道德教育至关重要。

夫孝,德之本也,教之所由生也。——《孝经》

教民亲爱,莫善于孝。——《孝经》

孩提之童,无不知爱其亲者。——《孟子》

四、儒家和孝道的关系

距今2500多年前,孔子创立了儒家思想,这一思想是中国传统文化的主导思想,他创立的儒家孝道思想也是传统文化的核心和载体。继他之后,孟子、荀子使它进一步丰富和发展,形成了更为全面和系统的理论体系。

(一) 孝是仁德的根本

春秋时期,礼崩乐坏,伦理道德沦丧的局面使孔子痛心疾首。他想拨乱反正、力挽狂澜。他把希望寄托在"仁"上,试图通过提倡和实施仁爱道德而恢复社会秩序,这是孔子孜孜追求的目标。

仁者,爱人也。——《论语》

孝、悌也者,其为仁之本欤?——《论语》

孟子提出五伦(父子、君臣、夫妇、兄弟、朋友)的概念,并且明确指出,孝敬父母是人伦的核心内容。他认为"人本善",人要发挥先天具有的善心,首先就要赡养和孝敬自己的父母。

事孰为大?事亲为大。——《孟子》

仁之实,事亲是也。——《孟子》

孟子认为人生最大的乐趣是"父母俱在,兄弟无故"。

孟子认为人生最大的悲哀是"父子不相见,兄弟妻子离散"。

孟子认为应把爱父母的心推恩于他人——"老吾老以及人之老,幼吾幼以及人之幼"。他认为"推恩足以保四海,不推恩无以保妻子"。

亲亲而仁民,仁民而爱物。——《孟子》

他们的理论论证使孝具有了明确的孝敬父母的伦理内涵和现实意义,成为人人必须执行的道德规范,成为爱的基础、道德的基础,也成为实施仁政治国的要求。

(二) 孝观念内涵的丰富和发展

①强调要孝敬父母。

儒家认为单纯的"养"并不是"孝",孝是对父母爱敬情感的表达,是做人的根本,是人和动物的区别所在。"慈乌反哺,羊羔跪

乳",养亲和敬亲相结合,把尊亲和敬亲的真挚情感通过养亲的行为表达出来,这才是为子、为人之道。孟子列举五种不孝行为:荒怠懒惰、酗酒赌博、贪吝钱财、放纵声色和打架斗殴。

不得乎亲,不可以为人;不顺乎亲,不可以为子。——《孟子》

②强调要以礼事亲。

礼,是为了表达敬意的。它要求人们与人相处时约束自己的行为,以表达对他人的尊重。

生,事之以礼;死,葬之以礼。——《论语》

父在观其志,父没观其行,三年无改于父之道,可谓孝矣。——《论语》

③子女应劝谏父母。

劝谏父母,与奉养、恭敬父母一样,也是孝的表现。

不孝有三,阿谀曲从,陷亲不义。——《孟子》

从道不从君,从义不从父。——《荀子》

(三)孝作用的扩充和深化

①把"孝"和"悌"结合起来,扩大"孝"的社会作用。

孝——孝养、孝敬父母。孝是就家庭、家族范围内处理父子关系、长幼关系而言的。悌——敬爱、顺从兄弟。悌是就社会范围内处理人际关系、尊卑关系而言的。

弟子入则孝,出则弟。——《论语》

社会是一个大家庭,社会五伦中的父子、夫妇和兄弟本就是家庭关系,君臣关系是父子关系的扩展,朋友关系是兄弟关系的延伸。也就是说,所有的社会关系都可以归结为家庭关系,如:"四海之内皆兄弟也""天为陛下之父,臣为陛下之子""君看民如孝子,民爱君如父母"。

②把"孝"和"忠"结合起来,扩大"孝"的政治作用。

孔子把"孝"和"忠"结合起来,主张推行孝道服从于政治。

人人亲其亲,长其长,而天下平。——《孟子》

"忠以报国,孝以理家。"这时"忠"和"孝"还是两个不同的、平行的概念,只强调孝敬父母,而没有孝敬君主的意义。而荀子的"君恩重于亲情",才使得"忠"的地位越来越突出,"孝"完全变成"忠"的附庸。

(四)用孝道教育百姓

孟子——性本善,有志之人,加强自我修养;老百姓,则道德教育。荀子——性本恶,孝是圣人进行道德教育的结果。

五、现代社会如何行孝

(一)孝道在现代社会中面临的困境

传统道德是建立在自给自足的小农经济和血缘宗法制度的基础上的。在封闭的社会环境中,它有深厚的伦理文化氛围,有完善的激励褒奖机制。而今,我们生活在一个开放的社会,传统儒家思想的影响力区域衰微,传统的家庭结构也悄然解体。

(1)家庭养老所面临的困境是对孝道的严峻考验

新型的家庭结构拷问传统的养老模式。传统的数世同堂的大家庭已经越来越少,家庭模式的小型化和多样化,已经成为我国城乡家庭结构变化的重要特征。

社会老龄化和独生子女的双重压力使得家庭养老不堪重负。

现在,我国老年人口占全国总人口的10%,且还在增长。

2025年,我国老年人口将占全国总人口的20%,我国60岁以上的老年人相当于美国的总人口,是日本的2倍。

1978年,我国开始实施计划生育,独生子女政策的推行使年轻子女人数急剧减少,社会竞争压力的加大让儿女尽孝力不从心。

(2)孝道观念的淡漠让老人的生活处境雪上加霜

儿女对父母尽孝取决于两个方面:一是客观上有没有孝敬父母

的能力,二是主观上有没有孝敬父母的心意。

目前社会上的不孝现象:把父母当成摇钱树、经济上的靠山;把父母当成佣人、保姆;把父母当成包袱、累赘;把父母当成出气筒。

(二)孝道的现代价值

一方面,我们应看到孝文化中有不少糟粕,也有许多精华。我们必须剔除其糟粕,吸取其精华,发掘传统孝道的现代价值,让传统孝道适应新时代的要求,为现代社会服务。

(1)构建适应现代社会要求的新孝道

孝道应该回归到家庭伦理领域里,要赋予孝道新的时代内涵,"孝敬"应取代"孝顺",平等、民主、互爱应成为孝道的新特征,营造出现代家庭民主、和谐的氛围。行孝的方式也要做新的调整,强调在赡养、照料父母的基础上,更要注重对父母精神上的孝养、情感上的慰藉,让父母真正老有所养,老有所乐。

(2)传统孝道的现代价值

孝道在中国传统社会对于协调家庭关系、社会关系,稳定社会秩序,培养个人的责任感和义务感等起了积极的作用,对于我们今天建设和谐社会同样具有很强的借鉴意义。

和谐社会从和谐家庭开始,家庭是社会的细胞。孝道教育是道德教育的基础,它体现最诚挚的爱心,推崇一种感恩的精神,这些正是道德教育的基础。

(三)现代社会子女应如何孝敬父母

孝道最基本的内涵从古到今并没有太大的改变,简单地说,包括物质上的孝养和精神上的孝敬两个方面。对父母物质上的孝养指的是从经济上赡养父母、从生活上照料父母,让父母老有所养、老有所安;对父母精神上的孝敬指的是尊敬体贴父母、慰藉愉悦父母,让父母老有所乐、老有所为。这才是儿女最大的孝心。

后 记

我从1988年8月进入郑州第二师范学校学习,1991年6月至今工作在教育行业,掐指算来,有30年教育经历了。这30年我是幸福快乐的,我选择了喜欢的事情——做教育!

一路走来,我不断地为自己心中一个一个的小目标而努力工作,自律认真使目标得以一一实现,每每实现的那一刻,我觉得很知足。我是一位平凡的教师,享受自己的教育实践,喜欢不停地思考,不停地写作,有时累了静下心来看看自己写的文章,感觉挺欣慰,挺自恋的吧。

有时候我在想,把自己几十年来的做法、想法变成一种说法发表出去,可能会和很多一线教育工作者产生共振效应,不失为一件有趣的事,于是我就大着胆子相继出版了13本反映自己人生轨迹的书。也许书的内容贴近生活,有实战经验,居然有一定的读者群。有的读者说我的书必放案头,有心灵鸡汤之功效;有的说"你的《心印》与杨绛先生的《我们仨》可以媲美",实为谬赞。

我的教育理论功底不厚,语言水平有限,确实没有太多资格写书,可又闲不住,喜欢大翻译家许渊冲先生的处世哲学,偷点时间来做自己乐意的事,那就写吧!

特别感谢给予本书热情指导的阴凤云老师、任亚红老师、张燕丽老师……此外,书中引用了一些国内外教育名家及社会专家的名言警句和案例,为本书的表达阐释起了重要作用,在此一并表示感谢。有些资料未能标示出处,也请见谅。

感谢认真修改、完善和提升本书的河南大学出版社编辑；

感谢多年来帮助我的领导、同伴、学生、家长；

感谢我工作过的单位；

感谢一直理解我、支持我、宠爱我的家人。我的老皮（对爱人的昵称）张文戈先生说最了解我，他为这本书作序；

感谢亲爱的读者，希望这本书能给望子成龙、望女成凤的您提供一点点参考，能给处于职业倦怠期的您带来一点点帮助，能给教育工作者提供一点点启示。

作者

2018 年 8 月